Juntos outra vez

Michell Paciletti
pelo espírito L'Lino

Juntos outra vez

CorreioFraterno

© 2017 Michell Paciletti

Editora Espírita Correio Fraterno
Av. Humberto de Alencar Castelo Branco, 2955
CEP 09851-000 – São Bernardo do Campo – SP
Telefone: 11 4109-2939
correiofraterno@correiofraterno.com.br
www.correiofraterno.com.br

Vinculada ao   www.laremmanuel.org.br

1ª edição – Março de 2018
Do 1º ao 3.000º exemplar

A reprodução parcial ou total desta obra, por qualquer meio, somente será permitida com a autorização por escrito da editora.
(Lei nº 9.610 de 19.02.1998)

Impresso no Brasil
Presita en Brazilo – Printed in Brazil

COORDENAÇÃO EDITORIAL
Cristian Fernandes

REVISÃO
Célia Mussato da Cunha Bueno,
Eliana Haddad e Izabel Vitusso

CAPA E PROJETO GRÁFICO DE MIOLO
André Stenico

CATALOGAÇÃO ELABORADA NA EDITORA

L'Lino (espírito)
    Juntos outra vez / L'Lino (espírito); psicografia de Michell Paciletti. – São Bernardo do Campo, SP : Correio Fraterno, 2018.
    352 p.

    ISBN 978-85-5455-004-2

1. Romance mediúnico. 2. Espiritismo. 3. Reencarnação. 4. Itália.
5. Literatura brasileira. I. Paciletti, Michell. II. Título.

CDD 133.9

É com o coração cheio de reconhecimento e de gratidão que me dirijo a todos os irmãos que, direta ou indiretamente, tornaram possível o início e a continuidade deste romance.

Muitos foram os que dedicadamente se empenharam para que esta obra pudesse chegar em suas mãos, no cumprimento de seu maior objetivo, que é afirmar que o amor é o móvel da vida.

Como não poderia esquecer, dedico esta obra especialmente à amada de meu coração, Leonilda Garrido Paciletti, a estrela dos meus dias, a "alma gêmea de minha alma", sempre me incentivando e amparando com o seu dedicado amor.

A todos agradeço, pedindo a Deus que vos abençoe e ilumine abundantemente.

MICHELL PACILETTI

Sumário

Prefácio 11
Nota do autor espiritual 13

Laços seculares 15
Uma nova oportunidade 23
Uma visita inesperada 39
Irremediáveis enganos 47
Encontro amigo 51
Espinhos na alma 61
A proposta 67
Protagonistas da espiritualidade 75
Um anjo em eminente perigo 85
O despertar da mediunidade 99
Tesouros passageiros 107
Apenas irmãos de jornada 115
Num mundo de ilusões 119
Nas mãos do destino 123
Cicatrizes do passado 133
Espinhos no caminho 139
Um amor impossível 149
Acordes angelicais 161
Elos indestrutíveis 175
Vãs ilusões 185
Flores e espinhos 191

Viajores do tempo 213
No limiar do desequilíbrio... 221
Mal da alma.. 233
Encontros marcados... 259
Perda e sofrimento... 271
À espera de Martim 279
Sinais dos céus... 291
Uma linha tênue 299
Inevitáveis desfechos... 305
Colheita obrigatória 315
Missão de amor e caridade.. 325
Apenas uma travessia... 329
Rumo ao Amor Maior.. 335

Súplica – letra e partitura 347

Prefácio

Meus amados filhos, que a paz do divino mestre Jesus esteja e permaneça em nós ao longo de nossa trajetória evolutiva, pela graça de Deus.

Não obstante haver muitos companheiros mais preparados para prefaciar esta obra, sinto-me honrado, meus filhos, por acompanhar mais uma etapa da trajetória evolutiva de espíritos já tão queridos, em pleno aprendizado, mais uma vez nos liames materiais da vida física. Provindos de um passado distante, trazem à baila uma história verídica que nos serve de exemplo, chamando atenção para a importância de observar e corrigir o comportamento que devemos adotar em nossa sementeira diária, pois é esta que determinará a colheita feliz ou infeliz no porvir de nova reencarnação, com vistas à maturidade espiritual que todos almejamos.

Com os contrastes de personalidade e de comportamento desse grande grupo de espíritos aprendizes, bem como com suas ações, angústias e enganos, aprendemos grandes lições e somos convidados à reflexão sobre nossa própria trajetória, auxiliando-nos a aceitar nossas limitações e a abraçar os desafios que a vida nos impõe como novas possibilidades de superação e de evolução.

Leitores amigos, com todo o amor e o respeito que tenho por vós, rogo que nestas singelas páginas encontreis respostas para vossas dúvidas, guia para vossos passos e, sobretudo, a certeza de que estais caminhando, cada vez mais próximos do Pai celestial.

Recebei, meus filhos, uma vez mais, esse óbulo provindo do meu coração que, continuamente, roga ao celeste amigo Jesus para que alcanceis a maioridade espiritual e para que ilumine a vossa trajetória terrena, protegendo-vos e abençoando-vos hoje e sempre.

Espírito amigo M. M.

Nota do autor espiritual

Leitor amigo, é gratificante merecermos a vossa atenção no que se refere a mais uma etapa dessa obra endereçada a vosso coração, na qual encontramos personagens por nós já conhecidos e, porque não dizer, estimados, inseridos novamente nas lides materiais.

Acompanhamos cada um deles, numa jornada evolutiva de mais cento e cinquenta anos, permeada de sentimentos e ações advindos de vidas passadas que lhes delineiam os caminhos, numa teia na qual entrelaçam-se, num arcabouço de experiências coletivas pregressas, sentimentos conturbados de amor, de ódio, de mágoas, de enganos, de vingança, de cobiça, de compaixão...

Emerge, contudo, dessa trama de emoções tão paradoxais, o amor verdadeiro entre Valentina (Paulete) e Martin (Jean Michel), respaldando a trajetória que os encaminhará às esferas superiores e ratificando a certeza de que a possibilidade da reencarnação que nos é dada configura-se como oportunidade de reparação de nossos delitos do passado e renovação de nosso ser, embasada na lei do amor e da caridade.

Agradecemos de todo coração à bondade divina, por mais essa dádiva de permitir endereçar a vós, através desse enredo, importantes ditames superiores, coibindo ações e sentimentos

tão latentes e arraigados ainda em nossos espíritos, nas duas dimensões da vida, e conduzindo-nos à evolução tão almejada por todos nós.
Que Deus vos abençoe abundantemente, hoje e sempre!
Do amigo e irmão,

L'Lino

LAÇOS SECULARES

Em meados de 1713, na Itália, novos reencontros permeados de dissabores, angústias, resignação e amor reunirão um grupo de espíritos que, provindos das mais variadas moradas da casa do Pai celestial, terão novas e ricas possibilidades de evolução. Lembrando-nos que a colheita do que semeamos é obrigatória, os resgates do passado, o perdão, a caridade, o amor, o livre-arbítrio e a fé serão os ícones que marcarão sua passagem pela vida material, bem como lhes trarão o legado que lhes couber no caminho evolutivo.

Na espiritualidade maior encontrava-se Valentina, espírito já possuidor de boa evolução, preocupado no auxílio dos necessitados, notadamente dos que seguiram com ela em inúmeras experiências no campo terrestre. Sua extrema dedicação no ideal de servir ao Pai fazia com que todos os espíritos que a cercassem encontrassem sempre o apoio incondicional, dando a certeza de que não há outro caminho para a realização plena de um espírito, para a sua caminhada para o verdadeiro caminho da evolução, senão pela entrega ao outro, através do amor e da caridade.

Sempre dedicada a assistir aqueles, cujos corações traziam lampejos de dor e tristeza, Valentina esquecia-se de sua própria dor, ainda que esta lhe pousasse no coração, como nuvem ameaçadora a lhe atingir o âmago, como por tantas vezes lhe acontecera na última encarnação na Terra. Nem por um segundo conseguia afastar a sua tristeza, ao lembrar-se de que o eleito de seu coração, Martim, encontrava-se em zonas umbralinas, sem talvez a consciência de sua situação, envolto em sentimentos de revolta ou, ainda, sofrendo as afrontas e desmandos de espíritos inferiores e algozes... Por vezes, ela tivera permissão para visitá-lo, porém Martim nem lhe percebera a presença, tal o infortúnio de sua situação, cercado por entidades inferiores que lhe dominavam a mente e o coração.

Na última encarnação em que ambos viveram juntos na Terra, grande foi o sofrimento de Valentina ao lado de Martim que, sob influência de espíritos perversos, que o subjugavam e maltratavam rotineiramente, acabou se esquecendo de que ela era o grande e verdadeiro amor de sua vida, sendo embalado por sentimentos de um ciúme doentio que provocava momentos de extrema angústia e tristeza em sua amada. Valentina, na nobreza de seus sentimentos, não mais estava presa às lembranças materiais, mas sim à certeza de que não se cansaria de rogar ao plano espiritual superior a permissão para tentar resgatar o seu amado das zonas inferiores para ampará-lo na jornada evolutiva rumo ao caminho do bem.

Depois de cumprir suas atribuições junto aos irmãos em recuperação que estavam no hospital espiritual de Aurora Nova, Valentina frequentemente orava a Jesus, pedindo que lhe concedesse a dádiva de voltar à vida física, através da reencarnação, com o único propósito de soerguer Martim do labirinto de incompreensão e ignorância em que estava mergulhado, para conduzi-lo ao plano mais elevado da vida.

Era com extrema tristeza que Valentina, quando lhe era dada permissão de visitar Martim no umbral, percebia que o seu amado, apesar de manter em sua mente doentia leve lembrança dela, não registrava sequer a sua presença, tamanha a insanidade que lhe dominava a mente. O jovem, que outrora tinha sido seu bem mais precioso, agora envolto em farrapos, com cabelos desgrenhados e aparência funérea como fera incontida, deixava escapar entre sussurros grotescos palavras ameaçadoras de revolta que provocavam gargalhadas insanas nos grupos de espíritos inferiores que lhe faziam companhia. As mãos trêmulas do moribundo iam-se espalmar nos ouvidos, tentando afastar de sua mente perturbada aquele alarido uníssono, que mais parecia o grunhido de feras famintas que bailavam ao seu redor como predadores insaciáveis...

De regresso à cidade espiritual, ela intensificava suas preces em prol de seu amado e, na esperança de lhe ser concedida a dádiva do regresso à vida física juntamente com Martim, para ter mais uma vez a oportunidade de ampará-lo e fazê-lo evoluir, para que pudessem juntos viver a plenitude desse amor maior...

No plano espiritual o devotamento de Valentina era total em prol de seu ideal superior. Naquela tarde, como de rotina, no horário, todos dirigentes e colaboradores daquela célula de amor, reunidos num enorme auditório, realizavam sentida prece, num só pensamento e comunhão, trazendo à baila o agradecimento pelas bênçãos recebidas... Imediatamente após o início da prece, o recinto foi se iluminando e fachos translúcidos partiam dos corações dos presentes, dirigindo-se ao hospital espiritual como mãos invisíveis, a confortar os corações daqueles irmãos que lá ainda se encontravam.

Do alto da abóbada que simetricamente decorava aquele lugar, desciam minúsculas gotas de luz, que mais pareciam uma dança cadenciada de pequenos vagalumes de incomparável beleza que, ao tocar a fronte dos irmãos em prece, desfaziam-se em delicadas cascatas, proporcionando grande paz a todos no ambiente.

Ao término da prece, ainda envolta em visível redoma iluminada, Valentina foi informada pelo dirigente da cidade espiritual que deveria se dirigir ao Ministério da Luz, onde estava sendo aguardada. Valentina despediu-se dos presentes com palavras de amor a todos e imediatamente atendeu ao pedido que lhe fora direcionado.

No umbral, Martim continuava a sofrer nas mãos de espíritos algozes que sussurravam aos seus ouvidos os mais terríveis contextos, transformando-o cada vez mais num verdadeiro sonâmbulo sem destino. Ora em fúria, ora em profundo desespero, ele não conseguia enxergar nada além do sulco lamacento daquele lugar. Perambulava por entre espíritos em igual situação de demência, sendo assolado pelo frio, pela sede e fome, pelas agressões verbais, pelas citações amorais e por uma avalanche de desesperadoras situações que o levavam cada vez mais aos abismos da loucura.

Valentina, sem se dar conta de que suas rogativas ao mais Alto tinham sido consideradas, adentrou o grande salão de conferência, no Ministério da Luz. O espaço era magnificamente iluminado, com uma grande mesa ao centro, onde estavam assentados diversos amigos espirituais. Assim que sua presença foi notada, todos a cumprimentaram, sendo ela convidada imediatamente a se sentar entre eles. Na mente de Valentina, havia a leve intuição de que receberia novas instruções para o trabalho que realizava na cidade espiritual. Manteve-se em silêncio, até que a palavra foi tomada por um dos presentes.

Depois de cumprimentar a todos e proferir uma emocionante prece, Istóteles dirigiu-se à Valentina, que ainda sentia os benefícios da prece proferida por ele.

— Querida Valentina, em nome de Deus e de nosso irmão maior, Jesus, bem como dos demais companheiros de jornada, trago a orientação que tanto tem buscado nos últimos tempos. Seus insistentes pedidos em prol do resgate do irmão Martim foram atendidos, porém cabe-nos alertá-la da difícil tarefa que irá abraçar, pois o referido irmão está completamente envolvido com entidades inferiores, que cada vez mais o adentram nas trevas umbralinas, por hora, com escassas possibilidades de sucesso em seu resgate.

Valentina, envolvida por intensa emoção, nem chegou a ouvir os alertas de Istóteles, pois as únicas palavras que ecoavam em seus ouvidos, como o badalar repetitivo de um sino, referiam-se à possibilidade de resgatar o seu bem amado.

Istóteles, ainda com a palavra, continuou as explanações de como aquela missão lhe seria concedida. Percebendo a visível emoção que tomou Valentina por completo, acentuou o tom de voz, para dar eloquência às orientações a seguir e para que Valentina não perdesse uma só palavra daquele importante discurso:

— Sua jornada não será fácil, Valentina, e nem imediata e, para que os propósitos maiores da espiritualidade possam ser atingidos, sua nobre missão será empreendida durante trezentos anos, entre o mundo físico e espiritual; entre várias reencarnações no orbe terrestre e regressos ao plano superior. Todo esse planejamento tem em vista o sucesso da recuperação de nosso irmão Martim. Acredito que não seja necessário lembrá-la de que esta tarefa exigirá muita abnegação e preparo de sua parte, dada a condição de Martim, ante a ignorância ainda de seu espírito, no que se refere às verdades incontestáveis da vida. Em todas as suas reencarnações, porém, será exemplo de amor, caridade e fé ao grupo de irmãos que lhe acompanharão a jornada, permitindo-lhe encontrar o caminho da luz e do aprimoramento. Nobre é o seu propósito e repleto de responsabilidades, com todos que puderem evoluir através de seu exemplo. Deve estar preparada para as intempéries do caminho que irá percorrer, porém com a certeza de que nossa assistência lhe será permanente.

Afagando o rosto marejado de Valentina, num gesto paternal, Istóteles continua:

– Que o pastor celeste, Jesus, a ampare e a ilumine, filha, e que nossa mãe, Maria, a proteja. Que Deus, Senhor da vida e da luz, guie todos os seus passos.

Valentina não conseguia controlar a alegria que lhe iluminava a face e, ainda em lágrimas, agradeceu a todos, suplicando-lhes amparo e força, nos momentos mais difíceis em sua trajetória terrena. Ao retirar-se, fez uma vez mais uma incursão às regiões umbralinas, no intuito de compartilhar com Martim a bênção de terem tido a permissão de juntos reencarnarem.

Em meio ao transe que se encontrava e envolto em negras brumas que entorpeciam e desequilibravam o seu ser, Martim, como um farrapo fétido e espectral, com dentes cerrados, gemia como fera, preso ao delírio de seus pensamentos. O olhar perdido fixava-se no nada e palavras confusas, entrecortadas por lamentos e acessos de fúria, ecoavam na deprimente paisagem daquele lugar, como urros de um animal ferido, que anseia por socorro... Vozes insistentes acusavam-no de homicídio e ele, sem consciência do mal que causara à sua amada Valentina na vida passada, defendia-se das acusações com gritos lancinantes que ecoavam como facas afiadas naquele ambiente perturbador. Que homicídio teria ele realizado? Não havia essa culpa em sua memória entorpecida...

Uma intensa luz adentrou as zonas escuras do umbral, fazendo com que espectros negros se afastassem momentaneamente de Martim. Valentina, envolta por uma aura reluzente, aproximou-se de seu amado, sem, contudo, que este lhe notasse a presença. Num lampejo de consciência, Martim voltou os seus olhos emoldurados pelas marcas do sofrimento, em direção ao Alto e, unindo as mãos cadavéricas como num ato de clemência, sussurrou palavras inicialmente incompreensíveis que Valentina entendeu como sendo uma sentida súplica:

"Tenham misericórdia de mim. Não suporto mais tanto sofrimento e angústia!"

O rosto cadavérico some entre as mãos do mísero flagelado e, como se lhe fosse dada a oportunidade de rever sua última estada no orbe terrestre, compreendeu o mal que havia causado a Valentina, tirando-lhe a vida num ímpeto de ciúme incontrolável. Seu coração, então, desesperou-se ainda mais, pela certeza de que jamais a reencontraria e de que jamais seria perdoado. Seus lábios trêmulos e esbranquiçados ousaram ainda proferir mais um lamento, desta vez dirigindo-se à doce amada:

– Valentina, perdoe-me onde estiver e, se puder me ouvir, venha salvar-me desse calvário de dor e sofrimento, para que eu possa reparar o meu erro!

Ao abrir os olhos, Martim, entre a cortina de lágrimas que ofuscava sua visão, vislumbrou uma delicada silhueta de mulher que, nimbada por uma luz azulina, foi confundida por ele como uma aparição de Maria.

Encostando o sofrido rosto na lama pegajosa e fétida que lhe servia de chão, Martim exclamou:

– Oh! Mãe, agradeço-vos de coração por me ouvir os lamentos. Sou um farrapo de gente! Sei que não mereço misericórdia. Mas peço-vos, que me permitais reparar esse erro, para que eu possa ter paz. Tirai-me desse inferno, por caridade!

Nesse momento, diminuindo a intensidade de sua luz, Valentina estendeu-lhe a mão e, confuso, pensando ainda tratar-se de Maria, mãe de Jesus, Martim ergueu-se, cambaleando, caminhando ao encontro daquele ser iluminado. Foi então surpreendido pela doce voz há muito por ele conhecida:

– Não se engane, Martim, não sou quem está pensando; busco ser uma humilde serva do Senhor, que, por sua imensa bondade, concede-nos agora a oportunidade de reparamos nossos erros e seguirmos na sublimidade dos nossos sentimentos para a luz.

Aquelas palavras acordaram-no por completo do estado de letargia a que se entregara por longo tempo nas lides do mal e, atendo-se àquelas feições delicadas, mergulhou em convulsivo pranto ao reconhecer sua doce e amada Valentina. Martim, tomado de um torpor momentâneo, tentava alcançar aquela mão franzina e reluzente que significava a porta aberta para sua redenção.

Imediatamente dois caravaneiros adentraram o lúgubre cenário, trazendo uma maca, e não perderam tempo em acomodar aquele irmão tão necessitado de amparo. Valentina, que tudo acompanhava com um brando sorriso, não pôde desviar o seu olhar daquele que, por misericórdia divina, estava tendo uma nova chance de regeneração...

Martim foi levado a um entreposto de socorro, com o intuito de iniciar todo o preparo para sua nova jornada no plano físico.

Como que buscando eternizar aquele momento de vitória, Valentina guardava em sua mente as palavras de Martim:

"Perdoe-me, minha amada; prometo-lhe melhorar a cada dia! Não me abandone! Perdoe-me!"

No mais além, harpas angelicais entoavam sublime canção e os amigos espirituais, que acompanhavam a jornada dessas almas afins, envolvidos em sublime contentamento, testemunhavam os insondáveis propósitos divinos no encaminhamento de seus filhos sempre direcionando-os para o bem...

Uma nova oportunidade

O PROCESSO DE reencarnação é complexo e demanda grande esforço do plano espiritual para que a organização física, psíquica e espiritual do reencarnante seja harmonizada, de forma a permitir-lhe cumprir os propósitos firmados na espiritualidade antes de ingressar na vida física novamente. E tal processo não foi diferente com Martim, que ao ser levado pelos caravaneiros, viu-se dominado por uma sonolência irresistível que o fez adormecer profundamente.

Espíritos responsáveis por seu processo reencarnatório entravam em ação, preparando-o para ligar-se em breve ao novo corpo, sob as bênçãos do esquecimento temporário.

Algum tempo depois, os técnicos do Ministério da Reencarnação rumavam em direção à Terra. Martim reingressaria à vida física naquela noite. Grande era a expectativa de todos, principalmente de Valentina, que orava para que aquela concepção fosse permeada de muito amor e harmonia. O cenário para a chegada daquele espírito era magnífico; o pequeno e simples aposento estava iluminado com fachos multicoloridos que, ao encontrar as caiadas paredes, transformavam-se em pequenas estrelas reluzentes de tonalidades raras no orbe terreno.

O grupo de espíritos que assessorava a reencarnação de Martim orava fervorosamente para que o irmão pudesse ser amparado e conduzido por eles pela senda do amor, da caridade da regeneração e do progresso, rumo ao Pai. Uma luz esbranquiçada atravessava o teto do aposento, projetando-se sobre os futuros pais, que recebiam bênçãos e amparo, pela oportunidade de acolherem e orientarem os caminhos de Martim em sua nova jornada na Terra.

Depois de concluírem a tarefa, agradecidos à divina Providência pelo êxito, os espíritos colaboradores, envoltos em sublime luz, retornam ao seus postos, no plano espiritual, assegurando-se de que tudo correria bem no processo de gestação da futura mãe. Valentina acompanhava esperançosa, levando em seu coração a alegria e a certeza da proteção do Pai, rumo à recuperação espiritual do amado de seu coração...

* * *

Transcorria o ano de 1713, na cidade de Cerignola, província de Foggia, na Itália. Entre pequenas propriedades agrícolas encontramos Betina e Guilhermo, um casal humilde, dedicado ao trabalho árduo da lavoura, com intuito de que nada faltasse ao pequeno e taciturno Martim, que já deixava transparecer seu espírito inquieto e irritadiço. Um menino franzino de sete anos de idade, arredio ao convívio social, sempre com olhar perdido e sobrancelhas cerradas, como se estivesse descontente com tudo e com todos. Passava horas sentado à soleira do pequeno casebre a rabiscar traços indecifráveis no chão com um pedaço de graveto. Ao perceber o olhar inquisidor dos pais, atirava o pequeno galho ao longe e, batendo forte com a botina no chão, afastava-se resmungando. Os pais riam da postura ranzinza do pequeno, atribuindo tal inquietação à vida monótona que levavam naquele pedacinho de chão.

A alguns quilômetros dali, na pequena propriedade, uma casa caiada com telhado avermelhado destacava-se no tapete verde que se desenrolava ao seu redor. Delicado jardim, salpicado de flores coloridas, trazia àquele pequeno paraíso um aspecto sublime e aconchegante. Salvatore e Angelina também sofriam as consequências do domínio estrangeiro e, com parcos recursos, labutavam de sol a sol para tirar algum recurso daquele pequeno pedaço de terra e prover o sustento da família. A alegria da casa era a doce Valentina, que aos cinco anos de idade já deixava transparecer seu vínculo com a espiritualidade. Bastava uma queixa de Angelina que, por vezes fatigada do trabalho fechava os olhos reclamando de dores nas costas pelos caixotes de alcachofras carregados naquele dia, para que a pequena pegasse o crucifixo da mãe, espalmasse a franzina mãozinha sobre o ponto dolorido e declamasse um "Pai nosso" irregular, fazendo a mãe sorrir, abraçá-la e esquecer-se da dor. Apenas a pequena Valentina, em sua inocência, vislumbrava os reluzentes fachos de luz que se desprendiam da palma de sua mão em direção às costas da querida mãezinha...

Mais à frente, na encosta do morro, viviam Stefano D'Angelo e Helena, que também carregavam o fardo pesado do trabalho na lavoura, além de manterem um pequeno empório a catorze quilômetros dali, na cidade de Canosa, o que os obrigava a uma labuta constante, enfrentando em sua velha charrete a estrada irregular que serpenteava a seus pés já nos primeiros clarões da manhã. Com o país açoitado pelo domínio estrangeiro e os parcos recursos de que dispunham, a necessidade lhes obrigava a não medirem esforços para abastecer o empório com os produtos colhidos na pequena propriedade. As intempéries da vida dura que levavam eram amenizadas pela pequena Alicia, filha do casal, que aos cinco anos de idade já se mostrava resignada com as necessidades que envolviam o dia a dia de sua família.

Com um problema de nascença, Alicia tinha dificuldades para locomover-se, devido à paralisia que lhe atingira uma das pernas, exigindo um zelo ainda maior dos pais. Ao perceber, pela arrumação de caixotes repletos de legumes frescos e pela agitação dos pais, que na manhã seguinte seguiriam viagem para Canosa, Alicia não podia conter a alegria, por saber que ficaria aos cuidados de uma família vizinha e passaria horas agradáveis ao lado da amiguinha Valentina. O prenúncio das diversas brincadeiras que empreenderiam juntas fazia com que Alicia fosse dormir mais cedo, com um sorriso discreto no rosto pueril.

Quando a charrete apontava na curva da estrada em direção à pequena propriedade dos amigos, a alegria era de todos. Nem bem a charrete partia, Alicia e Valentina, de mãos dadas, corriam para fora da casa, perseguindo borboletas, acariciando os cães preguiçosos que dormiam ao pé da escada ou inventando amigos imaginários, com os quais empreendiam as mais variadas brincadeiras. Alicia, pela dificuldade de locomoção, sentava-se várias vezes sob as frondosas árvores da propriedade para descansar e a solícita amiguinha, colocando o pé de Alicia em seu colo, massageava-o, cantarolando belas canções aprendidas com sua mãe. Pouco se demoravam em suas paradas, pois o objetivo de ambas era chegar à beira do lago reluzente que as convidava a mergulhar os pés na água cristalina que dançava ao sabor do vento. Valentina era a primeira a mergulhar os pezinhos na água, chamando a amiga para acompanhá-la e complementando:
— Alicia, venha logo, mamãe disse que toda a natureza foi feita pelo Papai do Céu e, se pedirmos a ele, essa água vai fazer sua perna melhorar e parar de doer.

Assim que Alicia sentava-se ao seu lado, Valentina enchia sua mão em concha com a cristalina água e derramava suavemente gotas reluzentes sobre a perna da amiga, proferindo doce prece, que transcendia as copas frondosas das árvores, ecoando no azul do infinito. Luzes multicolores invadiam aquele espaço, como pequenos e delicados arco-íris, projetando-se sobre a perna da criança. Em alguns instantes, as dores cessavam e as duas meninas num frenesi contagiante batiam os pés na água, causando ondulações magníficas que faziam dançar as ramagens de um velho chorão, que parecia reverenciar espíritos elevados, cuja presença não era registrada pelas duas crianças.

Enquanto as duas meninas desfrutavam das maravilhas de uma natureza que era um verdadeiro legado dos céus, não muito longe dali o menino Martim, sentado ao pé da escada, sisudo como sempre, implicava com o velho cão que insistia em lamber-lhe as pequenas mãos. Passava horas olhando para a estrada empoeirada que subia o morro, como corredeira inconsequente, rumo ao verde tapete de alcachofras que ladeava a propriedade vizinha.

Martim se trancava cada vez mais em seu universo taciturno, e os pais, sem medirem esforços, se dedicavam ao cultivo da humilde propriedade, que, pelo seu relevo íngreme, pouco lhes devolvia de recursos. A parca colheita mal dava para o sustento diário da família.

Conhecedor das dificuldades do amigo, que não fazia segredo de suas grandes privações, o bondoso vizinho Salvatore sempre aparecia com um balde repleto de peixes, que pescava no imenso lago de sua fazenda, e um caixote de legumes e verduras frescas, com o único intuito de suprir as necessidades do vizinho. O alimento que lhes chegava através das mãos do bondoso amigo por muitas vezes fora o único sustento da família. Impaciente para que o amigo se retirasse e ela pudesse preparar o jantar, Betina avivava as brasas mortas do velho fogão à lenha e, cantarolando uma canção agitada, arrancava risos furtivos do pequeno Martim que, pelo entusiasmo da mãe, já previa um farto jantar...

Salvatore, nos poucos minutos que ficava dentro da humilde casa, corria os olhos ao redor e, com o coração contrito, percebia que muitas provisões faltavam naquele lar e, acariciando os negros cabelos do pequeno Martim, que se esquivava do carinho, fitava-o, tentando decifrar o visível mistério escondido naqueles olhinhos negros e ariscos. Lembrando-se de sua pequena Valentina e da fartura que sempre havia em sua mesa, continha uma lágrima que insistia em denunciar a todos a sua tristeza, ao deparar-se com tamanha miséria.

As visitas à propriedade vizinha tornaram-se rotineiras e, numa ensolarada manhã, Salvatore não conseguiu resistir à insistente choradeira da pequena Valentina, que rogava por acompanhá-lo na costumeira visita aos vizinhos. O caminho era íngreme e acidentado, por isso o pai cuidadoso evitava levar a pequena consigo. Os argumentos do pai não foram suficientes para dissuadir a pequena Valentina de seu intento, e a mãe, incomodada com as rogativas da pequena e para lhe fazer os desejos, tratou logo de arrumá-la para a pequena viagem, sob o olhar desaprovador do pai. O vestido de linho azul contrastava com seus cachos dourados que lhe davam um aspecto angelical. Quando a charrete vagarosa, pelas dificuldades de acesso à casa dos vizinhos, apontava na curva da estrada em direção à pequena propriedade dos amigos, a alegria era de todos. O casal necessitado, além de poder contar com a presença cordial do querido vizinho e amigo, sabia que Salvatore lhes traria provisões para amenizar as necessidades de seu dia a dia e, por outro lado, Angelina e Salvatore agradeciam a Deus pela oportunidade de poder amenizar o padecimento dos amigos, com a caridade provinda do âmago de seus corações.

Nem bem a charrete apontava na curva da estradinha poeirenta, o pequeno Martim, ao ouvir o tilintar das ferraduras no duro chão que se estendia à frente da humilde casa, sentia um impulso incontrolável e, de braços abertos, gesticulando no ar, recepcionava o pequeno transporte e, com olhar aguçado, esticava o pescoço para ver se a pequena Valentina estava acompanhando o pai. Enrubesceu ao ver a fagueira amiguinha pulando inconsequente do estribo da carroça ao chão, sob as advertências do pai. Num ímpeto incompreensível, Valentina correu para Martim e o abraçou ternamente, sob os olhares comovidos dos adultos que se encantavam com a influência positiva que a pequena causava no amigo. Martim, como se a libertar-se do amargor que parecia tingir-lhe as faces pálidas, correspondeu ao abraço e, com um sorriso discreto no rostinho magro, agarrou a mão de Valentina e a puxou para entre as ramagens multicolores de gerânios perfumados que cuidadosamente Betina plantava à frente do casebre, dando-lhe um aspecto agradável e acolhedor. Enquanto Salvatore acompanhava o casal de amigos para dentro da humilde habitação, o casal de crianças, sem perceber o grupo de espíritos elevados que o acompanhava por entre as flores, corria calado, como se qualquer ruído pudesse interromper aquele momento de feliz encontro entre suas almas, unidas na eternidade.

As duas crianças brincavam por entre os arbustos do pequeno jardim, emanando alegria com seus risos e cantarolando melodias incompreensíveis. Por vezes Martim tapava os olhos com a manga puída da camisa de tecido simples e gritava para que a amiguinha se escondesse e assim ela o fazia. As ramagens finas e ressequidas pelo sol não conseguiam esconder o corpinho esguio da menina de cachos dourados e, mesmo assim, Martim passava inúmeras vezes por ela, fingindo não vê-la! Os risos da menina faziam-no sentir uma felicidade imensa em seu coração, sem que conseguisse compreender a magia daqueles momentos.

Agarrada a um pé de rosas amarelas, Valentina tentava esconder-se entre as finas ramagens, porém, para não ser vista por Martim, prendeu a barra do vestido de linho azul em um espinho e, ao tentar livrar a vestimenta, acabou ferindo a mão. A gota escarlate que brotava insistentemente do pequeno corte a fez chorar. Martim correu para ela e, num ímpeto, segurou sua mãozinha franzina e beijou fortemente o pequeno ferimento, estancando o sangue. Como a amiguinha ainda chorava, esticou a mão por entre as ramas da roseira e um estalido fez Valentina secar o rosto e acompanhar a ação de Martim. Com as bochechas queimando, num rubor aparente, lá estava o amigo, empunhando uma magnífica rosa amarela, cujas pétalas aveludadas cintilavam ao receberem os claros raios de sol sobre as gotas de orvalho da noite. Esticou a mão trêmula e entregou a Valentina a belíssima flor, sem contudo perceber que a magnífica dádiva da natureza era o símbolo que eternizaria o seu amor e os acompanharia pelas várias moradas do Pai Maior. Certamente harpas angelicais emanavam celestiais acordes, selando o encontro daquelas duas almas afins, cujos caminhos futuros já estavam traçados, além das fronteiras do orbe terrestre...

Os amigos Martim e Valentina, já com as vestes desalinhadas e empoeiradas pelas brincadeiras no jardim, foram surpreendidos pelos pais, que chamando por eles, despediam-se ao lado da carroça. Valentina, com passos lentos, caminhava em direção aos adultos, segurando com ambas as mãos a bela rosa que ganhara de Martim, como se protegesse um valioso tesouro, e ele, um pouco atrás, contrariado pela partida da amiga, chutava as pedras do caminho e resmungava baixinho palavras de descontentamento que causaram risos nos que o observavam. Enraivecido por sentir-se observado e pelos risos, voltou-se rapidamente e correu para esconder-se entre as ramagens que há pouco haviam sido cenário no qual desfilaram momentos ímpares de grande satisfação e alegria. Por entre os cachos de mimosas rosas amarelas que balançavam ao sabor da brisa daquela manhã, espalhando seu doce perfume pelo jardim, Martim, com olhos marejados e lábios contraídos pelo descontentamento, olhava a pequena amiga equilibrando-se para subir na carroça, por estar com ambas as mãos presas fortemente na haste da rosa amarela... O tilintar cadenciado das patas do velho cavalo tamborilando sobre as pedras da estrada fez com que Martim se desvencilhasse dos momentos de alegria há pouco vividos para trancar-se novamente em seu pequeno mundo de inexplicável amargura...

Os dias passavam sem significativos acontecimentos. O sol de todas as manhãs, ao visitar a humilde habitação com seus furtivos raios que adentravam pelas janelas, testemunhava a luta diária daquele casal que, em extrema resignação, aceitava os desígnios divinos na luta incessante do dia a dia...

Martim, sentado à porta da velha casa, fora surpreendido pela doce Betina a oferecer-lhe um pedaço de pão quente que acabara de sair do forno. Esticando a mão marcada pela vermelhidão da terra da qual desencravava pequenas pedrinhas para atirar ao longe, sem contudo tirar os olhos da estrada, parecia antecipar novo reencontro com a eleita de seu coração. A mãe, adivinhando-lhe os pensamentos, sussurrava baixinho ao ouvido do pequeno:

– Fique tranquilo; ela vem, ela vem...

Martim, como se seus pensamentos estivessem à mostra, enrubesceu, agarrou o naco de pão quente e correu rumo ao jardim, indo acariciar os botões amarelos das velhas roseiras, como se fossem os únicos cúmplices do sentimento que lhe brotava no âmago do coração. Fechava os olhos e podia ouvir os ecos dos risos da pequena amiga, que tanta alegria lhe trazia.

Na região, além dos três pequenos fazendeiros, também existia uma grande e próspera propriedade com uma vasta plantação de alcachofras que cobria como manto aveludado muitos hectares de terreno, chegando até a cerca que divisava essa grande herdade da pequena propriedade dos D'Angelo. Pertencia ao senhor Gilbert, que provindo da França, estabelecera-se ali, intentando fazer fortuna na Itália. Seu comportamento autoritário era conhecido por toda a redondeza e as histórias envolvendo suas atitudes pouco éticas e seus desmandos eram repetidas entre os agricultores da região, que o tinham como um homem manipulador, sem escrúpulos e por vezes perverso. Gilbert, em seus retornos das longas noites que passava na cidade envolvido com o jogo, bebida e mulheres, não passava pelas três propriedades sem cobiçar aqueles pequenos pedaços de terra que, sem dúvida, unidos, poderiam dar à sua fazenda considerável terreno fértil para ampliar seu legado. Intentava convencer seus proprietários a vender-lhe cada hectare, obviamente por um preço que lhe fosse favorável.

Dois longos anos se passaram, mantendo aquelas três famílias unidas pelos laços da amizade e da caridade, porém, Stefano D'Angelo e Helena, assediados pelo inescrupuloso Gilbert, que lhes visitava constantemente, oferecendo-lhes vantagens na venda da pequena propriedade e convencendo-os de que seria mais rentável para eles estabelecerem-se em Canosa, onde mantinham o pequeno empório, cederam em abrir mão de sua propriedade. Gilbert prometeu vender-lhes regularmente parte de sua produção de alcachofras, bem como outros produtos cultivados em suas terras, convencendo-os de que o preço desse comércio seria mais baixo que de outros fornecedores e que, na certa, o lucro seria maior, além do que evitariam as penosas viagens que empreendiam regularmente para abastecerem o pequeno comércio. Depois de vários encontros, nos quais Gilbert manipulava suas investidas, demonstrando ao simples casal que a venda da propriedade seria o melhor caminho para sua prosperidade, conseguiu seu intento. Sem ouvir os conselhos dos amigos vizinhos, que já conheciam os rumores sobre as reais intenções de Gilbert em ser o único proprietário das terras férteis daquela região, os D'Angelo partem para Canosa. À beira da estrada, Alicia e Valentina, de mãos dadas e chorosas, não conseguem dissuadir seus corações da dor que lhes causa aquela separação e, prometendo-se amizade para sempre, mal sabem que seus destinos estavam entrelaçados.

A poeira levantada pela carroça que cambaleia pelo chão tortuoso acentua o tom de despedida daquele momento, envolvendo o pequeno transporte com uma nuvem avermelhada, como a tragá-la num caminho sem volta. Por detrás das árvores que ladeiam a estrada, um elegante cavalheiro, montado em seu garboso cavalo, sorrateiramente observa a cena, com um sorriso sarcástico no rosto, por já ter conseguido parte de seu intento...

Com a propriedade dos D'Angelo entregue nas mãos do inescrupuloso Gilbert, os dois outros proprietários são cada vez mais acuados pelas propostas insistentes que recebem deste ou pelas ameaças de seu capataz Jácomo D'Santis.

Não era raro encontrar-se pela estrada um grupo de cavaleiros, liderados por Gilbert e por seu capataz Jácomo D'Santis que, em marcha cadenciada, dirigiam-se ora para a propriedade de Guilhermo, ora para a de Angelina e Salvatore. Quando as propostas aparentemente vantajosas de Gilbert não eram aceitas pelos agricultores, ameaças eram proferidas de formas sutis, porém compreendidas e temidas pelos simples casais. Gilbert estava determinado em alcançar seu objetivo de se tornar o único senhor de todas aquelas terras. Com sua presença intimidadora já havia conseguido agregar à sua propriedade pequenos outros pedaços de terra da região, porém a aquisição daquelas duas propriedades cujos donos resistiam passou a ser para ele uma questão de honra, uma vez que ladeavam suas terras, separando-as dos demais hectares que já havia adquirido. Os pequenos proprietários da região acabavam cedendo às ofertas de Gilbert e vendiam suas terras por um preço abaixo do que valiam. Dando continuidade ao seu ambicioso plano, Gilbert os convidava a trabalharem para ele, no cultivo. Pela falta de recursos e privações, bem como pelo apego afetivo às suas terras, aceitavam a proposta e, uma vez engajados no grupo de trabalhadores da enorme fazenda, começavam a perceber que o nobre senhor, desvencilhando-se de sua máscara de bondade, tornava-se um impiedoso senhor feudal, praticamente escravizando a todos, com excesso de trabalho e nenhum soldo significativo.

Certo de que mais cedo ou mais tarde aqueles que ainda resistiam ao seu domínio e poder cederiam às suas tentadoras ofertas,

Gilbert adiantou-se em construir uma série de pequenas casas caiadas, uma ao lado da outra, que mais lembravam um comboio deslizando sobre a face vermelha da terra, com o objetivo de abrigar os pequenos agricultores que lhe cederam as terras. Planejava que com mais terreno fértil e com grande contingente de mão de obra barata não lhe seria difícil tornar-se o fazendeiro mais rico da região. As pobres famílias instaladas de forma rudimentar naqueles casebres trabalhavam na lavoura, de sol a sol, sob o comando impiedoso do capataz Jácomo D'Santis, que não hesitava em esbofetear um empregado menos dinâmico na colheita das alcachofras, no cuidado com o pomar e as vinhas ou aproveitar sua estada no imenso roçado para abusar de suas mulheres.

Deixando no comando alguém de sua confiança, o capataz batia em retirada rumo à fileira de casebres caiados e, sem nenhum pudor, abria a porta escolhida com um chute e, aproveitando-se de sua autoridade, submetia as mulheres aos seus instintos insanos, ameaçando-as com o assustador arcabuz que trazia ao ombro. Entre soluços e desespero, as vítimas eram ameaçadas de que, se contassem a alguém o ocorrido, seus maridos seriam mortos sem dó e nem piedade. Conhecendo a fama declarada de D'Santis como malfeitor, seus abusos não eram delatados, fazendo com que ele continuasse com seus desmandos...

Além das péssimas condições de moradia e trabalho dos agricultores que prestavam serviços a Gilbert, alegando que não poderiam ausentar-se um só dia da lavoura para adquirirem mantimentos em Canosa, Gilbert construiu um galpão no qual oferecia tudo o que julgava necessário aos seus empregados, roupas, mantimentos e produtos que supunha de interesse daquelas pobres criaturas que viviam ali como cães a alimentarem-se das sobras que caíam da mesa do grande senhor. Com preços abusivos, vendia aos empregados os produtos do armazém, sob o controle das mãos de ferro de Pietro, rapaz sisudo e bom nas contas, que acatava sem discutir todas as ordens do patrão. Se faltasse arroz na mesa de algum empregado e este humildemente se dirigisse ao armazém, alegando estar sem dinheiro no momento, Pietro, com um sorriso sarcástico, anotava a compra num calhamaço de papel amarelado pelo manuseio, acrescentando um valor a mais, que seria cobrado do solicitante na data em que recebesse o soldo por seu trabalho. O pequeno saco de juta puída era pesado também de forma a favorecer o patrão e entregue nas mãos calejadas daqueles cuja esperança de dias melhores fora consumida pela rotina escravagista que lhes era imposta assim que o sol despontava no horizonte.

A relação de compra de produtos do armazém de Gilbert era a certeza de que não haveria deserção de nenhum dos empregados, pois com as contas sempre beneficiando o patrão, Pietro garantia que os pobres agricultores não conseguissem pagar suas pendências e, com o aumento crescente das dívidas, submetiam-se ao trabalho árduo, sem sequer parada para a alimentação que lhes chegava fria ao roçado. Se um deles desfalecesse de fadiga ou por falta de alimento, era erguido com o açoite do chicote de D'Santis, sob o olhar aterrorizado dos demais que utilizavam como exemplo aquela situação fatídica, esmerando-se no trabalho e aumentando assim a fortuna do temido Gilbert.

Em pouco tempo, a fama ditatorial de Gilbert espalhou-se por toda a região, causando calafrios nos dois proprietários que não haviam cedido à insistência de compra de suas propriedades pelo já afamado vilão.

Como nada acontece ao acaso, cumpre-nos esclarecer a trajetória desse malfeitor até sua chegada às verdes paragens próximas à cidade de Canosa, para empreender seu plano de domínio e poder, subjugando aqueles que considerasse inferiores à sua nobreza e à sua superioridade intelectual e social. Certamente, sua trajetória na vida física, bem como o papel que representaria nesse novo enredo reencarnatório, já haviam sido traçados nas lides espirituais, dando-lhe novas oportunidades de redenção e evolução à mercê, é claro, de seu livre-arbítrio.

Aos vinte e três anos, Gilbert, herdeiro de uma considerável fortuna de uma das famílias tradicionais da França, resolve estabelecer-se na Itália como proprietário de terras, o que na época histórica vivenciada pelos países europeus era ainda o melhor investimento. Apesar da pouca idade, era ele possuidor de um tino comercial aguçado, herdado da família empreendedora de tios que lhe haviam criado, uma vez que perdera os pais muito cedo, na grande geada que assolou a Europa por volta de 1700. A lembrança de seus pais lhe era muito vaga, pois, numa vigem a Paris, deixando o pequeno aos cuidados dos tios, o casal fora surpreendido pela volumosa nevasca que lhes arrebatou a vida no caminho de volta para casa. Os familiares, envolvendo o pequeno Gilbert de mimos, faziam-lhe todos os gostos, para evitar que sentisse falta dos pais desencarnados. A mãe, Isabel, mulher terna e caridosa, fizera de sua vida terrena uma possibilidade única de auxiliar os menos favorecidos que se esgueiravam pelos becos da França. Na luxuosa habitação em que desfrutava dias felizes ao lado do marido e do pequeno Gilbert, que era a alegria do casal, Isabel não media esforços para amparar aqueles que lhe batiam à porta em busca de recursos, que chegavam sempre acompanhados de uma palavra de esperança, proferida por aquela bondosa dama. O marido, um bem-sucedido comerciante da região, com princípios não tão nobres quanto os de Isabel, opunha-se aos seus gestos de caridade, alcunhando os menos favorecidos que batiam a sua porta como vagabundos e aproveitadores. Carinhosamente, Isabel acalmava os arrufos do marido, dizendo-lhe que tudo de bom que fizessem naquela vida lhes seria recompensado por Deus. Pelo grande amor que tinha à esposa, ele a beijava na testa e, apertando suas delicadas mãos, sussurrava-lhe ironicamente ao ouvido:

"Uma herança depositada no céu pode ser um bom investimento. Continue, minha cara Isabel, pois eu, particularmente, não tenho tempo de barganhar com Deus."

Isabel preferia não atentar-se às blasfêmias do marido e logo se distraía com os gracejos do pequeno Gilbert, que lhe estendia os braços pedindo colo. Isabel beijava freneticamente o rosto da pequena criança, sem antever que seus dias nessa terra já estavam contados.

Gilbert cresceu participando dos negócios dos tios que, proprietários de uma grande e suntuoso empório em Paris, o conhecido "Vernet", não poupavam o pequeno aprendiz de suas manobras ilícitas para lucrarem cada vez mais. O menino era instruído ora a roubar os fregueses no peso das mercadorias, ora na qualidade dos gêneros vendidos. Gilbert, astuto, ainda muito jovem, já aprendera a manipular todas as situações envolvendo os fregueses, em benefício da fortuna da família, que se avolumava nos cofres da cidade. Ambicioso e com desvios de caráter, Gilbert não se apiedava de ninguém e sua felicidade se embasava em contar o montante de dinheiro que conseguira usurpar daqueles que por ele foram enganados. Os tios aplaudiam os desmandos do adolescente, parabenizando-o pelos lucros ilícitos de cada dia.

Por vezes, o jovem rapaz tinha pesadelos, nos quais via a doce Isabel proferindo-lhe palavras de alerta contra as más ações praticadas por ele no armazém; afagava-lhe os cabelos e beijava-lhe a fronte. O rapaz acordava sobressaltado e as palavras da mãe transformavam-se em sutis lembranças. Ao relatar os sonhos aos tios, estes ignoravam suas narrativas, dizendo ao rapaz que estava trabalhando demais e fazendo contas até tarde, o que, na certa, estava lhe causando um cansaço mental muito grande. Diziam que sua mãe estava morta e que não poderia de forma alguma apresentar-se num sonho. "Os sonhos são irreais e os mortos não voltam", diziam-lhe. O rapaz, convencido de que esses sonhos eram frutos de seu excesso de trabalho, procurava esquecê-los e mergulhava novamente nas arbitrariedades lucrativas de seu dia a dia no empório, não percebendo que na espiritualidade a mãe dedicava muito de seu tempo para dissuadi-lo de tão reprováveis condutas.

Ao completar dezoito anos, o jovem rapaz pôde tomar posse da considerável fortuna que lhe fora deixada pelo pai e, beijando os tios, prometeu-lhes que, embora muito rico, não os abandonaria na lida diária do armazém, porém, como bom aprendiz, impondo-lhes a condição de que recebesse parte dos lucros provindos das manobras inescrupulosas que aplicava aos clientes. Os tios, já com uma considerável fortuna, acharam por bem ceder à proposta do sobrinho, afinal Gilbert era a peça fundamental naquele jogo lucrativo que há anos lhes abastava os bolsos. Aos vinte anos, no entanto, Gilbert despede-se dos tios, rumo à Itália, com o intuito de comprar terras e lá se estabelecer. Homem já feito e não tocado por laços afetivos, beija os tios e parte para Cerignola, com os bolsos cheios de dinheiro e o coração enrijecido pelas más ações praticadas desde a infância, sem ter ciência de que, pelas bênçãos da reencarnação, aquela era uma nova oportunidade para se ajustar às leis divinas.

Certamente em outras moradas do Pai celestial, Isabel, munida de sublimes sentimentos, orava para que o coração e a mente do inescrupuloso filho fossem guiados pelas lides do bem, pois sabia que a trajetória de Gilbert estava apenas começando em mais um enredo que recebera as bênçãos das elevadas paragens do mundo espiritual.

Uma visita inesperada

Naquela manhã ensolarada e quente de sábado, Gilbert, acomodado em uma suntuosa poltrona escarlate na varanda da luxuosa casa, com um copo de vinho à mão, mantinha seu olhar perdido na vasta propriedade, coberta por um verde reluzente que lhe inebriava a alma ambiciosa. Em apenas três anos de estada em Cerignola, já havia triplicado sua fortuna. As pálpebras lhe pesavam pela embriaguez e pela noite maldormida e seus pensamentos vagueavam por entre as manchas escuras das moitas de alcachofras que salpicavam aquela imensidão verde a perder de vista, cortada elegantemente por uma serpente avermelhada que se deitava insistentemente rasgando aquele aveludado e lucrativo tapete. Com os olhos fixos na estrada que há pouco admirava, Gilbert percebe uma enorme nuvem de poeira que se levanta por sobre a plantação. Levanta-se cambaleante para assegurar-se de que não está sob o efeito da sonolência, esfrega os olhos e então se certifica de que realmente há uma carruagem dirigindo-se para sua casa. Mantém-se em pé, pela curiosidade, pois não esperava visitas àquela hora da manhã.

Com um grito, chamou o capataz D'Santis, que se mantinha alerta ao lado do patrão, para que fosse recepcionar a visita e certificar-se de que não se tratava de alguém que lhe viesse apenas perturbar o descanso. Ajeitando o arcabuz ao ombro, o capataz desceu as escadas de pedras lavadas que davam acesso ao pátio da casa e, ao ver a carruagem parada, abriu sua porta e lançou um olhar intimidador para seu interior, surpreendendo-se com os efusivos cumprimentos de um jovem que aparentava um pouco mais de vinte anos, com um largo sorriso que lhe dava às feições uma simpatia contagiante. Elegantemente vestido, alinhou o sobretudo preto que lhe cobria as pernas até os joelhos, passou as mãos pelos cabelos que o vento tivera a ousadia de emaranhar e de um salto colocou-se ao lado de D'Santis, estendendo-lhe a mão franzina. D'Santis, acostumado com a grosseria de modos que lhe estruturavam o perfil, fez menção de recuar sua mão calejada e aninhá-la no cabo surrado de seu velho arcabuz, porém o rapaz, fingindo não perceber a estranheza que causara no rústico capataz, manteve a mão estendida, não permitindo ao rude homem qualquer evasiva. Os dedos longos e delicados do rapaz foram engolidos pela mão forte e calejada do capataz e o visitante correspondeu ao forte aperto de mão, arranhando um italiano aprendido às pressas e comentando:

– Meu Deus, como os italianos são fortes!

D'Santis, sentindo-se lisonjeado, observou com desdém o jovem visitante articulando os dedos, para safar-se da sensação de incômodo que sua mão lhe havia causado. A controvertida recepção foi interrompida pelos gritos esfuziantes de Gilbert, que descia as escadas de braços abertos em direção ao inesperado visitante.

– Não acredito em meus olhos! É você, seu ingrato! Desde que saí da França nenhuma notícia sua recebi. Achei que tivesse assumido o celibato e se esquecido de nossas inesquecíveis noitadas nos cabarés de Paris.

Sob o olhar inquisidor de D'Santis, o jovem, correspondendo à recepção de Gilbert, adiantou-se em dar-lhe um forte abraço.

– Gilbert, Gilbert, você não mudou nada; aliás, vale dizer que os ares e o sol italianos lhe roubaram o mofo e a palidez do jovem que vivia atrás do balcão do "Vernet".

Ao ouvir o nome Vernet, alcunha do empório de seus tios, sua memória viajou imediatamente para aquele lugar e uma ponta de saudade de sua vida pregressa o fez franzir a testa. Balançando a cabeça para livrar-se das lembranças, Gilbert estreitou seu querido amigo entre os braços:

– Joseph, querido e astuto Joseph, pensei que havia se esquecido do amigo aqui!

Joseph, correspondendo ao abraço e à calorosa recepção, iniciou um longo discurso sobre suas proezas no jogo e com as mulheres de Paris, arrancando gargalhadas de Gilbert.

D'Santis, cabisbaixo e com o ego açoitado por sentimentos que iam desde a inveja que sentia dos jovens bem-sucedidos, que caminhavam entre risos à sua frente, até a sensação de pequenez, diante dos olhos do patrão, que nunca lhe havia demonstrado um tênue gesto de amizade, apenas ouvia o bater cadenciado de suas botas nas pedras lavadas, que ecoavam em sua alma como punhaladas lancinantes a lembrar-lhe o quão insignificante era. Como um cão fiel, caminhou com os olhos presos ao chão, remoendo seus dissabores e comparando sua rude vida com os supostos prazeres que aqueles dois jovens, em suas poucas idades ainda, já haviam desfrutado... Certamente, espíritos infelizes alimentavam naquele momento os sentimentos nocivos de D'Santis, levando-o a engendrar planos funestos.

Esquecendo-se da garrafa de vinho inacabada sobre a mesa da varanda, Gilbert convidou o amigo a adentrar suntuosa sala de estar, cujos tapetes vermelhos traziam um ar clássico à mobília em mogno que reluzia ao toque iluminado do sol daquela manhã. O conforto, luxo e beleza eram visivelmente exagerados. As cadeiras com pernas torneadas e pés entalhados, assentos e encostos de veludo escarlate causavam visível deslumbramento ao visitante que, involuntariamente, para orgulho do anfitrião, não se intimidava em andar pela sala acariciando cada móvel e demorando-se em cada detalhe que lhe chamava a atenção.

O patrão, discretamente fez um sinal a D'Santis e sussurrou-lhe que providenciasse para que o recém-chegado fosse recebido com o melhor vinho de sua adega. D'Santis apressou-se em avisar a uma das criadas sobre a ordem dada pelo patrão.

Gilbert, com o ego extremamente inflado, sorvia a goles pequenos a satisfação que o deslumbramento do amigo lhe provocava, pois eram poucos os momentos desde a sua chegada à Itália que pôde ostentar o luxo de suas conquistas. A cena foi interrompida pela entrada da serviçal equilibrando luxuosa bandeja com duas taças e uma garrafa de vinho. Para surpresa de D'Santis, que se escondia num canto mais escuro da sala, Gilbert solicitou que a jovem criada que se retirava trouxesse mais uma taça, pois, fingindo uma abnegação que não fazia parte de seu perfil, chamou o capataz para comemorar a chegada do querido amigo.

D'Santis enrubesce e, passando os olhos pela roupa surrada da labuta que para ele havia começado ao nascer do sol, secou o fio de suor que insistia em gotejar-lhe das têmporas e timidamente agradeceu o convite, para não sentir-se mais humilhado diante do nobre cavalheiro que ali estava; alegou urgência em resolver uma questão no roçado de alcachofras e retirou-se cabisbaixo, dando vazão ao discurso que entidades malfazejas insistiam em lhe instaurar no pensamento.

A conversa animada entre os dois amigos e a lembrança de fatos envolvendo ambos nos cabarés e festas da alta sociedade na França, arrancavam-lhes estridentes gargalhadas, regadas a várias garrafas de vinho que se enfileiravam vazias sobre a mesa, maculando a alva toalha de linho de manchas róseas que se abriam como glicínias, como a testemunhar mais uma fase de um enredo escrito no além.

O almoço foi servido às doze horas, sob o som de um sino que badalava ao longe, dissuadindo por breves momentos os sofridos agricultores de sua lida diária, sobre o domínio escravocrata de D'Santis, que, naquela manhã, parecia mais sisudo e menos condescendente até mesmo com os fatos rotineiros do trabalho diário.

Joseph saboreava cada detalhe daquela vida bucólica. O ar puro, o cheiro da terra, o alarido dos agricultores ao longe e, sobretudo, a farta mesa que se estendia a sua frente, repleta de pratos tipicamente italianos e adornados de um requinte ímpar.

Terminada a refeição, ambos dirigiram-se à varanda e, sorvendo um delicioso licor de alcachofra, entre um gole e outro, Gilbert ofereceu a Joseph um de seus quartos de hóspedes, para que pudesse descansar da longa viagem, aproveitando para inquiri-lo sobre os reais motivos de sua visita à Itália.

Joseph logo lhe esclareceu sobre seus planos para o futuro, contando-lhe que pretendia estabelecer-se na Itália, cuidando pessoalmente dos negócios de uma abastada família italiana que angariava suntuosa fortuna com a exportação de peças de cerâmica para toda a Europa. Gilbert interessou-se imediatamente pelo exposto e iniciou uma profunda especulação sobre a rentabilidade do negócio, desistindo de tais investidas apenas ao perceber que, vencido pelo excesso de vinho e pelo cansaço da viagem, Joseph já não lhe respondia mais, envolto em profundo sono.

O jovem visitante foi acompanhado, ainda cambaleante, por uma das criadas até o aposento que já estava preparado. Atirou-se sobre a cama e um sono profundo o dominou por toda a tarde. O sol já se preparava para seu merecido repouso por entre as verdes montanhas que se erguiam ao longe, quando Joseph despertou meio confuso ao ver-se imerso em ambiente tão luxuoso. Apesar da riqueza dos móveis e adornos que deslumbravam os olhos do visitante, era claro para ele que, apesar de cuidadosamente dispostos no recinto, não havia neles os cuidados femininos, tão relevantes nos ambientes franceses. Joseph alinha a vestimenta e sem demora percorre um corredor que dá acesso à sala. Encontra Gilbert a sua espera e, sem perder tempo, maculou o sonolento silêncio com uma pergunta direta ao amigo:

– Caro Gilbert, não entendo como um homem tão bem resolvido, rico e com tão boa aparência não tenha sido ainda descoberto por nenhuma italiana casadoira!

A resposta de Gilbert veio em forma de uma estridente gargalhada que ecoou pela sala.

– Caro Joseph, primeiro o dever e depois o prazer! Com tantos afazeres, não me sobra tempo para os *plaisirs* [prazeres].

– Um homem sem um amor certamente é um homem infeliz. Não há dinheiro que se iguale a uma bela mulher!

Ambos riram e, após mais uma taça de vinho, envolveram-se mais uma vez num discurso entusiasta sobre as conquistas que cada um planejava para um futuro próximo.

A conversa foi interrompida quando Joseph, ao colocar a mão em um dos bolsos, lembrou-se de que era portador de uma carta da tia de Gilbert e, culpando o vinho pelo esquecimento de entregar a missiva ao amigo, complementou:

– Passei pelo "Vernet" antes de empreender viagem para cá e sua tia pediu-me que lhe entregasse essa carta. Pareceu-me aflita, porém, orgulhosa como é, não quis se abrir comigo sobre o que a estava incomodando.

Gilbert, com uma ponta de culpa, por ter se esquecido completamente dos tios que lhe deram guarida à orfandade, contraiu as sobrancelhas e num ímpeto rasgou o envelope pardo que lhe era tão conhecido do passado. Por um instante pareceu-lhe ter entre os dedos o invólucro que utilizava para organizar as grandes somas de dinheiro que indiretamente furtava dos fregueses do empório.

Joseph, percebendo-lhe a fraqueza, acrescentou:

– Não há de ser nada grave, amigo; apenas lamúrias saudosas de sua velha tia.

Gilbert, sem ouvir as últimas palavras do amigo, já com a carta aberta nas mãos, relia um trecho que lhe trouxe profundo abatimento:

"Caro Gilbert, as coisas não andam bem por aqui, desde que seu tio adoeceu. O mal que dele se apoderou foi diagnosticado como tuberculose, uma doença incurável que certamente o levará à morte! Eu estou muito cansada, me dividindo entre os cuidados com seu tio e a administração do empório, que está de mal a pior. Em minhas rotineiras ausências, os ajudantes que contratei roubam-me a dedos largos e os lucros desapareceram. Sinto informá-lo que o 'Vernet' está com os dias contados. Serei obrigada a baixar as portas, para acompanhar os últimos dias de seu tio... Não peço que se apiede de nossa desgraça, mas que em suas orações não se esqueça de rogar à bondosa Isabel que olhe por nós."

Com os olhos marejados por ler o nome de sua querida mãe, Gilbert fecha o papel, pois as letras dançam como barcos à deriva no véu de lágrimas que ele tenta ocultar do visitante.

Joseph, ao perceber o constrangimento do amigo, levanta-se e vai até a janela, dando a Gilbert o tempo para se recompor.

– Que belo pôr do sol, tipicamente italiano se tem aqui, não é amigo?

Gilbert, limpando a garganta, retoma seu trivial tom de orgulho e responde:

Pois é, Joseph, é essa beleza que me importa agora; o passado é passado e que fique lá sepultado em seu tempo!

Joseph, entendendo as palavras de Gilbert, não ousou comentar ou questionar o conteúdo da carta, que agora não passava de um papel amassado jazido ao lado de uma garrafa vazia de vinho. Certamente, o passado estava sepultado para Gilbert e os únicos vínculos afetivos que o ligavam a ele também definhavam como o crepúsculo que invadia a suntuosa sala, anunciando que um ciclo se findara.

Gilbert coloca-se ao lado de Joseph à janela, vislumbrando o último raio de sol a esconder-se no horizonte, e a brisa fresca da noite veio visitá-los, como uma bênção da natureza a brindar a primeira estrela que já marcava presença no ainda azulado firmamento.

Ainda com um nó na garganta, Gilbert lembra-se de sua querida mãe e o vento que agora farfalha as enormes árvores que se enfileiram ladeando a entrada da casa parece mais um sussurrar da voz angelical de Isabel, que traz a Gilbert as mais doces lembranças da infância.

O recém-chegado, ao perceber a nostalgia que se apoderara do amigo, não demora a interromper-lhe os pensamentos. Com duas taças cheias nas mãos, quebra o silêncio, trazendo Gilbert para sua atual realidade.

– Vamos, vamos, amigo! Nada de nostalgia, afinal hoje devemos celebrar nosso reencontro, com muitas risadas e muitos goles desse néctar dos deuses!

Gilbert, apodera-se da alegria de Joseph e em alguns minutos as lembranças de outrora agonizam entre uma taça e outra, ocultando-se para sempre em algum lugar do passado.

IRREMEDIÁVEIS ENGANOS

Não muito longe dali, em Canosa, o casal Stefano e Helena, numa realidade completamente diferente daquele que de certa forma lhe havia usurpado a propriedade, com bases em promessas que jamais cumprira, permanecia sentado entre caixas de frutas a exalarem o perfume característico, mesclado pelo cheiro avinagrado de muitas delas, que aguardavam há muito os tão esperados compradores. O casal, em sussurro, contava sobre o balcão envelhecido as parcas moedas que lhe rendera o infindável e penoso dia de trabalho.

Sem perceber a situação financeira aflitiva dos pais, a pequena Alicia, agora com oito anos, cantarolava saltitando entre as caixas de madeira enfileiradas no pequeno recinto, que mais se assemelhavam a um comboio mudo e inerte, diante de tamanho sofrimento. Gilbert, como era de se esperar, não cumprira as promessas discursadas como fiança facilitadora da compra das terras dos D'Angelo. Nenhuma fruta lhes foi enviada pelo nobre senhor, que se justificava alegando que a safra estava ruim, devido às intempéries que assolavam suas plantações. Depois de tantas rogativas sem retorno, os D'Angelo resolveram encarar a realidade de que tinham sido enganados e contentarem-se com os poucos recursos que agora eram sua única fonte de sobrevivência.

As dificuldades do dia a dia e os dissabores da labuta diária logo se transformaram em pesar doloroso ao pobre Stefano que, dedicado exclusivamente ao trabalho, esquecia-se até mesmo de alimentar-se. Por vezes, exausto pelos afazeres do pequeno empório, sem ter recursos para contratar um ajudante, ficava até altas horas da noite selecionando as frutas para a venda do dia seguinte e não era raro adormecer entre as caixas, sonhando com dias melhores, que estavam longe de chegar.

Não demorou muito e Stefano não mais ficava só no empório, depois que Helena e Alicia se recolhiam, uma garrafa, cuja rolha denunciava já ter sido retirada várias vezes, ocupava lugar de destaque no velho balcão. Stefano, entre um gole e outro, já não preparava as frutas para a venda com o esmero de antes; a roupa puída e o cabelo desgrenhado sepultavam para sempre aquele pai carinhoso e simples, cujo único objetivo era prover, em benefício de Helena e da pequena Alicia.

Helena, percebendo o declínio moral do querido companheiro, agarrava-se às preces, pedindo a interferência do Pai Maior, em socorro daquele que lhe fora o campanheiro irrepreensível.

Stefano já não era o homem simples e abnegado de antes, pois sob o efeito do álcool, ao retornar do empório altas horas da noite, esbravejava contra a esposa e a filha, e o prato reservado para ele sobre o humilde fogão era muitas vezes jogado ao longe pelas mãos trêmulas em gestos compulsivos, que certamente obedeciam ao comando de entidades malfazejas, que se compraziam com aquela situação decadente.

Com muitas dívidas e sem recursos para fazer novas compras de frutas, o empório mais parecia um depósito de frutas em decomposição. Nuvens barulhentas de mosquitos traziam àquele espaço um aspecto fúnebre e, entorpecidos pelo desagradável cheiro que se desprendia dos caixotes enfileirados, os raros fregueses desapareceram.

Helena, acompanhada da pequena Alicia, percorria as ruas de Canosa, oferecendo-se como lavadeira. Por conhecerem-na do pequeno empório, antigos fregueses começaram a confiar-lhe enormes trouxas brancas, que ela levava à cabeça até em casa. Após lavar e passar todas as peças com esmero, saía orgulhosa, acompanhada pela pequena Alicia, que alheia à real situação familiar parava nas portas dos fregueses e batia palmas, a colaborar com a labuta diária da mãe.

Sem mercadoria para comercializar, Stefano resolveu acabar com as atividades do pequeno empório e, por sentir-se derrotado e humilhado a contar com o trabalho exclusivamente de Helena para manter a família, a velha garrafa entreaberta passou a ser seu único consolo. Helena, com os olhos fixos no crucifixo de madeira que pendia na parede caiada, sussurrava contínuas preces, pedindo a complacência divina em prol de seu caro companheiro. A cama vazia trazia-lhe lágrimas aos olhos tristes, pois sabia que aquela era mais uma noite em que Stefano adormeceria no frio e encardido chão do empório, tendo seu sono velado pela garrafa vazia, que certamente lhe era o único conforto.

O sol tímido transpunha-se pelas frestas da janela ainda sob a resistência da fria madrugada, quando Helena é acordada por Alicia que, em pé à porta do quarto da mãe, chora assustada chamando pelo pai. Ainda envolta pelo torpor do sono, Helena esfrega os olhos e, ao confirmar a cama vazia, presta atenção às lamúrias de Alicia.

– Acalme-se, meu bem, nada aconteceu com papai. Ele certamente está no empório arrumando as frutas.

Com um nó na garganta e o coração a bater descompassadamente, Helena parece prever o pior. Segurando Alicia pela mão trêmula, corre até a frente da casa, onde funcionava outrora o pequeno empório e a cena que vislumbra traz-lhe a certeza de que Stefano não mais está sujeito aos sofrimentos dessa vida.

Entre as caixas vazias e empilhadas de forma irregular, jazia o corpo inerte de Stefano, segurando em uma das mãos uma garrafa vazia. Helena, sem se dar conta de que a pequena Alicia nada sabia sobre a morte, debruça-se aos gritos sobre o corpo pálido de Stefano. Com os punhos cerrados, blasfema em seu desespero e abandono e um ganido rouco lhe escapa da garganta:

– Perverso Gilbert, que seja amaldiçoado para sempre! Você é o único culpado da morte de meu querido Stefano!

Alicia, desesperada e sem entender o ocorrido, assusta-se com os gritos da mãe e sai à procura de ajuda. Em breve, vários transeuntes e antigos fregueses do casal D'Angelo entram no pequeno recinto. Logo um coro tímido forma-se ao redor do corpo de Stefano e toma vulto em fervorosas preces, que objetivam entregar aquela boa alma ao Pai Maior.

Com a desencarnação de Stefano, desprovida de qualquer recurso, Helena resolve deixar a pequena propriedade e, sob os olhares tristes dos amigos que ali fizera ao longo dos anos, parte com Alicia rumo a um futuro incerto, carregado de privações. Mal sabia ela, no entanto, que ambas nunca estariam sozinhas. Espíritos afins, se apoiariam nesta caminhada e seguiriam rumo às experiências tão necessárias para o amadurecimento de ambas.

Com destino à cidade de Parma, onde residia um membro de sua família, o seu tio Pietro, Helena parte, tendo a pequena Alicia a seu lado, em busca de novas esperanças que pudessem aplacar o sofrimento dos últimos anos.

Encontro amigo

Na fartura e no requinte de sua luxuosa casa, Gilbert nem se recorda do casal de camponeses que depositou em suas frívolas mãos a pequena propriedade, que na certa lhes serviria de arrimo por toda a vida. Seu olhar orgulhoso percorre a magnitude de sua propriedade, observando satisfeito o olhar extasiado do jovem Joseph que, a seu lado na janela, deslumbrava-se com a cúpula azul-acinzentado que perdia-se no horizonte, salpicada de pequenas estrelas reluzentes, como brilhantes incrustados naquela abóbada celeste.

A criada interrompe aquele momento de deslumbramento, anunciando que o jantar já estava à mesa.

Como se arrancado de um sonho, Gilbert se assusta com o anúncio da criada e, sorrindo pela recente conferência de suas posses, convida o amigo a acompanhá-lo à sala de jantar.

A mesa farta e caprichosamente arrumada encanta o visitante, que antes de ocupar o seu lugar, como criança que explora o novo, dá a volta ao redor da mesa, acariciando delicadamente as chamas avermelhadas de dois candelabros de prata reluzente, cuja sombra dançava inquieta sobre as iguarias que enfeitavam a toalha de linho branco. Ao perceber os olhares inquisidores de Gilbert e da criada, Joseph sorri e esclarece:

– Parecem as dançarinas das felizes noites em Paris, não é mesmo amigo?

Gilbert sorri, achando graça da comparação feita pelo amigo.

O jantar, regado a vinho e complementado por várias taças de champanhes, que não faltavam na adega de Gilbert, terminou tarde, com anfitrião e convidado cambaleantes e sonolentos. Ambos foram para seus aposentos e em poucos minutos já estavam envoltos em profundo sono.

Joseph, com seu metabolismo comandado pelo excesso de álcool, dormiu profundamente, porém Gilbert, talvez assolado pelas lembranças do passado, despertadas pelo recém-chegado, em profundo estado de desequilíbrio físico e emocional, apenas cerrou os olhos e imediatamente seu quarto se transformou numa alameda verdejante, que o fez caminhar a passos largos, arfando e enchendo os pulmões com o ar puro de uma brisa envolvente que incomodava as ramagens delicadas de belas glicínias, que insistiam em beijar-lhe a fronte. A silhueta de uma mulher, delicadamente envolta em trajes leves e esvoaçantes, tocados pela mesma brisa que lhe servia de alento, abria os braços em sua direção e o sussurro angelical que lhe fugia dos lábios era como uma envolvente canção que lhe acalentava a alma.

– Filho querido, venha, venha!

Gilbert, em seu devaneio, apressou-se em abraçar a mãe, Isabel, que envolvendo-o num terno abraço, sussurrou-lhe ao ouvido vários conselhos e orientações que recriminavam suas ações envolvendo aqueles menos favorecidos que se aglomeravam como cães famintos em volta de sua mesa, ansiando pelas sobras que caíssem ao chão.

Num sobressalto, Gilbert acordou e, sentado em seu leito, secou com a mão trêmula o fio de suor que lhe maculava a tez. Um som sublime acompanhava o bailar das cortinas alvas que ladeavam as folhas da janela ligeiramente abertas, como ecos vindos do além, causando-lhe consecutivos arrepios:

– Cuidado! Cuidado!

Gilbert, ligeiramente abalado pelas lembranças do sonho que tivera, abruptamente fecha as folhas da enorme janela, balbuciando:

– Vinho em excesso e as intermináveis histórias de Joseph definitivamente não combinam...

Voltou a dormir, guardando na memória a doce lembrança da querida mãe, que no dia seguinte não passaria de insignificante especulação do amigo à mesa do café...

O sol nem bem desapontara no horizonte e o sisudo Gilbert, batendo com o salto da bota no chão alvo e pálido do alpendre, baforava seu charuto, acompanhando o rolo espesso de fumaça acinzentada, como se ela fosse um novo caminho a guiar-lhe até uma 'realidade paralela', que desde o sonho daquela noite incomodava seu coração.

Com o alarido da criadagem da casa, em pleno alvorecer da rotina diária, Joseph desperta e, deslumbrado com o que vê a seu redor, demora-se em avaliar aquela mobília luxuosa, incrustada de pequenos detalhes em alto-relevo que o remetiam aos nobres salões parisienses. Num ímpeto, levantou-se e foi até a janela, reverenciando o magnífico jardim, que estendido à sua frente mais lembrava um suntuoso tapete salpicado por estrelas coloridas que brilhavam ao toque dos raios de sol daquela manhã. Encheu os pulmões com aquela brisa perfumada e, agora de costas para a imagem pitoresca, demorou-se em examinar cada detalhe daquele luxuoso aposento, que lhe havia passado despercebido na tarde anterior. No alto da parede que servia de amparo à cama um enorme crucifixo de madeira escura lembrava-lhe os que vira nas grandes catedrais parisienses. As paredes, por sua vez, estavam, aqui e ali, enfeitadas com pinturas feitas à mão, que pela riqueza de detalhes e delicadeza das formas, certamente teriam sido trazidas da França pelo seu anfitrião. Prendendo seu pincenê no alto do nariz, soletrou ao rodapé de cada pintura alguns nomes já consagrados na arte francesa: Watteau, Boucher, Lancret, Fragonard... Não pôde deixar de sorrir, ao perceber que, mesmo com tanto luxo e delicados mimos, o aposento estava desprovido dos cuidados femininos e imediatamente se questionou sobre a vida afetiva do amigo, pois durante a longa conversa que tiveram na noite anterior nenhuma menção foi feita por Gilbert a alguma paixão italiana. Pensando nos momentos de contentamento que essa conversa com o amigo lhe traria, tratou logo de vestir-se e investigar mais amiúde o magnífico corredor que ligava seu aposento à sala de estar. O deslumbramento do jovem recém-chegado não foi menor do que lhe causara o cômodo em que dormira. O corredor à sua frente lhe trouxe à memória os longos corredores das nobres catedrais de Paris. O tapete vermelho, maculado pelas chamas bruxuleantes dos candelabros delicadamente distribuídos em aparadores ricamente detalhados. Aqui e ali se anunciavam pinturas sublimes, assinadas por Watteau, com predominância de figuras femininas, delicadamente ladeadas por querubins e mimosas flores multicolores, que faziam Joseph sussurrar pequenas conjecturas:

– Olha, olha, nosso orgulhoso e duro Gilbert, com devoção à delicada arte francesa, simplesmente curioso esse lado do vilão!

As tagarelices do jocoso jovem são interrompidas pela presença de uma criada que, apressada, invade aquele cenário ímpar, interpelando-o:

– "Signore, mi segua!"

Joseph, arremedando a criada, é surpreendido por Gilbert, que o cumprimenta esfuziantemente e o encaminha à sala de jantar, na qual há uma farta mesa, repleta de iguarias e ricamente adornada por imponentes lírios brancos altivamente acomodados em delicados vasos de cerâmica francesa pintados à mão. O ar de encantamento de Joseph fez o ego do orgulhoso Gilbert relevar-se naquele momento.

– Tudo está de seu gosto, caro amigo?

Joseph, ainda encantado pela delicada cerâmica, apenas meneou a cabeça positivamente e sentou-se no lugar indicado pela criada.

– Que bela mesa, hein, amigo? Digna de um rei! – comentou Joseph.

– Digna de um bom amigo, caro Joseph – retrucou Gilbert.

– Vejo seu interesse por cerâmicas. Estou enganado?

– Muito observador, como de costume, não é Gilbert? Sim sou um comerciante, como bem sabe, e o que me trouxe à Itália foram exatamente as cerâmicas!

– Pensei que fossem as mulheres – gracejou Gilbert!

– Talvez, talvez, Gilbert...

Lançando um olhar malicioso à criada Carmela, que se mantinha a postos ao lado da mesa, complementou:

– Já percebi que as mulheres italianas são abastadas de uma beleza exuberante e não me furtaria ao desfrute de tamanha oferenda dos céus!

Carmela enrubesceu e, meio sem jeito, para interromper as citações maliciosas do visitante, dirigiu-se ao patrão, oferecendo-lhe uma bandeja com pão fatiado:

– "Più pane, signore?"

Joseph, rindo da timidez da moça, segurou-a pela mão e retrucou:

– "Accetto, ragazza!"

Após servi-lo, com nítido constrangimento, Carmela retirou-se da sala e Gilbert, que não perdera um só detalhe daquela intervenção maliciosa de Joseph, o questionou:

– Onde aprendeu um italiano tão fluente, amigo?

– Pelas minhas andanças por toda Europa, cuidando da exportação de produtos de abastados senhores. Ah! Além do italiano, arranho um pouco de espanhol e o inglês não me é de todo desconhecido. Diferentemente de você que, aprisionado atrás dos balcões do Vernet, apenas arranha hoje um 'italianês' hilário...

Incomodado com a observação do amigo, por sentir-se exposto em sua fraqueza, o que não cabia em seu perfil, Gilbert tentou argumentar:

– O 'italianês' que falo hoje é que me deu guarida nessa terra e me encheu os cofres de dinheiro...

Percebendo a intenção de Gilbert em repreendê-lo pela brincadeira, pigarreou e, fingindo não entender o verdadeiro sentido do comentário, Joseph tratou logo de mudar de assunto.

– Deixemos os dialetos de lado e falemos do que interessa, afinal o teor de nossa conversa pode, sem dúvida, unir o útil ao agradável.

Sem entender o discurso de Joseph, Gilbert interveio:

– Ora, ora, será que a bebedeira de ontem ainda está mexendo com seus miolos? Do que está falando?

– Simples, percebi que apesar da sua luxuosa casa estar ricamente ornamentada, falta a interferência feminina em cada detalhe e isso me levou a crer que apenas os seus cofres estão cheios, porém seu coração vazio.

Gilbert deu uma gargalhada e, relembrando a conversa da tarde anterior, complementou:

— Novamente esse assunto? Belo alcoviteiro você está me saindo! Aprendeu na Europa ou pela contínua convivência com as damas dos bordéis franceses?

— Com a vida, meu amigo!

— Não entendo aonde quer chegar com essa conversa, pois pelo que entendi você me contaria seus objetivos aqui na Itália.

— Já chego lá! Fui convidado pelo senhor Emiliano Imperatore, abastado comerciante italiano, para promover a exportação de suas peças de cerâmica para toda a Europa e, como presente, conheci sua filha, a linda Clara, que, apesar de minhas investidas, quando estiveram comigo na França, parece não ter olhos para os homens, pois sequer me notou quando várias vezes lhe fiz a corte.

— Não compreendi ainda aonde quer chegar com essa conversa.

— Simples, Gilbert, sou convidado de honra numa festa de boas-vindas, preparada exclusivamente para brindar a parceria comercial entre mim e o senhor Emiliano.

— Parabéns, Joseph!

— Creio que você não entendeu ainda. Você virá comigo e eu o desafio em fazer a corte à magnífica Clara.

Gilbert, sentindo seu rosto enrubescer, gagueja e responde:

— Não estou precisando que me arrumem rabos de saia; já tenho muitos na cidade...

Ambos riem e, usufruindo da farta mesa, dão novo rumo à conversa.

— Joseph, quero que venha comigo conhecer cada palmo dessa terra maravilhosa. Sei que vai ficar extasiado com a vastidão dessa propriedade, bem como com a qualidade dos produtos que cultivo.

Espanando as migalhas de pão que lhe salpicavam a roupa, com um alvo guardanapo, Joseph levou a mão à testa e, batendo continência, arrancou nova gargalhada de Gilbert:

— Sim, capitão! Terra à vista!

Ao descerem a escada alva do alpendre, o visitante foi surpreendido pela presença sorrateira de D'Santis que, segurando

as rédeas de dois garbosos cavalos, mantinha os olhos fixos no gramado que ladeava a casa.
– Bom dia, senhor D'Santis! Não ousarei apertar-lhe a mão, pois meus dedos ainda reclamam das boas-vindas que me deu ontem.

Ignorando o gracejo do visitante, D'Santis entregou uma das rédeas a seu senhor e, ajeitando o arcabuz, que mais parecia uma simbiose caricata com sua grotesca aparência, ofereceu de longe a ponta da rédea a Joseph.

Um sorriso sarcástico iluminou a face taciturna de D'Santis, quando percebeu a dificuldade de Joseph em controlar o cavalo, que rodopiava sem obedecer ao seu comando de marcha. Pelo comando de Gilbert, o cavalo do jovem pôs-se a caminhar ao lado do corcel negro que servia de transporte ao 'capitão'.

Gilbert satisfeito, por mais uma vez demonstrar ao visitante quem estava no comando por ali, intencionalmente segue por um pitoresco caminho, ladeado de roseiras enfileiradas que, cobertas de rosas multicolores, inebriavam o ar com seu aroma característico. Cerca de um quilômetro deveriam percorrer até chegarem à plantação de alcachofras. A beleza era magnífica e Joseph não se permitiu proferir uma única palavra, para não quebrar o encanto daquele lugar. O sol bailando entre as folhas das árvores baixas que disputavam lugar com as roseiras, trazia às flores que brotavam em buquês ao longo da estrada matizes reluzentes de magnífica beleza. O tilintar das patas dos cavalos na terra ressequida pelo sol do verão era acompanhado pelo gorjeio de pássaros lépidos que cruzavam o ar, como flechas coloridas em direção ao coração das copas verdejantes que desfilavam à frente dos cavaleiros.

É Gilbert quem quebra o silêncio:
– Está muito calado, Joseph? Não está gostando do passeio?
– Muito pelo contrário, já tinha me esquecido de como a natureza é bela! Estou me deleitando com tanta beleza.
– Você ainda não viu nada, caro amigo. Os bulevares franceses adornados com seus magníficos cachos de glicínias fariam reverência à beleza dessas terras.

Uma brisa mais fresca invade a estrada e Gilbert adverte o amigo:

– Cuidado com a cerca; esconde-se atrás dos arbustos...

Ao complementarem a curva da pequena estrada, Joseph percebe a frágil cerca que lhes cerceava a passagem e vê estender-se à sua frente um maravilhoso lago de águas cristalinas, serpenteando ao embalo do vento. As águas reluzentes, por ganharem os raios do sol daquela manhã, ofuscavam-lhe a visão, obrigando-o a descer do cavalo para contemplar aquela sublime beleza.

Aquele oásis era contornado por inúmeras e frondosas árvores, cuja altivez inspirava respeito aos visitantes. Joseph não pôde deixar de notar que delicadas flores beijavam a face daquela água cristalina, como num bailado cadenciado que dava vida àquelas ondulações reluzentes que vinham tocar delicadamente as margens. Na fileira de árvores, uma chamou a atenção de Joseph, um velho chorão, cujas ramas mergulhadas na água iam e vinham, embalando uma doce sonolência que tomava conta do lugar...

Sem compreender o motivo pelo qual aquele pedaço de encantador paraíso estava cercado, voltou-se a Gilbert :

– Que devaneio é esse, Gilbert? Cercou o lago por quê?

Contrafeito, Gilbert respondeu asperamente:

– Esse pedaço de chão ainda não é meu! Pertence a um tolo, senhor Salvatore, que prefere amargurar a miséria a me vender esses míseros hectares. Vamos, Joseph, monte seu cavalo e vamos dar a volta pelo sopé do morro.

Visivelmente alterado, Gilbert ia à frente do amigo não mais em marcha cadenciada, mas num frenético galope que custou a Joseph um equilíbrio intenso para não despencar do cavalo, afinal era rapaz da cidade, sem grandes experiências em montaria.

Abruptamente, Gilbert dá meia-volta e anuncia a Joseph que o passeio havia acabado, justificando que já estava próxima a hora do almoço. O astuto Joseph, no entanto, percebera que certamente havia mais cercas ao longo do caminho.

Retomando o galope cadenciado no retorno para casa, ambos os jovens permaneceram calados e foi Joseph quem primeiro quebrou o silêncio:

– E aí, Gilbert? Aceita ou não o desafio de conquistar a doce Clara? Além de seus encantos, tem um suntuoso e significativo dote!

Gilbert meneia a cabeça, achando graça do intento do amigo em torná-lo um homem casado...

– Estive pensando, caro Joseph, e talvez eu o acompanhe por pura diversão. Já estou um pouco cansado do excesso de preocupações e trabalho. Uma boa festa, regada a vinho e a belas mulheres, certamente me fará bem!

Mostrando-se muito satisfeito com a decisão do amigo, Joseph colhe um ramo de flores que pendia ao alcance de sua mão, prendendo-o à lapela do casaco, lembrando ao amigo uma velha tradição reservada aos noivos, provocando risos em Gilbert.

Espinhos na alma

Adormecida ao lado de Helena, pelo cadenciado balanço do coche que lhes servia de transporte, Alicia desperta com o anúncio do condutor:
– Parma! Chegamos a Parma!
Com um papel puído que lhe sai da pequena maleta, Helena sorri ao ler: Tio Pietro. Com Alicia presa pela mão, dirige-se à casa do tio que tantas lembranças lhe traziam da infância. Mas para decepção de Helena, ao chegar ao endereço que tanto conhecia, foram recepcionadas por uma moradia abandonada, mergulhada num emaranhado de vegetação invasiva que lhe trazia um aspecto fúnebre e desolador. Mesmo assim, aturdida pela situação inesperada, tenta retirar as ramas secas que escondem a tranca do portão e percebe que uma grossa corrente de ferro iria impedir a entrada de qualquer pessoa que desejasse macular aquela mórbida construção. Com o pranto a lhe escorrer incisivo pela face pálida, senta-se ao lado da filha no degrau acinzentado que se salientava do portão cerrado, tentando concatenar os pensamentos confusos que lhe fervilhavam na cabeça. O que faria agora? Para onde ir? Que recursos buscar para criar a pequena Alicia? Num ato instintivo, Helena leva a mão ao peito e segura o pequeno crucifixo de madeira, que naquele momento representa seu único arrimo, e de seus lábios trêmulos uma envolvente prece é dirigida aos céus:
"Meu Pai, Todo-Poderoso, apieda-te de mim, agora. Estou

completamente desamparada nessa vida, sem meu Stefano, sem minha casa, sem nenhum recurso para criar minha pequena filha. Senhor de infinita misericórdia e bondade, direciona teu olhar benevolente a essa filha sem esperança, que clama por tua intervenção nesse momento. Faz-me compreender a tua vontade para que não perca a fé; faz-me interpretar esse sofrimento como experiência para renovação de minha alma; envia-me um anjo consolador para aplacar meu sofrimento..."

Com o olhar turvado pelo pranto, Helena não percebe a aproximação de uma suntuosa carruagem que para abruptamente à sua frente. Alicia recua e se aninha aos braços da mãe, quando a porta do transporte se abre e dela sai uma nobre senhora ricamente trajada que, percebendo a dor de Helena, a interpela:

– O que houve, filha, para estar em tão profundo desespero? Chamou-me a atenção uma jovem como você, acompanhada de uma criança, ajoelhada no meio da rua! Temi pela criança e até imaginei que estivesse embriagada.

Helena, com visível constrangimento, enxuga os olhos e, sem deixar de notar a riqueza dos trajes da boa senhora, encorajada pelas maneiras afáveis da idosa, levanta-se e em poucas palavras resume os últimos acontecimentos, desde o desencarne de Stefano até sua decepção com a moradia abandonada.

A boa senhora meneia a cabeça e é o cocheiro quem interfere:

– Desculpe-me a intromissão, mas eu conhecia muito bem o senhor Pietro. Depois da morte da esposa, vendeu a propriedade e se mudou para Florenza. Nunca mais deu notícias...

A informação recém-ouvida fez Helena envolver-se num torpor alucinante, que lhe arrancou do peito um ganido de dor.

– Meu Deus, e agora, para onde vou com minha filha?

A bondosa senhora, acariciando os negros cabelos da menina, segurou nas mãos de Helena e fez um sinal ao cocheiro para recolher a pouca bagagem abandonada na calçada.

– São minhas convidadas. Dormem em minha casa hoje!

Helena, ainda confusa com os últimos acontecimentos, vê-se com a filha acomodada ao lado daquela caridosa senhora, que mais lembrava a figura de um anjo...

Cansada da viagem e embalada pelo balanço da carruagem, Alicia dormia e Helena em poucas palavras satisfazia a curiosidade da anfitriã, contando-lhe passagens de sua vida pregressa.

A conversa é interrompida novamente pelo condutor, que anuncia que haviam chegado à propriedade da bondosa senhora Antonela.

Ao abrir-se a porta da carruagem, Helena se encanta com a propriedade que se apresenta à sua frente. Uma imponente construção ricamente adornada com mármore deixa clara a posição social que aquela bondosa senhora ocupava em Parma. A movimentação de criados que afetivamente cumprimentavam a patroa trouxe um alento ao coração da sofrida Helena. A pequena Alicia fora recebida com mimos de mãos abnegadas, que deixavam transparecer que o bem mais precioso de Antonela era certamente o amor, a caridade.

Um dos criados adianta-se em abrir a porta de pesado mogno que dava passagem para o interior da mansão. O tapete vermelho que se deitava à frente das recém-chegadas convidava-as a uma nova fase de suas vidas, certamente promissora e feliz.

Depois de um farto jantar, servido à luz de velas, delicadamente encaixadas em reluzente candelabro dourado, as duas visitantes foram encaminhadas pela própria Antonela a um aposento de aparência acolhedora, com duas camas cobertas por colchas de alvo linho que beijavam delicadamente o chão de madeira polida, cujas nervuras contrastantes chamaram a atenção da pequena Alicia.

– Veja, mamãe, os mesmos desenhos dos caixotes do papai!

A lembrança de sua antiga casa e a perda do amado Stefano causaram uma dor visível no coração abalado de Helena. Antonela, aproximando-se dela, aconselhou:

– Esqueça as amarguras da vida agora, querida filha, e só pense na bondade divina que não nos abandona nunca...

Helena, num ímpeto incontrolável, abraça a doce senhora, como se a conhecesse há muito tempo.

A pequena Alicia adianta-se em beijar-lhe as mãos, dizendo:
– A sua bênção, vovó Antonela!

Antonela tenta disfarçar o pranto e lembra-se de sua pequena filha que lhe fora arrebatada pelos céus ainda na tenra idade. A recente viuvez somou-lhe ainda mais tristeza à vida já tão desfalcada de amor.

A lua já ia alta no céu, quando as brumas da noite cobriram aquela propriedade, que certamente abrigava personagens de uma história iniciada muito antes daqueles dias.

Alicia adormeceu imediatamente, porém Helena, ainda assombrada pelos recentes acontecimentos, revolvia-se entre os alvos lençóis, sem conseguir desprender-se de suas dores. Leva a mão ao velho crucifixo e o lamento que lhe aflige a alma transforma-se em sublime prece que emana raios invisíveis de luz azulina em direção aos céus.

"Jesus, estejas comigo nesse momento de dor; dá-me entendimento para compreender os teus planos em minha vida. Alimenta minha fé a cada momento e não me deixes levar pela amargura e pela dor. Mantém minha alma em tuas mãos, protegendo-a do desespero que insiste em invadir o meu ser. Dá-me coragem, força e discernimento para criar minha pequena Alicia, segundo os ensinamentos cristãos. Abençoa esse anjo que colocaste em nosso caminho, Antonela. Envia a ela o alento que aplacará também sua dor. Dá-me a oportunidade bendita de retribuir-lhe a caridade infinita com que nos acolheu. Torna-me merecedora de tua benevolência..."

Ainda com o crucifixo preso entre os dedos, Helena adormece e um perfume peculiar de frutas recém-colhidas invade o luxuoso aposento, como bálsamo consolador que acalenta o sono de mãe e filha, dissuadindo-as de qualquer pensamento que antagonize a paz.

O sol já ia alto quando Helena é despertada por Alicia, que aninhada a seu lado na cama acaricia os cabelos da mãe.

Não demora, o delicado toque na porta e a meiga voz da anfitriã as convidam para o desjejum.

Alicia corre a aninhar-se no colo da doce Antonela, que lhe beija ternamente os cabelos negros. Helena timidamente senta-se ao lado de Antonela, constrangida pela farta mesa que se estende à sua frente, repleta de iguarias, muitas alheias à vida simples que vivera até então.

– Que alegria traz à vida a presença de uma criança! Há quanto tempo não tenho essa felicidade. Minha pequena Martina perdera a vida muito cedo, devido a um mal que lhe tomou os pulmões; meu filho mais velho, Antoninho, foi embora para a França, brigado com o pai por causa de negócios, e nunca mais voltou, e meu querido Vicenzo, que me foi devotado companheiro, foi arrancado de mim há poucos meses por uma febre incurável que lhe fez definhar dia após dia. Como vê, minha vida é tão sofrida quanto a sua, minha querida.

Afagando a mão de Helena, Antonela continuou.

– Por acreditar que o acaso não existe, sei que a Providência divina as colocou em meu caminho e, por isso, quero lhe fazer uma proposta. Não vá embora, fique aqui em minha casa com Alicia. Eu lhe dou um emprego nos afazeres da casa, auxiliando a velha Palmira, que já sente o peso dos anos, e eu pessoalmente cuido da formação de Alicia.

Segurando o pranto na garganta, Helena abraça a bondosa senhora e, ao aceitar a oferta, desconhece que estava preparando Alicia para enfrentar os encontros e desencontros que lhe fariam frente num futuro não muito distante.

Nem bem havia terminado o café, Helena já começa a tirar a mesa, sob o olhar abnegado de Antonela, que sorri docemente, tendo Alicia a seu lado a acariciar-lhe os cabelos esbranquiçados.

A rotina com afazeres domésticos tomam todo o tempo de Helena. Toma à frente da cozinha, poupando a pobre Palmira, que numa idade avançada sente-se arrebatada pelo peso dos anos...

Separada da mãe, por salas luxuosas e imensas, Alicia extasiava-se ao ouvir a vovó Antonela dedilhando o enorme piano negro, que reluzia ao toque do sol da manhã. Mesmo sem saber o nome das melodias que se espalhavam pela sala, Alicia as diferenciava logo já pelos acordes iniciais. Com o canto dos olhos, Antonela divertia-se ao perceber que Alicia a acompanhava durante a execução das canções, dedilhando sobre as almofadas que cuidadosamente ajeitava para acomodar-se e ouvir as canções que tanto lhe traziam alegria.

Os cuidados com a educação de Alicia foram minuciosamente planejados pela bondosa Antonela, que acompanhava de perto as lições diárias da menina, incentivando-a à leitura, bem como despertando-lhe o interesse pelas ocorrências históricas que envolviam a Europa naquele século...

Pelos anos passados, desde a chegada de mãe e filha à casa de Antonela, Alicia, já às portas da adolescência, além de auxiliar a mãe na cozinha, depois do desencarne da bondosa Palmira, não media esforços para acompanhar os momentos em que Antonela sentava-se ao piano. O dedilhar nas almofadas fora substituído por pequenos balbucios que acompanhavam fielmente o ritmo das canções tocadas por Antonela. Vendo o interesse da adolescente pela música, Antonela convidou-a a sentar-se a seu lado ao piano e não demorou muito para Alicia estar dedilhando acordes significativos que eram aplaudidos pela boa senhora.

O tempo passava e o negro piano era agora tocado a quatro mãos, ágeis e talentosas...

Paralelamente a esse ímpeto de Alicia pela música, desenrolava-se em Canosa outro enredo mediado por acontecimentos muitas vezes paradoxais aos planejados nas mais altas esferas do infinito.

A PROPOSTA

GILBERT E JOSEPH, após visitarem cada hectare da terra promissora e fértil acumulada por Gilbert, retornam à casa famintos.

A mesa posta e a inquietação com que foram recebidos por Carmela denunciavam que o passeio havia sido demorado demais.

Os jovens mal chegaram, debruçaram-se sobre os variados pratos fumegantes, espalhados por Carmela sobre o linho branco que se estendia à sua frente. Os vasos de cerâmica que tanto chamaram a atenção de Joseph dessa vez exibiam enormes botões de rosas amarelas, que cresciam vigorosas numa pequena propriedade vizinha à herdade de Gilbert.

Os jovens conversaram sobre as belezas das paragens visitadas, bem como sobre a produção das alcachofras e permaneceram na varanda, após o farto almoço, relembrando alegremente as peripécias vividas por eles na França.

Ao longe, um cavaleiro surge e aos poucos a silhueta toma forma. Trata-se de D'Santis, que vinha a galope pela estrada, como se a trazer uma mensagem a seu senhor. Em poucos minutos, o sorrateiro capataz sobe ruidosamente as escadas da varanda e, sem ater-se ao inoportuno visitante, despeja uma avalanche de informações desencontradas sobre uma terra a ser tomada por Gilbert. Fazendo um gesto sutil para D'Santis, Gilbert pede que se acalme e, num tom menos efusivo, explica a ocorrência a Joseph, fazendo com que D'Santis sinta-se novamente humilhado diante do rapaz.

– Acalme-se, D'Santis, ou Joseph pensará mal de nós, homem! Joseph, sem entender tamanho alarido, aguarda as explicações de Gilbert.

– Caro Joseph, os homens dessa terra, do pedaço cercado que vimos hoje, não são cavalheiros como os que conhece na França; são verdadeiros trogloditas, sufocados por sua ignorância e por sua pequenez. Não enxergam um palmo adiante e, para abrir-lhes os olhos, nada melhor que uma boa investida à *la* francesa...

Ainda sem entender, Joseph interfere na citação de Gilbert:
– Ele disse que você tomará terras. Não foi isso que disse, senhor D'Santis?

– D'Santis, sob o olhar de reprovação do patrão, afasta-se, só então percebendo que falara além do conveniente...

– Não dê tanta ênfase ao falatório de D'Santis; ele é um exagerado... Trata-se de duas pequenas propriedades que eu quero comprar e não 'tomar', como você acaba de dizer. Ficam bem no meio de minha propriedade, fazendo com que tenhamos que separar meus campos de plantação de alcachofras. Nada tem de valor nessas terras, apenas chão, pronto para receber as técnicas mais avançadas que já viram no plantio das alcachofras. Os proprietários estão morrendo de fome, mas por capricho não querem me vender nenhum pedaço daquele chão. Há anos tento fazer negócio com eles sem sucesso. Caso você queira me acompanhar, amanhã vou até lá, fazer uma última oferta.

Joseph, que não perdia uma só aventura, viu naquela peleja uma oportunidade de divertimento e, na manhã seguinte, foi o primeiro a sair do quarto e, importunando Carmela, recriminou a colocação dos vasos ainda vazios na mesa.

Quando o jovem patrão acomodou-se na cabeceira da mesa, já pendiam dos delicados vasos pequenos buquês de mimosas flores arroxeadas que traziam ao ambiente um delicado requinte.

Joseph mal podia esperar a hora da partida para a "conquista das novas terras", como ele mesmo nomeara o passeio daquela manhã. Ao saírem da mesa, forte alarido vinha da porta da frente da casa. Joseph surpreendeu-se ao vislumbrar cinco cavaleiros de aparência duvidosa, liderados por D'Santis, armados com enormes arcabuzes e trazendo facas à cintura, organizadamente enfileirados ao lado de dois outros cavalos que aguardavam inquietos.

Gilbert, mais sisudo que de costume, montou seu corcel preto, fazendo um aceno para que Joseph tomasse o seu lugar na comitiva.

A comitiva liderada por D'Santis toma um caminho diferente daquele que Joseph conhecera no dia anterior, cruza a última porteira que separa a vasta plantação de alcachofras de Gilbert de pequena propriedade rural que se apresenta aos olhos de Joseph com características muito diferentes do que seus olhos haviam deslumbrado no último passeio pela fazenda. O casebre acinzentado e desprovido de qualquer acabamento parecia uma pequena mancha intrusa no verde que cobria o chão. Uma moita de ramagens irregulares salpicadas por pontos escarlates de tímidos gerânios denunciavam o toque feminino naquele simples jardim que insistia em enfeitar aquele pedaço de chão que parecia esquecido no meio do nada. No alto do casebre, o tufo acinzentado de fumaça, rumava ligeiro para o céu, misturando-se às brumas da manhã; ao longe, o alarido de cães barulhentos que certamente caçavam aves rasteiras surpreendidas, cochilando nas ramagens baixas e espinhentas que ladeavam parte da estrada...

Com a proximidade da matilha barulhenta, os cavalos ficaram inquietos e D'Santis, sem cerimônias, mira o velho arcabuz nas brancas nuvens daquela manhã e puxa o gatilho. O estampido não só afasta os cães, como traz à porta da velha casa dois camponeses assustados e um jovem rapaz que denunciava uma puberdade tardia, com as vestes visivelmente puídas e os cabelos desgrenhados de quem acabara de se levantar. A cena um tanto pitoresca aos olhos de Joseph fez com que o sisudo Gilbert se desculpasse com o senhor Guilhermo, que de posse de uma velha espingarda intentava enfrentar os invasores.

– Desculpe a insanidade de meu capataz, senhor Guilhermo. Ele sempre teve medo de cães!

Uma gargalhada de Joseph fez os olhos de D'Santis faiscarem de ódio...

Gilbert desmonta do cavalo e, com a mão estendida na direção do assustado camponês, acrescenta:
— Abaixe a arma, caro vizinho. Vim em paz e em nome de nossos futuros negócios.

A expressão sarcástica de Gilbert fez com que Guilhermo sentisse um arrepio que lhe percorreu todo o corpo, pois sabia a que o vilão se referia.

Fingindo uma cortesia que estava longe de ser verdadeira, o dono da casa convidou o vizinho a entrar e Joseph o acompanhou sem cerimônias.

O interior do casebre tinha uma aparência singular, apesar de rústico e bem simples, trazia em cada detalhe a marca dos cuidados que Betina tinha com seu lar. Pequenos vasos com arranjos multicolores pendiam das prateleiras, perfumando o ambiente. Um grande vaso branco, desgastado pelo tempo, repleto de botões de rosas amarelas, dava um toque de requinte àquela sala carente de mobília. Uma mesa de madeira envelhecida e quatro cadeiras sem adornos denunciavam a real pobreza daquele lar. Um cão velho e sonolento fazia companhia a um jovem sisudo e taciturno, cuja figura franzina e descuidada misturava-se à lenha seca, empilhada ao lado do velho fogão. Joseph, acostumado às belezas e ao requinte dos lares franceses, sente uma tristeza insondável macular-lhe o espírito brincalhão. O que poderia querer o abastado amigo com aquela família tão miserável?

Guilhermo convida Gilbert e Joseph a se acomodarem ao redor da velha mesa e Joseph, sem tirar os olhos de Martim, percebe os punhos cerrados do rapaz, como se a preparar-se para defender o pouco que Deus lhes havia reservado nessa vida. No canto do cômodo estava Betina, agarrada a um rosário que lhe balançava entre os dedos, como se a clamar por proteção à sua sofrida família.

— Bem, amigo Guilhermo, não lhe é segredo o motivo de minha vinda até aqui. Quero comprar esse pedaço de chão que nada lhe traz de lucro. O preço é bom e justo, discursa Gilbert em tom arrogante.

Ao incomodar-se com o silêncio do pobre camponês, que ape-

nas entreolha-se com a esposa sem nada dizer, Gilbert continua:
– Olhe para sua casa e para a miséria que impõe à sua família. Acha justo com sua esposa e com o seu filho subtrair-lhes a única possibilidade de uma vida mais digna?
Joseph observava calado aquele discurso persuasivo de Gilbert que já conhecia de cor.
O camponês respirou fundo, tomou coragem e respondeu ao visitante:
– Minha propriedade não está à venda, doutor. Tiramos nosso sustento dessa terra e, apesar da humildade em que vivemos, não passamos fome, não! Se o motivo da visita resume-se a isso, a conversa está encerrada, pois precisamos iniciar nosso trabalho com a terra ainda nos primeiros bocejos da manhã.
Gilbert, sentindo-se ofendido pela atitude do insignificante homem à sua frente, cerra os punhos e visivelmente alterado retruca:
– Quando a fome bater à sua porta, vai querer vender essa porcaria de terra e eu não irei pagar nem uma moeda a você! Vai esmolar e eu não cederei! Você vai ver!
Batendo a bota no chão de terra batida e arfando como uma fera que deixara fugir sua caça, Gilbert monta em seu negro cavalo, acompanhado por Joseph e ambos, sem dizer uma palavra, partem para a propriedade vizinha. O discurso seria o mesmo, exceto pela argumentação mentirosa que Gilbert acrescentaria à proposta.
Não muito longe dali, uma nova propriedade surgia aninhada ao lado de um pequeno lago, cujas águas tímidas, esfumaçadas pelo orvalho da manhã, cantarolavam tributos a pequenas flores róseas que se debruçavam em suas margens, acariciando as sequentes ondulações cristalinas que bailavam ao sabor do vento. A casa recém-caiada dava àquela paisagem bucólica um toque especial. O telhado avermelhado e o tufo esbranquiçado de fumaça que se esticava rumo ao céu azul daquela manhã eram um convite para entrar naquele cenário ímpar e descobrir seus segredos e encantos.
Diante de cenário tão singular, a comitiva para e, dessa vez,

sob o olhar reprovador de Gilbert, D'Santis abaixa a cabeça instintivamente, tirando as mãos calejadas do velho arcabuz.

A batida cadenciada dos cascos dos cavalos em marcha na estradinha que se desenrolava à frente da pequena casa fez com que o bondoso Salvatore abrisse a velha porta, que range como a gemer diante da ameaça que representa aquele senhor montado em seu negro cavalo. Devido às insistentes investidas de Gilbert, o agricultor não mais se espanta com suas visitas que se tornaram mais costumeiras do que ele gostaria. Os demais cavaleiros armados imputavam àquela visita um contexto inusitado para Salvatore e Angelina. O pedido de compra das terras agora viera acompanhado da presença ameaçadora dos capangas do vilão, que, como não era segredo por aquelas paragens, obedeciam à risca as ordens do patrão e muitos já haviam perecido pelas mãos desses malfeitores.

Salvatore adianta-se:

– A que devo a honra da visita de senhor tão nobre em minha humilde casa?

– O de sempre! – responde Gilbert, desmontando do cavalo.

– Entre, caro capitão. Faça de minha casa a sua.

Como o primeiro contato fora mais ameno que na propriedade anterior, Joseph encorajou-se a entrar também. Com seu olhar curioso, não pôde deixar de notar a presença de uma linda jovem, de olhar profundo e com longos cachos dourados que lhe cobriam parte da face. Beirava cerca de catorze anos, no máximo. Parecia um anjo! Nas pequenas mãos, podia-se ver um velho crucifixo de madeira que ela segurava firme, como se fosse um rico tesouro. De seus lábios pareciam sair sussurros ininteligíveis para Joseph que, pelo calor da conversa entre os dois vizinhos, não conseguia decifrar. Aquela visão de singular beleza fez com que seu coração pulsasse mais forte e seu corpo fosse envolto por uma vibração desconhecida, que lhe trazia imensa paz. Alheio à conversa que se desenrolava a seu lado, levantou-se e não conteve a curiosidade;

– É sua filha, senhora?

– Sim, é Valentina; nossa maior riqueza! É muito dedicada aos estudos, como também às causas do céu...

– Parece muito religiosa, não é mesmo?
– É um talento divino, caro jovem. Sabe muito sobre a passagem de Jesus pela Terra.

Valentina, como se despertada de sua íntima ligação com a espiritualidade, dirige os claros olhos para Joseph e esboça um terno sorriso que provoca arrepios no rapaz.

– Muito prazer, senhor, sou Valentina, a seu dispor – diz retirando a mãozinha franzina do crucifixo sobre a mesa, estendendo-a em cumprimento ao rapaz.

– Muito prazer, cara menina. Eu estava há pouco admirando a sua devoção!

– Num momento como esse, rogava proteção aos céus...

Nesse momento, a voz de Gilbert já estava alterada com a negativa do vizinho em vender-lhe a propriedade e, tentando um último artifício, mentiu para o casal, dizendo que o vizinho já havia acertado a venda de sua propriedade com ele.

Valentina, ao ouvir aquela declaração, remete imediatamente seu pensamento a Martim. O que seria dela se o amigo se fosse para sempre, como ocorrera com Alicia? Como sobreviveria sem compartilhar todos os momentos de sua vida com aquele que, para ela, já era o eleito de seu jovem coração? Envolta numa vibração especial, como se a repetir um sussurro da espiritualidade, interfere no diálogo com uma citação veemente que surpreende a todos:

– Cuidado, senhor Gilbert, todos estamos sujeitos às leis divinas. Os efeitos de sua ganância certamente lhe serão amargos...

Todos emudecem diante da citação de Valentina, que naquele momento é tocada por uma entidade iluminada que só a jovem consegue ver...

A intromissão repentina de Valentina fez com que Gilbert se irritasse ainda mais e, sem se despedir daquela simples família, sai blasfemando contra a cena a que acabara de assistir... Os homens fortemente armados conduziam seus cavalos com visível desapontamento pelo confronto não ocorrido e Joseph, ainda impressionado com a imagem da menina, perdia-se em divagações...

Protagonistas da Espiritualidade

Duas horas depois de sua partida, Carmela já vislumbrou a nuvem de poeira avermelhada que se levantava na curva da estrada. Correu para a janela lateral para certificar-se de que a comitiva já estava de volta. D'Santis, à frente, mais carrancudo que de costume, já denunciava que a empreitada havia sido frustrada. Gilbert e Joseph logo atrás e, em dispersão, cinco cavaleiros armados que se dirigiam para pontos diversos da plantação de alcachofras para certamente descontar suas frustrações nos pobres camponeses, que já estavam na labuta daquele dia, bem antes do sol nascer...

O barulho cadenciado das botas do patrão na escadaria do alpendre já era decifrado pela criadagem como prenúncio de mau humor e de xingamentos a quem lhe cruzasse o caminho.

A presença de Joseph na mansão acalmou os ânimos de Gilbert, que se conteve em proferir seu amargo discurso quando era contrariado. Com um grito, ordenou que Carmela lhes servisse vinho e que se adiantasse em pôr a mesa para almoço. Temendo os arrufos do patrão, Carmela rapidamente retornou à sala com uma garrafa de vinho e dois copos, anunciando que em pouco tempo o almoço seria servido.

— Veja só, amigo Joseph, estão na miséria e preferem condenar a própria família à fome e à perda da dignidade a me venderem aquela porcaria de terra!

— Creio que você não é um bom negociador, por isso não conseguiu convencer os vizinhos...
— Visivelmente irritado, Gilbert altera a voz com Joseph.
— Como assim? Aqui o argumento do bom negociador é o dinheiro e esse argumento eu tenho de sobra!
Joseph esboça um largo sorriso que desarma o impetuoso amigo.
— Ora, Gilbert, você foi muito direto com os dois. Não lhes proponha a venda das terras, e sim ofereça-lhes um arrendamento. Você paga pelo pedaço fértil das terras, planta nele suas alcachofras e paga apenas pequena porcentagem do lucro a eles. Dê a eles a ilusão de que tal acordo é lucrativo e, depois de instalado nas terras, fica mais fácil livrar-se deles, me entende?
Gilbert coça a cabeça e começa a dar ouvidos às orientações do jovem comerciante.
— Ora, ora, e não é que você tem razão! Arrendamento será um bom negócio...
Interrompidos por Carmela, ambos dirigem-se à sala de jantar e, para espanto de Gilbert, Joseph dirige-se à criada e pergunta-lhe sobre a menina da casa do vizinho Salvatore.
A criada benze-se e completa:
— A menina santinha, o senhor quer dizer?
— Besteiras desse povo sem cultura — retruca a contragosto o patrão.
Não entendendo a citação do amigo, Joseph volta a inquirir Carmela.
— Refiro-me à menina de cachos dourados... Valentina é seu nome.
— Sim, é ela, a menina santinha. Com sua fervorosa reza, já curou muita gente por aqui. Depois que o padre implicou, os pais já não a deixam mais rezar pelos doentes. Uma pena, pois não havia mal que resistisse às suas rezas...
— Não se atenha a essas besteiras, Joseph. É só uma menina...
No sopé do monte, em que vigiava ao longe a interlocução entre os dois amigos, incomodado com as alegações de Gilbert sobre a certeza da compra das terras de Guilhermo, Salvatore resolve fazer-lhe uma visita. Ao conhecer as intenções do pai, Va-

lentina já inicia uma petição infindável para que a mãe a deixasse acompanhá-lo. A ideia de reencontrar Martim fazia com que seu coração batesse descompassado e uma felicidade incontrolável dominasse todo o seu ser. Angelina, que há muito percebera o interesse especial da filha pelo jovem sisudo, que vira crescer, sorri e comunica à doce Valentina que escolha um traje especial para a visita da manhã seguinte.

Valentina conta nos dedos o período em que não vê seu adorado Martim e, recolhendo-se mais cedo, espera os sonhos chegarem, antevendo a felicidade que aquele encontro lhe traria.

Ainda no limiar da realidade, tomada por profunda sonolência, Valentina se vê caminhando entre um vasto jardim de rosas amarelas, cujo frescor e aroma inebriante espalham-se coordenados por uma brisa suave que lhe esvoaça os cachos dourados... Uma cascata de águas cristalinas que lhe parece bem familiar escorre lentamente, beijando aquele chão e luzes multicolores emanadas de suas mãos encaminham-se em direção a recantos insondáveis daquele esplêndido lugar.

Subitamente, Valentina desperta, senta-se na cama, ainda sentindo o doce aroma das rosas amarelas. Como está muito ansiosa pela visita da manhã seguinte, atribui o fato à lembrança do jardim da senhora Betina, que tantas lembranças lhe traz da infância vivida ao lado de Martim. Dedilhando um pequeno rosário, adormece, sem perceber que fora em desdobramento para as esferas espirituais...

Às primeiras horas da manhã, Valentina já está a postos ao lado da mãe, fazendo suas orações matinais, que são mais rápidas naquele dia, pela ansiedade que domina o coração da pequena jovem devota por rever o seu amado.

Observando o entusiasmo da filha, Angelina contempla a delicada beleza que aos poucos desponta daquele corpo pueril. À frente do velho espelho manchado, a jovem admira seu simples, mas delicado traje magenta que mais se assemelha às pétalas de um gerânio no vigor de uma flor ainda botão. Os longos cabelos dourados, caídos delicadamente sobre seus ombros, mais parecem uma cascata de ouro a debruçar-se sobre aquele ser angelical.

Nem bem seu pai havia preparado a carroça, Valentina já estava ao lado dele, aninhando no colo um embrulho amarrado numa toalha branca que exalava doce perfume de erva-doce, de um pão recentemente tirado do forno. Salvatore aproveitaria a visita para levar ao velho amigo as provisões de sempre.

O dia parecia mais radiante naquela manhã, pois certamente raios reluzentes provindos de insondáveis dimensões abençoavam aquele novo encontro daquelas almas afins que um longo caminho ainda tinham para alcançar a verdadeira felicidade em orbes mais elevadas da espiritualidade.

Sob os alertas de Angelina, para que tivessem cuidado, Salvatore e a filha partem rumo à casa dos amigos. Valentina, naquela manhã, como se tocada por mãos invisíveis, estava mais radiante e seus profundos olhos azuis não perdiam um só mimo que a natureza lhes ofertava. Enquanto o pai atentava-se exclusivamente à parelha de cavalos, a jovem extasiava-se com cada buquê de miúdas e delicadas flores que acariciavam as moitas verdejantes salpicadas aqui e ali entre as árvores. Nenhum bater de asas lhe fugia à atenção, buscando com o olhar observador discernir algum ninho entre as ramagens. O gorjeio ritmado, vindo da copa das árvores, mais lhe parecia um tributo uníssono àquela natureza exuberante. Devido ao caminho acidentado, Salvatore, lembrando-se dos alertas de Angelina, puxava as rédeas, impondo aos cavalos uma marcha mais lenta e segura. Com os olhos fixos entre duas árvores, Valentina pede ao pai que pare o transporte. Sem compreender o motivo do pedido, porém, observando a agitação da menina, Salvatore nem bem para a carroça, Valentina, num salto repentino, já está ao chão e abaixada entre pequenas ramagens de flores rasteiras afasta os pequenos buquês lilases e recolhe uma indefesa ave ferida, recém-caída do ninho. A cabecinha implume jaz entre os dedos de Valentina e, pela inércia da pequena ave, imagina não haver resquícios de vida que possa ser resgatada. Mas com a mão direita espalmada sobre a avezinha, que permanecia imóvel em sua outra mão, ajoelhou-se e, elevando os olhos ao céu, que aqui e ali tingia de um azul profundo os espaços entre as ramagens das frondosas árvores, sussurrou uma eloquente prece...

"Meu Jesus, senhor da vida e da esperança, apieda-te dessa pobre criatura, que, por não estar ainda preparada para o voo despencou de seu lar, deixando sua mãezinha em grande aflição. Amado Jesus, basta uma faísca de teu divino amor para aquecer esse corpinho implume. Eu te imploro misericórdia. Não permitas que essa avezinha se despeça da vida física sem experimentar a liberdade infinita do voo sobre essas árvores exuberantes e que seu gorjeio não se cale, mas se configure como um tributo aos céus..."

Uma ave desesperada sobrevoa a copa da árvore, cujo ninho vazio, meticulosamente construído num galho mais baixo da frondosa árvore, denuncia-lhe a queda do filhote. Valentina desvia o olhar para aquela cena e não percebe de imediato que a avezinha desfalecida já movimenta o longo pescoço, tentando se levantar... O pai, que a tudo acompanhara, ajoelha-se emocionado ao lado da filha e, de mãos postas para o alto, agradece a Jesus pela bênção recebida. Depois de recolocarem a avezinha no ninho, retomam seus lugares na velha carroça e partem com fé fortalecida para a propriedade vizinha.

O tamborilar cadenciado da parelha de cavalos no chão ressequido faz com que Martim abandone o velho cão e corra para fora da humilde habitação. Com o coração descompassado e uma inquietação incontrolável que lhe faz tremer as pernas... Logo atrás do filho, aparece à porta o velho amigo Guilhermo, com as roupas surradas e maculadas com o suor do árduo trabalho empreendido desde o nascer do sol.

Martim cumprimenta o vizinho com um leve aceno e dirige todas as suas atenções à bela jovem, que sem cerimônia pula da carroça e abraça o amigo. Constrangido, Martim enrubesce e, pela primeira vez, presta mais atenção à sua amada, que parece ter sufocado a menina mimada e chorona de antes para dar lugar a uma bela mulher.

Envolvidos no motivo que trouxera o amigo às suas terras, Guilhermo convida Salvatore a entrar. Valentina abraça a doce Betina, entregando-lhe o embrulho ainda morno, com o pão enviado por Angelina. Todos se acomodam ao redor da velha mesa e, como era de se esperar, os jovens, enfadados com a interlocução, retiram-se para o jardim. Valentina, acariciando o velho cão, que fielmente acompanha o dono, surpreende Martim a admirá-la. O olhar do rapaz a intimida e, para fugir do constrangimento, convida-o para uma caminhada pelo jardim.

— Martim, prometi a mamãe levar-lhe uma das rosas amarelas de seu jardim. Você me ajuda a escolher a mais bela?

O rapaz caminhava calado ao lado da jovem, como se sua presença exuberante lhe confirmasse cada vez mais as diferenças entre eles...

— Vamos, Martim, ande mais rápido! Papai não se demora e eu quero a rosa!

Martim esboçou um tímido sorriso, quando teve sua mão agarrada pela delicada mão da moça e ambos empreenderam uma pequena corrida até os roseirais. A distância não era longa e em breve o ar estava tomado pelo doce perfume das rosas que, majestosas em sua beleza, ainda deixavam cintilar pequenas gotas de orvalho tocadas pelos raios de sol.

Valentina agarrou-se a uma haste e indicou a flor que queria levar à sua mãe. Num gesto delicado, Martim baixou o galho e complementou:

— É essa a mais bela rosa desse jardim, Valentina?

— Sim, eu escolhi essa. Apanhe-a para mim!

— Sinto informá-la que a mais bela flor desse jardim não poderá ser entregue à sua mãezinha, pois já está reservada para minha doce e eterna amada!

Pega de surpresa pelo discurso do jovem, Valentina sente seu coração contrair-se. Será que o rapaz tem uma pretendente e nunca lhe confiou esse segredo? Visivelmente contrariada, a jovem retruca:

— Vamos voltar, não levarei rosa nenhuma à mamãe, prefiro colher uns buquês coloridos que vi ao longo da estrada...

Se Martim fosse mais observador, teria percebido uma lágrima sorrateira que escapara daqueles belos olhos azuis...

Sem ater-se às lamúrias ciumentas da jovem, Martim rapidamente quebrou a haste da bela rosa e ajoelhando-se beija as mãozinhas trêmulas da amada, entregando-lhe a flor.

— A mais bela flor desse jardim, para você, minha amada Valentina. Não consigo mais viver sem você. Sua doce voz embala os meus sonhos e sua presença é que me faz viver. Não importam as agruras que a vida nos tem reservado, pois nosso amor supera todas as dores, todos os sofrimentos.

Tomada de uma infinita emoção, Valentina abraça o jovem sisudo, sentindo seu coração bater forte ao lado do seu.

O prólogo de um enredo delineado na espiritualidade tinha início ali, naquele momento, abençoado por uma legião de espíritos iluminados que, de mãos dadas, envolviam aquele casal nas mais sublimes vibrações. Como testemunhas daquele compromisso, apenas as rosas amarelas, que num cadenciado bailado prestavam um tributo ao amor maior que se perpetuaria pela eternidade...

O alarido do velho cão a lamber os dedos do jovem dono os arrancou daquele deslumbramento, trazendo-os à realidade, e o chamado de Guilhermo alertou o rapaz, que já com seus dezesseis anos completos deveria participar da conversa dos adultos.

— Desconcertados pela ocorrência que os envolvera no roseiral, Martim e Valentina adentraram a pequena sala, com os rostos enrubescidos e os olhares em profundo devaneio indicaram aos pais que algo de especial havia ocorrido entre eles.

Como ambos os agricultores tinham seus pequenos roçados à espera de cuidados, não se demoraram em observar a atitude suspeita dos jovens e foram logo ao assunto conflitante que os havia reunido.

— Amigos, há anos esse inescrupuloso Gilbert vem nos assediando para que vendamos nossas terras a ele. Sabemos que é um mero capricho, pois já é dono de quase tudo por aqui. Sabemos muito bem a situação em que vivem aqueles que cederam a seus caprichos e não queremos isso para nossas famílias. A liberdade é o bem mais precioso que Deus nos deu e jamais nos submeteremos a esse feitor maldito.

Martim, que permanecia calado, para espanto de todos, resolveu pronunciar-se:

— Ao mesmo tempo que sabemos que a submissão aos desmandos de Gilbert é o único caminho que teremos com a venda das terras, há outra possibilidade que não avaliamos ainda.

Espantados com a interlocução do jovem, os presentes entreolharam-se e Valentina, esboçando um largo sorriso de cumplicidade, tocou levemente nas mãos do rapaz, incentivando-o a continuar a explanação.

— Muitas vezes que estive com meu pai em Canosa, demorei-me em ouvir a conversa dos grandes agricultores que como nós plantam e vendem seus produtos. O lucro maior não é vender em Canosa para os pequenos comerciantes da região, e sim exportar os produtos.

— Muito bonito seu discurso, porém onde arranjaremos dinheiro para promover grandes safras? O que plantamos apenas dá para nosso sustento e ainda de forma precária! – complementou Guilhermo.

— Aí é que está a saída, meu velho pai! Por que, em vez de vendermos as terras a Gilbert, não lhe propomos uma sociedade?

— Sociedade com um vilão daqueles? Seria o fim para nós...

— Que tipo de sociedade, meu jovem? – interpelou Salvatore.

— Arrendamento das terras, caro senhor! Nós ofereceríamos as terras para Gilbert plantar suas alcachofras e, em troca, ele nos pagaria uma porcentagem da produção. Teríamos parte de nossas terras cultivadas pelos empregados de Gilbert e em outra extensão plantaríamos nossas frutas costumeiras. Ele cuidaria da exportação das alcachofras e nós, da venda das frutas em Canosa.

Salvatore mal podia acreditar em seus olhos e ouvidos. Aquele menino ranzinza e birrento havia escondido por muito tempo um jovem brilhante, que certamente tinha um tino comercial aguçado.

Valentina, encantada pelo jovem rapaz, acompanhava-lhe cada gesto, cada palavra proferida, sem contudo ater-se ao contexto do que estava sendo discutido. Pega de surpresa pela intervenção do pai, responde:

— Concordo com tudo que Martim falou. Ele está completamente certo!

Os adultos, percebendo o envolvimento dos dois jovens, apenas sorriem, envoltos por uma paz que jamais fora sentida naquele pacato lar.

A visita foi encerrada com os dois amigos combinando uma próxima visita ao nefasto Gilbert.

A despedida entre os dois jovens apaixonados não poderia ser diferente. Martim, alegando terem se esquecido de colher a rosa para Angelina, segura as mãos de Valentina entre as suas e ambos afastam-se dos pais que ainda combinam as estratégias para a visita a Gilbert. Sem demora chegam ao roseiral e, antes de colher a rosa destinada à mãe da amiga, Martim segura fortemente as suas mãos e declara todo o amor que há muito escondera debaixo da couraça dura que envolvia seu coração:

– Amada de toda a minha vida, eu a amo, com todas as forças de meu coração, desde quando a descobri ainda criança. Não há um só dia que não pense em você; não há uma só noite que não embale os meus sonhos. Não há um único pensamento meu que não se dirija a você. Preciso de você a meu lado para que eu encontre sentido nessa vida tão sofrida que me é companheira desde a tenra idade. Diga que me ama também! Eu preciso desse alento para que não me faltem as forças para lutar nessa batalha que se apresenta para nossas famílias. Se disser que me ama e que estará sempre ao meu lado, não temerei a D'Santis, a Gilbert e à sua corja de capangas. Enfrentarei tudo por você!

Valentina, visivelmente emocionada, não continha as lágrimas que lhe marejavam o rosto enrubescido.

– Meu querido Martim, não consigo mais conter dentro de mim o amor que sinto por você. Amo-o mais que minha própria vida e venceria até mesmo a morte para tê-lo eternamente a meu lado!

Um delicado facho de luz incide sobre o jovem casal, como se esferas mais altas abençoassem para sempre a união daquelas almas afins que não mediriam esforços para manterem-se unidas.

Com os rostos colados e entrelaçados num forte abraço, os jovens selam para sempre aquela bela história de amor, que se perpetuaria para todo o sempre.

A voz de Salvatore apressando a filha lembra a Martim da rosa que viera colher para a senhora Angelina e, num gesto rápido, já a tem nas mãos e a entrega a Valentina. De mãos dadas caminham em ziguezague pela estradinha ladeada de gerânios multicolores e perfumados, como se a estender o tempo da companhia um do outro.

Salvatore, já a postos na carroça, aguardava impaciente a filha. Depois das despedidas convencionais e do forte abraço dado em Martim, a menina sentou-se ao lado do pai, tendo ao colo duas rosas amarelas recém-colhidas.

O caminho para casa transcorreu normalmente, exceto pela exigência de Valentina para que o pai parasse a carroça na curva da estrada para que ela verificasse se a avezinha ferida estava bem. Nem bem a carroça havia parado e os cavalos aquietados, Valentina, esticando o pescoço, pôde observar um melro de plumagens azuis aquecendo um filhote implume irrequieto embaixo das aconchegantes asas.

A visão daquela pequena família aconchegada em seu ninho trouxe mais alegria ao coração de Valentina, por certificar-se que suas humildes orações não se perdiam no orbe terreno, mas encontravam ecos em dimensões além da compreensão humana.

Um anjo em eminente perigo

Naquela tarde, a agitação na casa de Gilbert devia-se a uma data especial reservada no calendário de Joseph. Era a noite da festa que lhe fora preparada pelo casal Emiliano e Francesca, e o mais emocionante para ele era pôr em prática a aposta que fizera com Gilbert sobre conquistar a bela Clara.

Ao sair de seus aposentos com um impecável sobretudo preto que lhe dava uma ar de extrema elegância, constrangendo mais uma vez a criada Carmela, Gilbert pede a ela que lhe ajeite o laço da gravata. Joseph não pôde deixar de emitir uma pontual exclamação ao vislumbrar a elegância de Gilbert. O sobretudo azul-marinho que lhe vestia com extrema elegância contrastava com a negra barba, que dava ao belo rosto um ar de superioridade. O colete impecavelmente abotoado até a altura de um laço negro lhe finalizava a silhueta com sóbrio bom gosto. A cartola em uma das mãos e uma bengala de marfim, adornada com pequenos rubis, davam-lhe a aparência de um lorde.

Joseph ainda extasiado com a nobre figura do anfitrião não perde a oportunidade para um gracejo:

– Já perdi a aposta. Certamente Clara cairá de joelhos frente a tão garboso e elegante cavalheiro!

Ambos riem e antevendo a diversão daquela noite dirigem-se à porta, abraçados.

O relógio da Igreja de São Francisco já anunciava a hora da Ave Maria. Em frente à magnífica mansão, a movimentação de luxuosas carruagens e as ricas vestimentas das damas em frente ao majestoso portão de ferro chamavam a atenção dos transeuntes. A rica construção ladeada de frondosas árvores não escondia a nobreza de seus habitantes. Emiliano e Francesca, ricamente trajados para aquela noite especial, recebiam os ilustres convidados à porta da imensa sala de estar. Os olhares deslumbrados dos convidados brilhavam ao adentrar o recinto. A sala mobiliada com móveis ricamente adornados e bem distribuídos pelo ambiente, conjugados com enormes ânforas das quais despontavam encantadoras corbelhas de rosas vermelhas, davam ao recinto um requinte digno dos grandes palácios franceses. O encantamento de Joseph e de seu convidado Gilbert não fora diferente. Pela primeira vez, desde sua chegada há anos à Itália, Gilbert teve a oportunidade de esquecer-se das alcachofras e de desfrutar de momentos tão agradáveis, junto à nobre sociedade italiana. Feitas as apresentações, Joseph, disfarçando as verdadeiras intenções, perguntou por Clara, piscando sorrateiramente um olho para Gilbert.

– Deve estar ao piano, querido Joseph; como sabe, a música é seu divertimento preferido.

Pedindo licença aos anfitriões, literalmente arrasta Gilbert pelo braço. No lado oposto da sala, um círculo esfuziante de jovens encobria a jovem que, dedilhando o piano, provocava um frenesi contagiante em seus ouvintes. Infiltrando-se no grupo, Gilbert vislumbra uma personagem que já conhecera pelas descrições de Joseph. Uma silhueta esbelta inserida num belo vestido escarlate, delicadamente adornado com laços de veludo preto, era coroada por longos cachos acobreados que lhe caíam até quase a cintura. As mãos ágeis e delicadas percorriam ligeiramente as teclas do piano que certamente subjugava-se ao domínio de tão encantadora jovem. O último acorde da canção que apresentava fez com que a moça se virasse e profundos olhos verdes cruzaram-se ocasionalmente com os de Gilbert, fazendo seu coração bater descompassadamente e sua tez produzir imediatamente uma gota de suor inconveniente. Os minutos que se seguiram foram mágicos para Gilbert que, desconcertado, acompanhava o coro de jovens a clamar por outra canção.

Gilbert, ainda visivelmente perturbado com a visão de tão sublime beleza, é acompanhado por Joseph até o casal de anfitriões, na intenção de inserir o amigo na alta sociedade italiana. A conversa animada entre os quatro sobre as ocupações de cada um deixa Gilbert à vontade para contar sobre suas produtivas terras e acúmulo de fortuna. Emiliano, encantado pelas peripécias narradas por Joseph, sobre as conquistas do amigo, declara que já ouvira falar de Gilbert, nas poucas vezes que frequentara os suntuosos salões de jogo da cidade. Joseph estremece, desconfiando talvez que fosse perder a aposta, porém Gilbert, com uma astúcia que lhe era peculiar, afasta qualquer suspeita sobre seu caráter pouco louvável e complementa:

– Caro senhor Emiliano, qual seria o lugar mais apropriado para comemorar o sucesso nos negócios do que nos salões nos quais desfilam os nobres da Itália?

– Tem razão, caro amigo, nos becos das ruas italianas é que não seria, não é mesmo?

Depois de fartas gargalhadas regadas a vinho, Gilbert estremece, quando vê Clara desvencilhar-se dos ouvintes e dirigir-se ao grupo no qual estão seus pais.

Os olhares furtivos dos convidados a seguem pelo salão, certamente deslumbrados por aquela beleza angelical. A imagem de Clara está ainda mais formosa, caminhando com elegância, com os cabelos cobrindo-lhe parte do colo. Dois cachos caprichosamente separados e adornados com um negro laço de veludo lembravam um melro negro, que aninhado naqueles cachos acobreados reverencia sua incomparável beleza.

Ao ser apresentado para a moça, suas mãos estão geladas e seu coração novamente acelerado parecia querer romper o colete elegantemente abotoado e denunciar-lhe a emoção que não conseguia conter. Clara, visivelmente acanhada, mal cumprimenta Gilbert e se põe ao lado da mãe, como a proteger-se daquela emoção desconhecida que dela se apoderou desde que seu olhar se cruzou com aqueles olhos negros e ariscos do estranho convidado. Joseph, percebendo o envolvimento de ambos, sussurrou ao ouvido de Gilbert:

— Já ganhei a aposta e mereço uma boa porcentagem do dote!

Gilbert sorri contrariado com a ousadia do amigo. Temia que qualquer coisa pudesse desnudar-lhe a couraça e expor aquele sentimento novo que lhe fazia fraquejar diante daquela bela jovem.

Francesca e Clara recolheram-se mais cedo do que o esperado, para que os cavalheiros ficassem à vontade para discursar sobre seus negócios.

Gilbert, perdendo o interesse pela festa, anuncia a Joseph que irá retirar-se devido ao trabalho na fazenda logo pela manhã do dia seguinte.

O jovens despedem-se de Emiliano, e Gilbert, reforçando um convite que fizera no início da noite, diz ao nobre senhor que espera sua família para uma visita em sua propriedade.

Depois daquela noite, Gilbert certamente não seria mais o mesmo. A necessidade de se esmerar numa conduta ética que fosse conveniente para mascarar seu caráter reprovável haveria de ser cultivada por ele para iludir a família de Clara.

No caminho de volta à fazenda, Gilbert, auxiliado pelas inúmeras taças de vinho sorvidas na festa, não parava de falar sobre a bela jovem. Descrevia incansavelmente o momento em que seus olhos se cruzaram e enumerava todas as canções desempenhadas pela moça. Seus olhos brilhavam, ao comentar com Joseph a gama de sentimentos inusitados que se apossara dele ao toque daquela mão delicada e franzina.

— Caro Gilbert, é amor à primeira vista! Vá em frente e conquiste a moça!

Desprovido de qualquer experiência séria com as mulheres, Gilbert sentia-se impossibilitado de fazer a corte a Clara. Não sabia como proceder e nem como aproximar-se da jovem. Joseph, astuto como sempre, descobrira na conversa com a senhora Francesca que aos domingos de manhã a família não faltava à missa das sete horas na paróquia de São Francisco.

A semana fora longa para Gilbert, até aquela ensolarada manhã de domingo, quando saiu de seu aposento vestindo uma de suas melhores roupas e concorrendo para que um aroma de lavanda invadisse toda a sala. Pelo perfume envolvente, sua presença foi logo notada por Joseph, que já o aguardava à mesa do café.

– Que demora, hein, amigo! Vê-se que valeu a pena a espera. Diria que você está simplesmente digno de uma dama como Clara.

Ao ouvir o nome de Clara, Gilbert sente o coração bater mais forte e, como um adolescente que acabou de descobrir o amor, apressa Joseph, colocando-se de pé ao seu lado na mesa e apenas tomando uma xícara de chá quente que Carmela lhe servira.

– O patrão não vai comer nada? – retruca a serviçal. – O bispo Pedro não economiza nas palavras do sermão e o senhor pode ficar com fome.

Gilbert dá de ombros para a criada e, visivelmente ansioso, dirige-se à porta.

A carruagem de passeio está devidamente atrelada a dois belos cavalos de um marrom reluzente, com crinas longas e escovadas que esvoaçam ao vento daquela manhã. Os dois jovens, acomodados no almofadado banco, rumam à cidade, cada um objetivando um intento diferente. Gilbert, com o pensamento fixo em Clara, e Joseph, pensando na fortuna que receberia com a exportação das cerâmicas de Emiliano.

Os dois jovens ricamente trajados cruzaram a porta da Igreja de São Francisco que lhes serviria de cenário para os intentos daquela manhã. Gilbert, alheio aos presentes que o cumprimentavam, estranhando sua presença naquele santuário, tinha os olhos fixos em um pequeno grupo de senhoras que adentravam pela porta lateral, acomodando-se nos bancos mais próximos ao altar. Apesar de seus esforços, Gilbert não encontrara Clara no grupo de fiéis. Foi Joseph quem encontrou a delicada e bela Clara, acomodada ao lado da imagem de São Francisco. Com um leve toque no braço do amigo, mostrou-lhe a direção certa para seu olhar. Nem bem reconheceu a figura de Clara, Gilbert foi tomado de uma emoção profunda. Mais bela que na noite que a conhecera, a moça trajava um belo vestido branco cinturado por uma faixa dourada que lhe dava a aparência de um anjo. Os cabelos acobreados, presos no alto da cabeça, deixando cair em cascata cachos delicadamente encaracolados, davam-lhe a aparência de uma verdadeira rainha.

Adivinhando os pensamentos do amigo, Joseph brincou:
— Uma verdadeira rainha, não é mesmo?

Gilbert nem sequer prestou atenção no bispo Pedro, que de dedo em riste discorria sobre a vida e a morte, sobre o céu dos justos e o inferno dos pecadores.

Ao perceber que a cerimônia se findara, Gilbert adianta-se em sair da igreja para interceptar a bela Clara à porta de saída. Depois de muita espera, a família de Emiliano, acompanhada por um grupo de amigos, dirige-se à porta, e os jovens, fingindo não saberem da presença da família, agem com surpresa ao serem avistados por eles. Clara enrubesce ao ver Gilbert e, com os olhos fixos no chão, segurando o braço da mãe, faz menção de retirar-se, aproveitando o grupo de amigos que acompanham as duas damas. Gilbert, num ímpeto, chama pela moça que desconcertada o atende com um aceno. Não contente, após cumprimentar a senhora Francesca, aproxima-se de Clara e, mergulhado naqueles maravilhosos olhos verdes, mais uma vez finge-se surpreso:
— Não imaginava que sua família frequentasse as missas do bispo Pedro. Venho aqui pontualmente todos os domingos ouvir-lhe os tocantes sermões e nunca tive a honra de encontrá-los por aqui!

Foi a senhora quem respondeu ao comentário de Gilbert:
— Somos assíduas frequentadoras dos sermões do bispo Pedro, porém tenho certeza de que nunca o vi por aqui! Um cavalheiro como o senhor não me passaria despercebido...

Sem perder a pose, o astuto Gilbert complementou:
— Certo que não, cara senhora. Sento-me sempre no último banco e sou o primeiro a sair. Não posso afastar-me por muito tempo da fazenda; afinal, as alcachofras só crescem com os olhos do dono. Não é esse o ditado, caro Joseph?
— Sim, caro amigo! O tempo é curto para administrar tanta terra e tantos empregados! Tenho acompanhado o árduo trabalho

que tem naquele grande pedaço de chão.

Dirigindo-se às duas senhoras, Gilbert pergunta por Emiliano, pois quer reforçar o convite que fizera dias atrás para que o visitem na fazenda.

A senhora Francesca sorri e, apontando para dentro da igreja, diz:

– Ele está pegando as últimas instruções com o velho bispo, que lhe é fiel conselheiro desde há muito tempo. Na próxima semana, iniciaremos a exportação de cerâmicas coordenadas pelo jovem aqui – disse apontando para Joseph – e Emiliano precisa estar alinhado com Deus para tomar as decisões certas.

No caminho de volta à fazenda, Gilbert não para de falar sobre a doçura e a beleza de sua amada, e Joseph, pensativo, faz uma revelação ao amigo:

– Caro Gilbert, vejo que já está encaminhado no amor e não precisa mais dos empurrões desse esperto cavalheiro. Emiliano me quer por perto dos negócios e adiantou-se em ceder-me uma de suas propriedades ao lado da igreja. Enquanto você conversava com as senhoras, dei uma fugidinha para ver minha nova casa e gostei do que vi. Certamente não é uma mansão que expõe Watteau nos corredores, mas pareceu-me bastante confortável. Pego as chaves na segunda e gostaria muito que viesse comigo conhecer a casa por dentro. Já está mobiliada e pronta para receber o cavalheiro aqui!

Meio a contragosto, Gilbert abraça o amigo, parabenizando-o pela conquista e desejando-lhe sucesso no novo trabalho. A preocupação de Gilbert devia-se ao fato de ver em Joseph um facilitador de sua aproximação com Clara. Apercebendo-se de seu desapontamento, Joseph acrescentou:

– Comigo morando na cidade, ao lado da mansão de Emiliano, terá mais motivos para ir até lá e talvez esticar a visita até a casa da bela Clara. O que acha?

A semana seguinte passou sem grandes acontecimentos, exceto pela partida de Joseph, que deixou a bela casa privada de sua alegria e descontração. A vida assumiu a rotina de antes, com a diferença de que Gilbert já não tinha seus constantes acessos de cólera e já não passava as noites nos bordéis da cidade. Recolhia-se cedo e, ao voltar do roçado, parecia divagar sonolento com o olhar perdido no nada, sorrindo de vez em quando e balbuciando sussurros ininteligíveis, principalmente aos ouvidos de Carmela, que o julgava mal da cabeça.

Era domingo e Gilbert não fora à missa naquela manhã, pois depois de muitos encontros com Clara aos pés de São Francisco, percebera que a jovem também demonstrava certo interesse por ele. Os preparativos na grande mansão começaram muito antes do sol raiar, pois aquele dia seria muito especial para Gilbert; receberia a família de Clara e certamente encontraria uma oportunidade de pedir-lhe a mão ao senhor Emiliano, que já percebera o interesse do abastado fazendeiro na filha tão bela e prendada. Vislumbrando um casamento promissor, regado a muitos hectares de terras produtivas e uma considerável fortuna, o pai não via por que se opor àquele futuro consórcio.

A mesa, delicadamente adornada por enormes ânforas de tulipas rosadas, que se misturavam às taças de fino cristal francês, era o centro do rico ambiente. O aparelho de porcelana pintado à mão trazia àquela mesa o requinte dos grandes palácios franceses. Tudo a gosto do senhor da casa, que não medira esforços para impressionar os visitantes. Impaciente, ralhava com Carmela, intimidando-a a que não cometesse erros na preparação dos pratos escolhidos a dedo. A criadagem ao redor das grandes panelas fumegantes acotovelava-se em desvelos para que tudo ficasse perfeito, assim como ordenara o patrão.

A fumaça esbranquiçada que fugia aos tufos da avermelhada chaminé, espalhando um contagiante aroma no ar provindo das iguarias de Carmela, insistia em beijar delicadamente as brumas que ainda pairavam sobre o enorme casarão, indo se desfazer em pequenos flocos amarelados, tingidos pelo sol daquela manhã.

O enorme relógio elegantemente fixado numa bela caixa de madeira torneada badalou oito vezes, indicando ao senhor da casa que certamente o sermão do velho bispo Pedro estava se encerrando naquele momento. O tique- taque insistente que se seguia às badaladas deixava Gilbert cada vez mais tenso e preocupado, pois temia que a mão de Clara lhe fosse negada; talvez alguém comentasse com Emiliano sobre sua vida boêmia nas casas de jogos da cidade, ou lhe relatasse como conseguira duplicar sua fortuna à custa dos desmandos com os agricultores da localidade. Pensava nas sandices de seu capataz que, extremamente dedicado a ele, não hesitava em usar seu velho arcabuz naqueles que não respeitassem as regras da fazenda. Arrepiou-se ao lembrar-se de um corpo encontrado pelos camponeses, em meio ao roçado de alcachofras... Tentou espantar os pensamentos ruins, sorvendo uma enorme taça de vinho!

Antes que o relógio se pronunciasse novamente, a nuvem de poeira, que mais parecia uma mancha escarlate no horizonte, denunciou ao fiel capataz a chegada dos visitantes. D'Santis, depois de receber ordens precisas do patrão, colocara-se a postos em frente a casa como um cão de guarda, para que nenhum de seus homens se aproximasse enquanto as visitas lá estivessem.

A suntuosa carruagem parou à frente do alpendre e D'Santis não pôde deixar de admirar a beleza de quatro cavalos negros, cuja pelagem bem cuidada reluzia ao contato com os raios do sol daquela manhã. A crina negra esvoaçante dava-lhes uma aparência tão nobre quanto a dos visitantes que um a um desciam da bela carruagem.

D'Santis franziu a testa ao ver o tagarela e inconveniente Joseph descer do transporte, segurando a mão de uma elegante senhora. Com o patrão já de braços abertos a descer as escadas, Emiliano foi o segundo a sair, e D'Santis, de olhos fixos no chão, sem prestar atenção nas interlocuções de Joseph, sentiu seu coração parar de bater por segundos, quando ousou olhar na direção da carruagem e viu extasiado a bela Clara descer do transporte, amparada pelas mãos seguras e fortes de seu senhor.

Na rudeza do trato com a terra e com os afazeres escusos que Gilbert lhe confiava, D'Santis jamais havia visto uma beleza como aquela. Comparando sua figura grotesca e suas roupas surradas com as do patrão, que naquela manhã vestira um de seus melhores trajes, o ciumento capataz cerrou as mãos e seus olhos cintilaram de ódio. "Por que o senhor tinha tanto sem sujar as mãos e ele, insignificante, nada tinha, sequer o direito de deleitar-se com a beleza daquela jovem que passou por ele sem enxergá-lo?"

A ordem expressa de Gilbert naquele momento tirara D'Santis de seus devaneios:

— D'Santis, tire as celas e leve os cavalos para pastar. Os visitantes só irão embora ao final da tarde!

O capataz, mais uma vez humilhado diante de família tão nobre, enxergou sua pequenez, diante daquele senhor sem escrúpulos e que sempre lhe fazia lembrar sua torpe função de mero serviçal.

D'Santis balbucia palavras de ódio contra o patrão, às vezes intercaladas por blasfêmias impregnadas de rancor.Depois de soltar os cavalos, retorna a seu antigo posto, contorcendo-se de raiva pelos risos que lhe chegam de dentro da bela casa. O tilintar de copos e talheres informam a D'Santis que o almoço estava sendo servido e, pela fresta da janela semiaberta, ele cobiça os modos da meiga jovem que, propositalmente sentada ao lado de Gilbert, não se furta de receber seus galanteios.

Carmela entra e sai da sala, ora retirando pratos vazios, ora preenchendo os espaços vazios da mesa com inusitadas iguarias.

Ao perceber que o alarido havia cessado, D'Santis, apoiando-se em seu arcabuz, faz um imenso esforço para observar o interior da sala com maior propriedade e é surpreendido pelas palavras de Gilbert, declarando-se à doce jovem todo o seu amor e pedindo a Emiliano a mão da moça em casamento.

O capataz pôde ouvir os aplausos de Joseph, seguidos pelas palavras de aceitação do senhor Emiliano Imperatore. Uma garrafa de champanhe chegou logo à mesa pelas mãos de Carmela, que secava uma furtiva lágrima de emoção. Os futuros noivos, de mãos entrelaçadas, usufruíam de uma felicidade ímpar, à qual D'Santis sabia que jamais teria direito.

O pequeno grupo, a convite de Gilbert, preparava-se para um curto passeio ao redor da casa. O sol estava ameno e certamente teriam prazer em conhecer, nem que fosse um pequeno pedaço daquele chão. Emiliano vislumbrava as plantações de alcachofras a perder de vista; Francesca temia pela felicidade da filha, afinal aquele elegante cavalheiro, que agora tinha um compromisso com sua doce Clara, era um desconhecido para eles e o jovem casal, de mãos dadas, sonhava com a vida feliz que teriam no futuro.

Depois de um breve passeio, o grupo foi recebido por Carmela na varanda da mansão com um refresco adocicado, acompanhado de mimosas delícias italianas que só ela sabia fazer.

O sol já ia alto e a conversa animada, quando Francesca lembrou ao marido que já estava na hora de encerrarem a visita e deixar o anfitrião entregue ao merecido descanso.

Gilbert interferiu, dizendo que o melhor descanso para sua alma era a presença de Clara.

Enternecidos com demonstração de tamanha afeição pela filha, o casal despediu-se de Gilbert, com a certeza de que o futuro de Clara seria coroado de muitas riquezas e felicidade.

Gesticulando muito como sempre, ao abraçar o amigo, Joseph sussurrou-lhe ao ouvido:

– Perdeu a aposta, meu caro. Metade do dote é meu!

D'Santis, carrancudo como de costume, segurou as rédeas dos cavalos sem tirar os olhos daquela figura angelical que desfilava à sua frente, com olhos de um verde tão profundo quanto a vegetação que lhe servia de tapete. O suave perfume de lavanda que se desprendia da bela jovem tocou sua alma como bálsamo divino, que o impelia a sentir cada vez mais na carne a consciência das injustiças que compartilhava com o patrão.

Mal a carruagem partira, Gilbert pediu a D'Santis que verificasse se tudo corria bem na fazenda e liberasse o movimento dos capangas ao redor da casa e da plantação.

Como cão obediente, D'Santis bate em retirada, rumo aos casebres caiados que se enfileiravam ao longo da estreita estradinha arenosa. Com um pontapé, abre a porta de seu mísero quartinho e obriga seus olhos a conferirem a realidade do que possuía: uma cama com lençóis puídos e marcados pelo suor do dia de trabalho, um par de botas arranhadas pelos espinheiros da estrada, um velho capote surrado e dois arcabuzes enferrujados... Ao lado da cama, sobre um caixote improvisado, uma imagem de Maria, empoeirada pela falta de devoção de seu dono, e uma velha caneca de ferro com as bordas amassadas. A um canto, um velho saco de juta guardava toda a roupa que tinha nesse mundo. Debaixo do colchão surrado, um enorme volume enche-lhe as mãos; após desamarrar a fita que prende a boca do saco, derrama sobre a cama um considerável volume de moedas e, fazendo-as escorrer pelos seus dedos calejados, repensa sua vida, seus crimes e sua estada ao lado de Gilbert, cumprindo cegamente todas as suas ordens. Em sua mente, a imagem angelical de Clara mistura-se à angústia de nada ser, de nada possuir...

Passando a grosseira mão embaixo da cama, retém entre os dedos uma garrafa de vinho que usurpara da adega do patrão. Em poucos goles, o vinho desaparece e D'Santis, tomado por uma sonolência irresistível, pende sua cabeça sobre o encardido travesseiro e cai em profundo sono, esquecendo-se momentaneamente de sua vida desregrada e sem nenhum objetivo.

Sem se dar conta do quadro espiritual que se desdobrava ao seu redor, D'Santis é rodeado por dois vultos que se aproximam da cama, fazendo-o relembrar cada uma das atrocidades que cometera durante a vida. Visivelmente perturbado, talvez por sonhos aterradores, o capataz revolve-se entre os lençóis puídos e geme, num torpor alucinante que rende um gotejar intenso de suor às têmporas. A barba por fazer e o desalinho das vestes dão-lhe uma aparência macabra, fazendo jus ao seu atual estado de espírito...

Os dias transcorrem repletos de pequenos conflitos, que já eram rotina na fazenda de Gilbert que, ausentando-se mais do que deveria, passa a maior parte do dia na cidade, devido aos preparativos do casamento com Clara. Os encontros entre os dois passaram a ser diários e o sentimento recíproco que os envolvia tinha a bênção de Isabel, que ao lado do filho empreendia todos os seus esforços, para vê-lo, de uma vez por todas, optar pelo caminho do bem e do respeito ao outro, fazendo-o se distanciar das entidades malfazejas que desde a juventude lhe faziam companhia.

Não raro, Isabel inspirava Clara a trazer Gilbert para suas obras de caridade, com o intuito de despertá-lo para os verdadeiros e mais puros sentimentos que deveriam pautar a sua vida. Sem querer decepcionar a amada noiva, as missas do bispo Pedro tornaram-se o programa de domingo na vida de Gilbert e as ações de caridade praticadas por Francesca e a filha sempre tinham a presença do rapaz, que meio a contragosto misturava-se por vezes ao proletariado de Cerignola, fingindo uma abnegação que não lhe fazia parte do perfil.

Suas atuais ações eram motivo de chacota entre os empregados da fazenda. Sempre que se reuniam aos domingos para a bebedeira costumeira e para os abusos com o jogo e a promiscuidade, os comentários zombeteiros giravam em torno do patrão, devido à sua repentina devoção aos sermões do bispo Pedro, bem como à sua visível abstinência dos prazeres que sempre cultivara desde sua chegada a Foggia.

Alheio aos comentários dos parceiros de jogatina, D'Santis sorria um riso sarcástico de quem conhece bem a índole do vilão. Sabia que muito em breve a máscara de bom moço iria cair.

A imagem da delicada Clara trazia-lhe à fisionomia grotesca uma ponta de preocupação, pois ao mesmo tempo que se comprazia dos desmandos do patrão, temia que, assim que voltasse a assumir sua real personalidade, fizesse aquele anjo sofrer.

O DESPERTAR DA MEDIUNIDADE

O MESMO SOL que acompanhara a carruagem de Gilbert até a cidade nascera tímido sobre o casebre de Betina e Guilhermo. A noite maldormida dava àquela mãe um aspecto desolador que, ao lado da cama do filho, dedilhando o velho rosário num frenesi angustiante, não media esforços para que a febre que o acometia cedesse. Guilhermo, às voltas com a preparação de um chá com ervas que acabara de colher no jardim, entre sussurros, também clamava aos céus pela melhora de Martim. O jovem pálido, envolto em alvos lençóis banhados por um suor doentio, tremia e balbuciava palavras ininteligíveis, regidas pela febre que consumia seu corpo.

Como todos os recursos domésticos já haviam sido utilizados, o pobre casal pensa na possibilidade de chamar o bondoso doutor Domênico, médico afamado na cidade, por sua competência clínica e principalmente pela sua abnegação com os menos favorecidos. Certamente o bom doutor poderia interceder no estranho mal que subitamente parecia querer arrancar o jovem do ninho familiar. As parcas moedas que jaziam dentro de um velho vaso esquecido numa das prateleiras da cozinha os dissuadiram de seus intentos, pois o bom médico, apesar de extremamente caridoso, certamente deveria receber por seu trabalho. A aflição de Betina aumentava juntamente com a febre que fazia o jovem Martim delirar. Agora, ajoelhados ao lado do leito do filho, de mãos postas para o céu, o jovem casal sabia que só poderia contar com a ajuda que viesse do Alto. Como se coordenados pelas súplicas desesperadas daquela mãe, raios de uma luz esverdeada desciam vagarosamente, vindo desfazer-se na fronte suada do rapaz e, em pouco tempo, a pequena alcova iluminou-se, enchendo aquele pequeno espaço de uma vibração contagiante que envolvera aqueles pais desesperados num convulsivo pranto. Martim, ainda torturado por um delírio acentuado, deixava escapar dos lábios ressequidos apenas uma súplica:

– Valentina, Valentina...

Betina, num desespero atroz, sussurra ao marido que sele um cavalo e vá buscar a moça, afinal, antes que o bispo Pedro intercedesse, era ela quem orava pelos pobres doentes daquela região. Um alívio consolador enche o coração de Betina, ao recordar-se de várias ocasiões em que as palavras cheias de fé de Valentina operaram verdadeiros milagres, ante os que estavam muitas vezes no leito de morte. Acariciando os cabelos molhados do filho e observando sua pálida tez, suspirou, apertando o rosário entre os dedos, como se a Providência divina já estivesse atendendo aos seus apelos.

O barulho causado pelos arranjos que Guilhermo empreendera para atrelar o cavalo à carroça despertou o velho cão, que num alarido efusivo rodopiava ao redor das patas do cavalo, causando-lhe visível agitação. Espantando o animal com um ramo seco, Guilhermo parte em busca daquela que naquele momento de dor lhes parecia o único socorro. O velho cão, como se a sentir a falta do dono, sobe vagarosamente a escada da frente do casebre, indo deitar-se aos pés da cama do rapaz, fazendo companhia à vigília de Betina.

Com as mãos espalmadas sobre a testa do moço, a mãe sorri discretamente, percebendo que sua fronte não está mais quente como antes, porém o rapaz, em nítido estado de letargia, sequer abre os olhos...

Apesar do caminho até a casa dos vizinhos ser bastante acidentado, em menos de uma hora a velha carroça de Guilhermo para à porta da casa dos amigos. Salvatore, que ao longe percebeu a nuvem de poeira impondo-se na estrada naquela manhã, já está à porta da casa, erguendo os braços num cumprimento acolhedor ao reconhecer o vizinho.

Antes que Guilhermo pudesse expressar toda a sua angústia, Salvatore adiantou-se:

– O que o traz aqui tão cedo? Não me diga que Gilbert e o seu velho cão de guarda D'Santis o estão importunando em pleno domingo?

Guilhermo nem bem ouve o discurso do amigo e suplica:

– Preciso da menina Valentina. Martim está muito mal lá em casa. Já fizemos de tudo. Tememos perder o menino...

Angelina e a filha, por ouvirem o alarido da carroça, já estavam à porta, atentas às explanações do bondoso amigo.

Sem demora, Valentina correu até Guilhermo:

– O que há com Martim?

– Uma febre, filha, que tenta roubá-lo de nós.

Com as lágrimas a descerem insistentes pelo rosto rosado, Valentina corre para dentro da casa, retornando em minutos com o velho crucifixo nas mãos. A mãe faz menção de acompanhá-la, porém Salvatore interfere:

– Não há tempo, querida. Deixe-os ir. Algo me diz que há pressa nessa intervenção.

Lado a lado, o casal acena, vendo a pequena carroça partir envolta na costumeira nuvem de poeira que de certa forma causava uma melancolia indecifrável àqueles que deixara para trás...

Com as rodas da velha carroça equilibrando-se nas curvas, numa velocidade que não lhe cabia, Valentina, pela primeira vez, sem admirar a natureza exuberante que a cumprimentava naquela manhã, mantinha os olhos fechados e, agarrada ao crucifixo, suplicava aos céus que não lhe tirassem o jovem amado.

Betina, despertada de suas orações pelos latidos do velho cão, anunciando a chegada de sua benfeitora, correu para receber a menina:

– Graças a Deus, você está aqui! Martim está muito mal; não responde aos meus chamados; parece desfalecido...

Valentina, sem ater-se aos lamentos daquela desesperada mãe, corre até o quarto do rapaz e, tomando-lhe as pálidas mãos, sussurra-lhe ao ouvido:

– Eu estou aqui, meu amor! Não morra, por favor! Preciso de você para continuar nesta vida!

Ao ouvir a doce voz da bem amada, Martim tenta abrir os olhos, porém, pela força do mal que o domina, desfalece, deixando cair a trêmula mão por entre os dedos de Valentina.

Desesperada, a jovem, num frenesi de fé, entornando o velho pote de barro numa caneca que descansa ao lado de Martim, faz dele cair, em cascata, um fio cintilante de água cristalina; ajoelhada ao lado da cama, espalma uma das mãos na testa do rapaz e, como se levada à outra dimensão, inicia uma súplica veemente que impressiona o casal choroso, que se mantinha em vigília aos pés daquele leito. Uma irradiação prateada envolveu a bondosa menina, que sempre bem acompanhada por amigos espirituais, servia de medianeira para que o socorro chegasse naquele momento.

"Pai de infinita bondade, sabemos que nada acontece ao acaso. Vós que sois conhecedor de todas as coisas, além do tempo e do espaço, sabeis o porquê de nossas vidas terem se cruzado... Neste momento, imploro pela vida de Martim. Que benfeitores espirituais intercedam em favor dele, que certamente necessita cumprir o seu contexto nesse enredo de fé, amor e evolução. Pai dos aflitos, não nos abandoneis nessa hora de aflição."

Encerrada a fervorosa prece, Valentina senta-se ao lado de Martim e faz-lhe sorver goles generosos da água cristalina que, fluidificada pelas entidades que ali estiveram, seria-lhe bálsamo para a cura daquela moléstia inesperada.

Para espanto e emoção de todos, Martim, ao sentir seus cabelos e sua face acariciados pela doce amada, abriu os olhos ainda confuso com as ocorrências que até então o envolviam:

– O que faz aqui, Valentina?

– Vim pedir por você e ajudá-lo, querido. Você não passou bem.

O jovem, visivelmente impressionado, senta-se na cama e com o olhar fixo num ponto imperceptível para os presentes, faz um relato emocionado:

– Sonhei que estava entre amigos, sob a abóboda de um grande palácio iluminado. Alguém tocava minha testa com suas mãos delicadas, que me trazia profundo bem-estar. Nesse lugar, um facho esverdeado ia até o teto, fazendo dele caírem pequenos cachos de flores delicadas, como os gerânios do jardim, porém emanando luz, como pequenos vagalumes. Um sussurro aconchegante lembrava-me da sua voz, amada Valentina, e aí, subitamente, eu acordei...

A boa Betina interfere:
– Efeitos da febre que quase o arrebatou dessa vida...

O velho cão, com as orelhas em riste, denunciava a chegada de outros visitantes.

Guilhermo, imediatamente à porta do casebre, vê Angelina e Salvatore aproximarem-se da casa e os recebe com festivos cumprimentos, dando a entender aos visitantes que as fervorosas preces da filha já tinham sido ouvidas...

– Ficamos preocupados com Martim. Como ele está?
– Entrem e vejam com seus próprios olhos. Nossas preces foram ouvidas.

No quarto, os jovens de mãos dadas conversavam alegremente, como se a angústia de há pouco jamais houvesse existido.

Ao perceber a presença dos vizinhos e ainda sob o efeito do que há pouco ocorrera naquele humilde lar, Martim surpreende a todos com um pedido especial, direcionado ao vizinho Salvatore:

– Caro senhor Salvatore, senhora Angelina, papai e mamãe, a proximidade da morte me fez perceber que essa vida é curta e seus percalços imprevisíveis, por isso nós queremos lhes fazer uma revelação:

– Há muito, eu e Valentina nos amamos e temos certeza de que nossos caminhos seguirão juntos nesta vida. Precisamos das bênçãos de vocês para cultivar esse amor e não mais mantê-lo sufocado em nosso peito. Sei que somos muito jovens ainda e que a vida tem sido dura para todos, porém acreditamos que tudo se encaminhará para melhor.

Os adultos emocionam-se com a sinceridade do rapaz, porém, sentindo nos ombros o peso da pobreza que lhes era a companheira do dia a dia. Como proveriam para que o jovem casal pudesse instituir uma família?

Salvatore, recordando-se das explanações de dias anteriores do rapaz, chama Guilhermo para uma conversa na sala:

— Caro amigo, creio que o discurso de seu filho num outro encontro que tivemos é o único caminho para sairmos das constantes dificuldades que amargamos ao longo dos anos em que nos conhecemos. Creio que oferecer um arrendamento a Gilbert seja a melhor saída. O que acha?

— Salvatore, por várias vezes, Martim tem me alertado a respeito dos benefícios que teríamos com esse consórcio. Conhecemos a astúcia do rico vizinho, porém Martim tem me saído um ótimo observador e aprendiz, quando se põe a ouvir as conversa dos abastados no mercado da cidade. Por vezes, até fala difícil e não larga os livros que lhe foram presenteados por um de nossos compradores, ao perceber o interesse do rapaz pelas contas.

— Ótimo, Guilhermo, amanhã mesmo faremos a proposta a Gilbert.

Com uma visita a Gilbert combinada com o amigo para a manhã seguinte, retornam para o aposento e participam a Martim o que fora resolvido.

Com um aplauso entusiasta, o rapaz insiste em acompanhá-los, ao que a mãe interfere:

— Não, senhor, está convalescente ainda e muito fraco! Lugar de doente é na cama!

Valentina interfere:

— Martim já foi curado e, creio, deve acompanhar vocês à visita, pois certamente o senhor Gilbert intentará levar vantagem sobre o que for combinado.

Após calorosas despedidas, Valentina, ainda com as mãos presas entre os dedos de Martim, dá-lhe um delicado beijo na face e se dirige para a carroça, na qual os pais a esperavam.

— Amanhã bem cedo passo aqui para irmos à casa grande, combinado? — diz Salvatore.

Valentina dirige um último olhar a Martim, que à porta do casebre traz nos olhos profundos um lampejo de nova esperança.

Nem bem Guilhermo entra na cozinha, o rapaz senta-se à mesa para tomar um caldo quente preparado pela mãe, já trazendo um calhamaço de papéis sob o braço ainda trêmulo pela fraqueza que a febre lhe causara.

– Pai, sente-se aqui, vamos conversar sobre a proposta que fará ao senhor Gilbert. Conheço bem as devidas porcentagens que devem ser pagas pelo arrendatário. Esse procedimento é mais comum do que o senhor pensa, afinal nem todos os produtores dessa região têm os recursos inescrupulosos dos grandes proprietários de terra.

Entre uma colherada e outra do caldo revigorante, que assoprava na colher fumegante, Martim ia discorrendo sobre o assunto que os levaria à casa de Gilbert. O pobre pai, que só conhecia a ciência da terra que lhe fazia brotar as alcachofras, sem compreender grande parte do palavreado entusiasta do rapaz, preferia apenas depositar sua confiança naquelas seguras conjecturas que já o faziam prenunciar um futuro mais ameno para a família.

Tesouros passageiros

Gilbert, com o olhar perdido na plantação, policiava o vaivém dos empregados que passavam ao longe, arfando com pesadas caixas de alcachofras à cabeça. Contava ao acaso, uma a uma, pensando na grande soma de dinheiro que lhes dariam no mercado de exportação. Um ruído esganiçado tirou-lhe a atenção da cena rotineira e, dirigindo seu olhar para a estrada, decifrou entre a nuvem de poeira um pequeno transporte a dirigir-se em direção à casa. Imediatamente pôs-se em pé, com ambas as mãos na cintura, ajeitando o sobretudo para ocultar a faca reluzente que lhe era companheira inseparável. Pela simplicidade do transporte, não teve grande dificuldade de reconhecer os vizinhos e, sem entender o motivo da visita, adiantou-se em descer os degraus do alpendre para recepcioná-los. Seu pé nem havia tocado o último degrau e D'Santis, alertado pelos cães da casa, já estava a postos, ao lado do patrão, como um cão de guarda, esperando um comando do dono para atacar os visitantes.

Gilbert apenas levanta o braço, dando a entender a D'Santis que não precisava de seus serviços. O grotesco homem retrocede, sem perder os visitantes de vista.

O olhar direto e firme do jovem rapaz incomoda Gilbert, que não perde a oportunidade de ridicularizar o visitante com sua ironia:

— Ora, a que devo a honra dessa visita tão cedo? Vejo que o menino irritadiço de outrora se transformou num jovem corajoso! Ou estou enganado? Onde está o seu velho cão, rapaz?

Ignorando o tom provocante de Gilbert, Salvatore toma a palavra, sem que os agricultores tivessem tempo de impedi-lo:
– Nobre senhor, avaliando seu interesse pelas nossas terras, viemos propor-lhe um negócio.

Os olhos de Gilbert faiscaram de admiração diante de tal comunicado, antevendo os benefícios que teria, calcados na ignorância daqueles insignificantes camponeses.

– Então, resolveram vender aqueles pedaços de chão improdutivos? Pela forma com que várias vezes fui recebido por vocês, deveria escorraçá-los daqui, porém, como minha noiva Clara sempre diz, devemos dar esmolas ao mais necessitados. Digam logo a que vieram; sou todo ouvidos.

Impulsionado pela raiva que o insulto havia lhe provocado, Martim responde prontamente:

– Não viemos pedir esmolas, e sim barganhar com o senhor.

– Não faço barganhas, e sim negócios!

É Salvatore quem se pronuncia desta vez:

– Senhor Gilbert, como bem sabemos, há um considerável interesse seu em comprar nossas, como disse há pouco, 'improdutivas propriedades'. Entendemos também que, por estarem bem no meio de sua plantação de alcachofras, elas interferem no plantio de seu roçado, certo?

– Já sabemos de tudo isso. Vá direto ao ponto. O que tem para me oferecer?

– Não pretendemos vender o que é nosso, por ser nossa única fonte de renda, porém queremos lhe propor um negócio – complementou Guilhermo.

– Desde que seja rentável para mim, sou todo ouvidos, repito – retrucou Gilbert a contragosto.

Gilbert convidou-os a ocuparem as cadeiras do alpendre, simetricamente dispostas ao redor da mesa de mármore, adornada por Carmela com um vaso torneado, do qual delicadas flores de um amarelo vivo caíam em cascatas e que, tocadas pelo sol daquela manhã, pareciam inundadas de luz, a trazer ao ambiente vibração contagiante. Junto ao vaso, uma garrafa semiaberta era ladeada pela taça ainda molhada pelo conteúdo rosado que lhe tingia o cristal límpido. Com um grito para Carmela, o anfitrião pede que a garrafa e a taça sejam retiradas e que o melhor vinho da adega seja servido aos visitantes. Com uma piscadela significativa para D'Santis, Gilbert incentiva-o a se aproximar. O capataz pôs-se de pé, ao lado de seu senhor, alisando o cabo de seu arcabuz, numa postura intimidativa.

Martim, que não tirara os olhos do astuto Gilbert, em silêncio compreendia os objetivos da postura daquele tirano à sua frente.

Não demorou para que o grupo fosse servido do melhor vinho, o qual também Gilbert sorvia a generosos goles, deixando molharem-se os fartos bigodes. O alvo guardanapo de linho era freneticamente maculado pelo líquido que insistia em escorrer-lhe pelos cantos da boca. Os olhos ávidos dançavam em suas órbitas, numa expectativa insana de ouvir a proposta dos visitantes.

– Ora, ora, vamos aos negócios! – balbuciou Gilbert impaciente, porém sem querer deixar claro ao grupo o seu interesse pelas terras.

Guilhermo adianta-se em explicar ao tirano senhor que o motivo de sua vinda era uma proposta de arrendamento, negócio muito praticado na Europa naquele momento de crise.

Pigarreando e enrolando uma das pontas do bigode, imaginando que aqueles incultos produtores mal sabiam do que estavam falando, Gilbert complementa, escondendo um sorriso sarcástico:

– Um arrendamento só é rentável quando se tem uma propriedade com muitos hectares e que seja produtiva, o que não é o caso de vocês.

Martim, que não perdera um só gesto de Gilbert, interfere:

– Engano seu, senhor Gilbert, nossa terra é produtiva e eu é que tenho acompanhado as vendas no mercado de Canosa. Vendo toda a produção, pela qualidade dos produtos e, se tivéssemos como investir em técnicas de cultivo de melhor qualidade, poderíamos colocar nossas alcachofras e frutas no mercado externo.

– Ora, ora, o mocinho fala e me parece entender de negócios – retruca Gilbert, irritando ainda mais o jovem rapaz.

Sem dar ouvidos às provocações, Martim continua.

– O arrendamento traria vantagens para ambas as partes.

Como bem sabe, nossa produção de frutas é bem maior do que a sua. Não nos prendemos só às alcachofras; aproveitamos cada pedaço de terra para o cultivo de morangos, framboesas e figo. E esses produtos são muito bem aceitos no mercado de Canosa. Respeitando suas estações de plantio e de colheita, temos produção o ano todo.

Com os olhos brilhando, já antevendo as vantagens que poderia ter sobre os humildes camponeses, Gilbert questiona:

– Se têm produção o ano todo, o que querem de mim, então?

Novamente é o jovem quem toma a palavra:

– Entrar no mercado de exportação, é claro! O senhor nos oferece as técnicas modernas de plantio das alcachofras e alguns trabalhadores para cultivá-las em larga escala e nós lhe oferecemos a terra fértil e cinquenta por cento de toda a produção. Agora, no que tange às frutas, seria-lhe repassado o lucro de dez por cento de toda nossa produção, com a venda no mercado exterior.

– Vejo mais vantagens para vocês do que para mim. Por que, então, deveria aceitar a parceria? – indagou Gilbert.

O rapaz, sem demora, retira um calhamaço de papel do bolso e, espalhando as folhas sobre a mesa, aponta para Gilbert os números regulamente dispostos nas folhas, como também os cálculos meticulosos anotados ao lado do nome de cada produto escrito com uma caligrafia segura e legível.

– Veja, senhor Gilbert, há meses tenho anotado os valores de venda de nossos produtos em Canosa, como também especulado os grandes exportadores sobre os valores do mercado externo e, como o senhor pode ver, pela qualidade de nossas frutas, estão bem valorizadas para a venda. Imagine o senhor o lucro que teria, se as inserisse no mercado externo!

Os olhos de Gilbert, pela primeira vez, analisaram aquele franzino rapaz com respeito. Ele não parecia mais aquele menino arredio de que se lembrara, mas sim um vivaz negociante que já dava indícios de que não poderia ser enganado facilmente.

Fingindo não compreender os números anotados por Martim, Gilbert pede-lhe melhores explicações, sobre a sazonalidade das frutas, bem como sobre as variações de preço do mercado.

Martim, sem se intimidar, tinha argumentos seguros para cada investida de Gilbert.

Já haviam se passado duas horas desde a chegada dos visitantes e não tinham ainda chegado a um acordo.

Martim, para surpresa dos adultos, encerrou a conversa, com uma colocação que enfureceu o anfitrião:

– Bem, senhor Gilbert, já que o senhor não tem interesse nessa parceria, procurarei os intermediários que se avolumam no mercado de Canosa para fazer-lhes a proposta, afinal quem tem tantos morangos e framboesas como nós, insignificantes produtores, como o senhor mesmo disse?

Gilbert cerra os punhos involuntariamente e responde à provocação do rapaz:

– Deixem aqui esses velhos papéis que eu analisarei a proposta. Caso ache viável, passarei em sua casa até o final da semana para fecharmos negócio.

Os visitantes partem satisfeitos por perceberem que a ambição de Gilbert falaria mais alto e que certamente aceitaria o arrendamento.

O sol já estava a pino, quando a barulhenta carroça adentrou a propriedade dos D'Angelo e Martim, num salto, já estava ao lado do transporte, buscando encontrar Valentina. A passos largos adentrou a casa, chamando pela doce amada. Angelina, que finalizava o almoço, secando as mãos no avental que lhe cobria grande parte do vestido, correu para abraçá-lo.

– Martim, como foi a conversa com Gilbert?

Com os olhos fixos na porta do quarto de Valentina, Martim nem bem ouvia os questionamentos da jovem senhora.

Com um terno sorriso, Angelina apenas apontou pela janela, dizendo:

– Valentina foi até o lago. Disse-me que precisava fazer suas orações num lugar calmo, junto à natureza. Você a conhece bem; quando quer uma coisa, faz!

Nem bem Angelina havia terminado a frase, Martim já estava descendo as escadas que davam acesso ao jardim. Seus pés ágeis corriam pela estradinha florida que levava ao lago e, em poucos minutos, lá estava ele, escondido atrás de um arbusto a observar a jovem amada, ajoelhada sob o chorão, em prece.

A voz aveludada da moça mais parecia um canto angelical a fazer coro com o gorjeio dos pássaros e o preguiçoso marulhar das águas do lago, embaladas pelo vento. Cada palavra era bálsamo para sua alma, enchendo seu ser de uma vibração renovadora que parecia descer dos céus.

"Pai celestial, agradeço-te pela água que salpica de vida esse pedaço de chão; pelo vento que espalha as sementes, trazendo o sustento para todos os seus filhos; pelo sol que é célula vital para o universo; pelas matas verdejantes que inundam nossos olhos de deslumbramento; pelas flores que com sua beleza e perfume espalham a certeza de que são presentes divinos à Terra. Agradeço-te pela fertilidade da terra com a qual garantes o pão de todos os filhos; pela abóboda celeste que, salpicada de estrelas, como vagalumes vigilantes, nos traz a paz do descanso e forças para recomeçar sempre. Agradeço-te ainda pela fé que transborda em meu ser, fazendo-me acreditar que tu és o ser maior e que não abandonas seus filhos jamais. Agradeço-te especialmente, Pai, por ter colocado em meu caminho meu amado Martim, dando-me a rica oportunidade de conhecer o amor nesta vida e de, embalada por ele, servir-te a cada dia, com abnegação, renúncia e caridade."

Sem que Martim pudesse ver, Valentina estava envolta naquele momento em um halo de luz, cujos raios esparziam multicolores, dirigindo-se aos céus em gratidão. A natureza à sua volta refletia a gama de matizes, num espetáculo sem igual, invisível aos olhos dos encarnados...

Trazida à realidade pelo ruído de galhos secos quebrados, Valentina percebeu a presença do jovem amado, que, tentando não fazer barulho, caminhava devagar, dando-lhe tempo de encerrar a prece.

Ao perceber a presença de Martim, Valentina levantou-se, limpando o vestido alvo que lhe dava ainda mais aparência angelical. Os jovens abraçados não perceberam que a reluzente abóboda que ainda não se dissipara os cingia com delicados raios, que certamente resplandeciam no infinito.

Um beijo delicado selou aquele terno momento de amor e, sem dar tempo ao rapaz, apertando sua mão entre as dela, Valentina quis logo saber o resultado do encontro com Gilbert.

– Calma, minha querida! Só conversamos com ele e apresentamos nossa proposta. Creio que ficou interessado.

– Mas, Martim, vocês tomaram cuidado para não se deixarem enganar por ele? Todos por aqui sabem de sua astúcia!

– Fique tranquila, minha querida, não sou mais aquele menino inocente e rústico do passado. Tenho plena segurança da proposta que fizemos àquele sovina e, se ele aceitar, todos ganharemos.

Esquecidos dos entraves da vida cotidiana, o jovem casal, em silêncio, caminha ao redor do lago e para instintivamente sob o velho chorão, que tocando de leve a face das águas do lago produz círculos regulares e crescentes, que vão morrer silenciosos distantes das ramas.

Prendendo vigorosamente as mãos de Valentina entre as suas, Martim chama a atenção da moça para aquela frondosa árvore.

– Valentina, você já observou essa árvore com atenção? Desde que éramos crianças ela nos acompanha bem de perto. Observe como ela é diferente das demais. Tem uma vibração especial que torna suas folhas de um verde mais intenso que as demais e esse vaivém de suas ramas, provocando ondulações no lago, dá-lhe vida, como se calada abençoasse o nosso amor.

– Que lindo, Martim! Não sabia que era capaz de tão envolventes palavras! Está me saindo um verdadeiro poeta!

Martim, com o rosto enrubescido, responde-lhe:

– Não sou poeta, minha querida, apenas reproduzo o que meu coração me dita. Você não concorda comigo?

– Claro que concordo, tanto é que sob o chorão é que faço minhas preces diárias. Parece que ele compartilha comigo cada palavra que elevo aos céus. Olhe para cima, Martim, veja que beleza singular. Os raios de sol parecem tocar cada folha com a intenção de iluminá-las mais ainda e de provar aos homens que a mão divina está tocando a natureza a cada nascer de um novo dia.

Os jovens, abraçados ao tronco da frondosa árvore, têm suas

frontes tocadas por luzes que vão além dos raios solares daquela manhã, reforçando a certeza do amor maior que ainda viveriam.

São despertados daquele sublime momento pelos chamados de Guilhermo, que já se sentindo atrasado para o início dos labores daquele dia, pedia ao rapaz que não se demorasse.

Martim e Valentina de mãos dadas caminham em silêncio, lado a lado, pela estradinha florida, como se qualquer som que produzissem quebrasse o encantamento dos momentos recém-vividos.

APENAS IRMÃOS DE JORNADA

O RETORNO PARA casa trazia a Martim, além da satisfação com a direção promissora que a conversa tivera com Gilbert, a sensação de felicidade que a lembrança de Valentina lhe trazia. Seu coração pulsava mais forte quando a imagem da moça lhe vinha à mente, fazendo-o esboçar um sorriso involuntário que não passava despercebido pelo pai.

Voltando-se para o pai, o rapaz questionou:

— Pai, você ama muito a mamãe, não é mesmo? Já pensou em perdê-la por algum motivo?

— Que conversa é essa agora, Martim?

— Sua mãe ainda é jovem. Não vai morrer tão cedo, se é a isso que se refere.

— Não, pai, não estava me referindo à morte, e sim a perder o seu amor para outra pessoa...

— Que deu em você, menino? Não sei aonde quer chegar!

— Na verdade, estou falando de mim e da Valentina. Amo-a tanto que não suportaria perdê-la para outro rapaz.

— Que outro rapaz, Martim? Ela só tem olhos para você, desde que era pequena!

— Sei disso, mas fico pensando que, talvez com a parceria com o senhor Gilbert, certamente teremos um futuro mais promissor... E se Valentina resolver conhecer outros rapazes em Canosa?

– Que asneiras está falando, rapaz! Como pode sentir ciúmes de Valentina? Uma jovem dedicada à religião e a você, exclusivamente. Nunca vai à cidade sozinha, está sempre acompanhada dos pais e, na missa, senta-se conosco, sempre a seu lado.

O rapaz, com o olhar perdido na vegetação que os reverencia, franze a testa e, com a voz mais firme, resmunga:

– Se ela me deixar por outro, eu faço sim uma besteira. Não consigo mais viver sem ela.

O pai, desconhecendo aquele lado possessivo do filho, tem sua mente tangida por um fio de preocupação que o faz comentar:

– Martim, Martim, o que Deus une no céu, está unido na terra. O verdadeiro amor não é fruto dessa vida, e sim de um planejamento maior, que já trazemos ao nascer. Confie, meu filho, confie na sabedoria desse velho pai...

Os pensamentos do rapaz, diferentemente do que há pouco ocorrera no lago, eram endossados por entidades malfazejas, que procuravam interferir em suas escolhas, desviando-as de seu roteiro espiritual, que possibilitaria a Martim sanar sua dívida pregressa com a eleita de seu coração...

Os dias transcorrem normalmente em ambas as propriedades, porém na manhã de sexta-feira um verdadeiro séquito armado, formado por cinco cavaleiros, acompanhava Gilbert até as terras de Guilhermo. Quebravam a fria neblina daquela manhã com o barulho cadenciado das patas dos cavalos, que arfavam pequenas nuvens de vapor. À frente, D'Santis exibia seu arcabuz e a velha faca na cintura. Gilbert, numa altivez que lhe era peculiar, sobre o corcel negro, trazia às costas uma capa de veludo negro que lhe cobria até o calcanhar das botas. Ao se aproximarem da casa, foram percebidos pelo velho cão, que com latidos frenéticos chamou a atenção dos donos da casa, que à porta recepcionaram o visitante.

– A que devo a honra de sua visita, senhor Gilbert? – Interpelou Guilhermo.

– Venho fechar nosso negócio!

– Entre, vamos conversar.

– O rapaz está, senhor Guilhermo? Quero discutir alguns números com ele.

Dentro da cozinha, Martim já aguardava Gilbert, com mais algumas folhas de papel, repletas de cálculos.
– Bom dia, jovem negociante! – ironizou Gilbert, ao ver Martim às voltas com os papéis.
– Bom dia, ilustre senhor! – respondeu Martim.
– E aí, nobre cavalheiro? Pensou em nossa oferta?
Dispondo à frente de Martim outros papéis que tirara de um bornal de couro que trazia ao ombro, Gilbert tentou discorrer sobre seus pontos de vista, alegando que a porcentagem pelas frutas era demasiadamente desinteressante para ele.
Martim sem perder tempo interrompeu o visitante:
– Senhor, nossa proposta já está fechada. Caso não aceite o recebimento de cinquenta por cento da produção de alcachofras e dez por cento da produção de frutas, haverá na certa quem queira fechar negócio conosco em Canosa.
Indignado com a firmeza do rapaz, porém não querendo a intromissão de outros comerciantes de Canosa em suas terras, Gilbert não viu outra saída senão aceitar a incômoda proposta.
Tudo ficou então acertado entre eles para a próxima colheita. Gilbert, antes de partir, exigiu que o rapaz o acompanhasse à plantação, pois, segundo ele, era esperto suficiente para não cair em engodos do proletariado italiano.
Prontamente, Martim selou seu cavalo e pediu ao futuro sócio que o acompanhasse. A comitiva fez menção de segui-lo, porém D'Santis interveio, colocando-se na retaguarda do patrão. A marcha cadenciada dos três cavalos parecia embalar as arroxeadas alcachofras, que tingiam aquela imensidão verde de pequenas manchas púrpuras balançando ao sabor do vento frio daquela manhã. Gilbert, extasiado com o lucro que aquela produção lhe daria, deixava seu olhar passear entre uma moita e outra, como se a contar pelas flores recém-desabrochadas cada moeda que acrescentaria em sua fortuna. Ao chegarem ao sopé do morro, que separava a pequena propriedade de outro quinhão de suas terras, um jardim rasteiro de um verde-claro reluzente se distendia à frente dos três cavaleiros. Num mar de pequenas flores brancas, delicadamente esculpidas, milhares de suculentas

frutinhas vermelhas precipitavam-se das moitas, enchendo aquele pedaço de chão de um perfume delicado e envolvente.

– Eis aqui nossos pequenos rubis, senhor Gilbert! Três hectares todos cobertos de pequenas joias, que rendem muitas moedas no mercado de Canosa.

Os olhos de Gilbert brilharam, ao ver uma terra tão produtiva. Desconhecia que aquele íngreme pedaço de chão de outrora tivesse se transformado num lugar produtivo.

Martim, percebendo a admiração de Gilbert, resolveu devolver-lhe o insulto da chegada:

– Devido à declividade do terreno, pudemos fazer uma vala coletora da àgua das chuvas para regar a plantação. A água desce aos cântaros do morro e vem acumular-se nessa vala que vê ladeando os morangos.

– Onde aprendeu isso, meu rapaz? Com o velho cão é que não foi!

– Aprendi com os grandes agricultores e senhores de terra que se reúnem no mercado de Canosa.

Desconcertado, com os conhecimentos do rapaz, Gilbert dá o passeio por encerrado, pedindo a ele que comunique ao vizinho Salvatore que a proposta foi aceita e que, antes da próxima colheita, voltaria para combinar os procedimentos da exportação dos produtos.

Num mundo de ilusões

Os MESES SE passaram e naquela manhã ensolarada a paróquia de São Francisco resplandecia inundada por uma beleza ímpar. Os bancos lustrados por óleos perfumados lembravam o aroma das castanheiras em flor. Laços de alvo tecido esvoaçante prendiam um banco ao outro, segmentados por delicados buquês de magníficos lírios brancos, semelhantes a taças que pareciam aguardar um brinde dos céus. O altar resplandecia decorado com ânforas enormes que preenchiam o espaço com requintada beleza, adornadas por delicados buquês rosáceos que se destacavam entre os formosos lírios que, conjugados com os pequenos buquês espalhados pela igreja, davam ao ambiente uma beleza singular.

O bispo Pedro, acompanhado pelo noivo, Gilbert, e pela família de Clara, numa agitação pertinente ao evento que em breve se desenrolaria, dava as últimas instruções sobre os procedimentos da cerimônia. Gilbert, envolvido pela felicidade imensa que se anunciava em sua vida, relembrava cada momento desde que conhecera a doce Clara. Seu coração batia descompassado e um leve torpor parecia transporta-lhe para uma realidade paralela àquela que estava vivenciando...

O primeiro convidado a chegar foi Joseph, elegantemente vestido com um sobretudo preto que lhe roçava o cano da bota reluzente. O laço bem produzido ao pescoço dava-lhe uma aparência elegante que não deixou de ser observada por D'Santis, que engoliu em seco ao ver o jovem sorridente descer da luxuosa carruagem.

Em pouco tempo, as figuras mais nobres de Foggia enfileiravam-se nos bancos adornados, fazendo-lhes contraste com as deslumbrantes cores e adereços dos trajes. No altar, Gilbert, já não mais com as feições do jovem que viera da França, mas com uma tez mais madura, emoldurada pela barba negra e bem feita, que lhe dava uma feição ainda mais nobre. Os trajes ricamente confeccionados por um artesão de Canosa caíam-lhe bem sobre o corpo esbelto e elegante. Os olhos expressivos faiscavam como duas pérolas negras direcionadas à porta da igreja, antevendo o momento de deslumbramento provocado pela entrada de Clara.

Entre os convidados, Guilhermo e Betina, Salvatore e Angelina, Martim e Valentina, que relutaram muito em comparecer a tão requintado evento, porém, como parceiros de Gilbert numa sociedade que se mostrara promissora para ambos, não tiveram como fugir ao compromisso. No último banco, um carrancudo cavalheiro, cuja imagem traçava uma paradoxal combinação com os trajes que vestia. A barba por fazer e o desalinho das vestes encerravam uma personalidade insondável, que certamente influenciaria o enredo do casal que em breve se uniria pelos laços do casamento. Era Jácomo D'Santis, que há muito remoía um sentimento confuso pela nova patroa que, em suas visitas à fazenda, enchera-lhe os obscuros dias da mais sublime paz e beleza, como os lírios que agora adornam aquele recinto. Homem rústico e com o coração endurecido pelas práticas do mal que escreveram as linhas de sua história, não conseguia decifrar a sutil ternura que a presença de Clara lhe inspirava...

Certamente fugia à observação dos presentes que, sob aquela abóbada iluminada da Igreja de São Francisco, estavam reunidos personagens importantes de uma história ímpar que fora escrita na espiritualidade. Cada um com suas dívidas pregressas a serem saldadas ao longo da trajetória evolutiva, todos ligados por leis misericordiosas que a infinita sabedoria do Criador proporcionara a cada um, como único caminho para a renovação de sua jornada e revigoramento de sua fé.

O crepúsculo anunciava-se delicadamente, quando Clara, deslumbrante, de braços dados com o senhor Emiliano Imperatore, faz os convidados levantarem-se, para reverenciá-la. Magnificamente trajada com um vestido branco, adornado por pequenas flores douradas e laços delicados que mais pareciam pequenas borboletas pousadas nas vestes de um anjo, adiantou os primeiros passos rumo ao altar. Longos cachos acobreados cingiam-lhe os ombros, presos no alto da cabeça por uma pequena coroa cravejada de reluzentes esmeraldas que pareciam compartilhar o brilhante verde de seus olhos. Nas mãos, um pequeno buquê de botões de rosas brancas despejava-se sobre o vestido como cascata cristalina, adornando delicadamente o magnífico traje.

Diante de tão estonteante beleza, Gilbert, por um momento, parece sentir a doce presença de Isabel a abençoar aquele momento.

Cabisbaixo, sentindo-se apunhalado por aquela visão tão magnífica, D'Santis baixa os olhos, certamente para não cruzar o olhar marejado com o feliz olhar do patrão, que em breve se tornaria o homem mais feliz daquelas paragens.

A voz firme e cadenciada do bispo Pedro arranca a todos de suas divagações e dá início à cerimônia, sem que ele tenha consciência de que o ambiente está repleto de espíritos iluminados, a afiançar aquela união, dando forças para o sucesso do casal em mais uma etapa, onde o amadurecimento e a renúncia haverão de estar mais presentes naquela encarnação.

A cerimônia nem bem havia sido encerrada, a nuvem de poeira entre o tapete de alcachofras já podia ser vista ao longe. D'Santis seguia em direção à sua alcova para amargar as intempéries de sua vida na garrafa de vinho semiaberta que jazia sob sua cama. O suor brotava-lhe das têmporas e seu cérebro martelava com pensamentos que lhe invadiam o ser, facilitados pelas baixas vibrações que remetia aos recém-casados.

– Amaldiçoado Gilbert! Consegue tudo o que quer, mas há de deixar cair a máscara de bom moço, quando o dote de Clara for somado à sua fortuna. Ele não a ama de verdade e a fará sofrer! Ela é um anjo, que não merece a mão vil desse vilão!

O pobre cavalo açoitado galopa a passos largos, arfando, até a porta do pequeno quarto de D'Santis.

– Atirando-se na cama, o capataz faz conjecturas de como irá defender a doce Clara do malvado senhor. Acaricia a faca enferrujada, que debruçada no travesseiro puído lhe traz consolação ao sôfrego coração. Entre um gole e outro, com o vinho a tingir a encardida fronha, na qual pende a cabeça desgrenhada, deixa-se influenciar por espíritos que se identificam com o teor de seus ideais, entidades que lhe assopram aos ouvidos entorpecidos planos funestos de vingança contra o patrão. Gargalhadas estridentes parecem misturar-se em coro uníssono às daquelas entidades que o acompanhavam na insana desventura.

O sol já ia alto, quando os convidados chegaram para a comemoração que seria feita na fazenda. O requinte da igreja não se comparava ao da mansão, que estava mais bela naquele dia. Desde a entrada da fazenda até a sala, na qual a mesa farta dispensava qualquer observação, havia um cordão colorido por magníficas flores vindas de Canosa. Os laçarotes brancos, como aves pousadas nos buquês, esvoaçavam ao vento, trazendo aos arranjos uma leveza de indescritível beleza. As escadas do alpendre, enfeitadas com pequenos vasos dourados repletos de lírios, indicavam a entrada da enorme sala de estar. Aqui e ali, enormes ânforas descansavam sobre o rico tapete vermelho repletas de rosas escarlates aveludadas, que emanavam um doce perfume no ambiente. Sob o olhar admirado dos convidados, Gilbert sorvia a satisfação de ostentar toda sua riqueza e mais uma vez reafirmar à nata da sociedade italiana o lugar de destaque que ocupava em Foggia. Os sócios ficaram pouco na mansão e, ainda mantendo a simplicidade de sua vida de outrora, cumprimentaram o casal de recém-casados e retornaram às suas propriedades.

Martim e Valentina, de mãos dadas, alheios aos comentários dos pais, ainda envolvidos pela emoção da cerimônia que acabaram de presenciar na cidade, fazem planos para o futuro.

Já não mais suscetíveis aos maus tratos que a vida lhes impusera durante muito tempo, as duas famílias já podiam contar com uma vida mais digna, longe das privações que lhes tinham sido companheiras por tantos anos. Apesar da constante atenção de Martim, para que não fossem usurpados por Gilbert, que não perdia uma única chance de tentar levar vantagem sobre os sócios, a exportação das frutas não lhes dava uma vida suntuosa, mas já lhes permitia fazer conjecturas para o futuro dos filhos.

Nas mãos do destino

A QUILÔMETROS DALI, em Parma, outra personagem importante nesse enredo sentiria os primeiros contatos com uma dura realidade que lhe faria companhia pelos próximos anos.

Naquela manhã, o piano calado parece compartilhar da tristeza que paira sobre aquele lar. No aposento luxuoso, uma pálida senhora de olhos bondosos e profundos é assistida por Helena que, durante toda a noite velara por ela, cobrindo-lhe de cuidados e secando as gotas quentes de suor que se empoçavam em sua fronte. A febre alta e os lamentos sussurrados por Antonela, chamando pelo filho Antoninho, prenunciavam que em breve aportaria na pátria espiritual. Alicia, sentada à cabeceira da cama de sua benfeitora, acariciava-lhe os cabelos brancos, sussurrando-lhe palavras de conforto e prendendo na garganta o pranto que lhe descia copioso pelo rosto.

Um alarido chama a atenção de ambas e, ao chamado de um criado, Helena coloca-se à porta da frente. Era o velho mensageiro, que tantas vezes fora esperado ansiosamente por aquela velha senhora, na esperança de receber notícias do filho. Com um largo sorriso, surpreendeu Helena com a notícia que trouxera:

— Diga à boa senhora que encontrei seu filho Antoninho num dos salões de jogo da cidade vizinha. Dei-lhe o recado sobre o estado da saúde da mãe e o desnaturado deu de ombros, perguntando se é mesmo caso de morte e, se o fosse, precisaria se apossar de seus bens, pois estava imerso em dívidas de jogo.

Um calafrio percorre o corpo de Helena, entendendo que, assim que a boa senhora partir, ela e Alicia certamente estarão fadadas ao relento novamente.

Sem descrever na íntegra a conversa que tivera com o mensageiro, Helena traz um fio de alegria àquele coração dilacerado pelo abandono, contando a Antonela que Antoninho em breve retornaria para vê-la.

Os dias passaram-se frios e cinzentos em Parma, compartilhando a dor que tomara conta da mansão de Antonela. Antoninho não retornara como o prometido e a boa senhora tinha o sopro de vida tomado dia após dia, pela febre insistente que lhe ofuscava cada vez mais a lucidez. O som do piano, despertado de sua inércia pelas delicadas mãos de Alicia, era o único alento que a trazia de volta à realidade. Os constantes delírios a faziam chamar freneticamente pelo filho ausente ou a cantar canções de ninar entrecortadas, embalando a pequena Martina nos braços trêmulos. Helena não abandonava o crucifixo de madeira, que, como se incrustado em suas mãos, simbolizava uma súplica interminável aos céus para poupar a querida Antonela de tanto sofrimento.

Naquela manhã, a bondosa senhora despertara com sutis traços de melhora. A febre havia cedido e as frases que proferia não mais pareciam desconexas, mas cheias de esperança, como se prenunciasse uma futura felicidade incompreendida por sua alma tão combalida pelos sofrimentos que a vida lhe reservara. Ao abrir os olhos, pediu à devotada Helena que abrisse as janelas, pois queria encher os pulmões com a doce e perfumada brisa que vinha do jardim. Com um leve bater de palmas, pediu a Alicia que fosse ao piano da sala e lhe entoasse belas canções. A súbita melhora da querida senhora era o principal assunto entre os criados naquela manhã. As flores dos vasos pareciam mais frescas e uma sutil vibração parecia penetrar em todos os cômodos da casa, acompanhando os raios do sol, espalhando uma paz acolhedora, que enchia aqueles corações de alegria.

Um caldo revigorante foi servido por Helena a Antonela, que

lhe trouxe nova vida à face flácida e pálida. Assim que Helena repousou o prato vazio no aparador de mogno que lhe ladeava o leito, foi surpreendida por um forte abraço da boa amiga, que lhe sussurrou aos ouvidos as mais ternas palavras de agradecimento e de eterna amizade. Alicia, à porta, enxugava o copioso pranto que lhe insistia em fugir dos olhos, e um aperto no peito fê-la estremecer com receio de que a querida senhora partisse. Na fronha alva de linho bordado denunciavam-se pequenas gotículas escarlates, provocadas pelos acessos de tosse que acometiam a boa senhora, principalmente no calar da fria madrugada. Pensamentos confusos golpeavam seu cérebro como lanças. O que seria dela e da mãe, se Antonela morresse? E se Antoninho voltasse e não fosse tão bondoso quanto à mãe? Aterrorizada por esses pensamentos, Alicia corre até o jardim para dar vazão ao pranto que lhe sufocava e, em meio à esplêndida paisagem, cai de joelhos com os olhos voltados para o céu.

"Meu Senhor, criador de todas as coisas, tenha piedade de nós. Não permita que Antonela se vá, pois se isso acontecer, eu e mamãe estaremos novamente como velas ao sabor do vento. Senhor, perdoe-me a insignificância e a falta de sabedoria, se o que lhe peço está longe do meu merecimento. Não tenho pois o direito de sondar-lhe a vontade, porém imploro que a sua benevolência nos acolha se for chegada a hora de nossa benfeitora seguir para o paraíso a que certamente tem direito. Não nos deixe perecer e nem perder a fé diante das agruras que a vida ainda nos reserva. Conceda-nos a força necessária para continuar nosso caminho e serenidade para compreender e aceitar a sua vontade..."

Sem que Alicia percebesse, o jardim recebia pouco a pouco uma irradiação que não vinha dos raios do sol, e sim de dimensões que não eram conhecidas no orbe terreno. No quarto de janelas abertas, vencida pelo cansaço de várias noites maldormidas, Helena ressonava numa aconchegante poltrona que ocupava lugar de destaque na rica mobília do aposento. Alheia ao momento excepcional que se desenrolava ao redor do leito de Antonela, Helena deixou de vislumbrar um grupo de espíritos amigos, coordenado por uma bela jovem de cabelos castanhos, vestimentas iluminadas e olhar pueril, Era Martina que, junto ao grupo, colaborava com a equipe para o desligamento dos laços que mantinham Antonela vinculada ao corpo físico.

Alicia foi subitamente arrancada de suas preces pelos gritos de Helena que, ao perceber que os braços de Antonela pendiam para fora da cama, abraçou a bondosa amiga, que não lhe correspondeu ao costumeiro abraço. Em segundos, todos os criados, atraídos pelos gritos de Helena, estavam dentro do aposento, ajoelhados, cada um a seu modo orando pela alma da bondosa patroa. Querida em toda a Parma, por sua alma bondosa, que jamais deixou de socorrer os desvalidos que lhe batiam à porta, a notícia da morte de Antonela logo se espalhou e um solícito mensageiro comprometeu-se com Helena a levar a notícia para o filho ingrato.

Rodeado por mulheres vulgares, numa mesa de jogo, Antônio, em visível embriaguez, apostava as últimas moedas que lhe haviam sobrado, depois de uma noite sem sorte. Em meio aos insultos dos colegas de jogo, que o ameaçavam, se não pagasse suas volumosas dívidas, recebe a notícia da morte da mãe. Por um momento fica inerte e, meneando a cabeça, surpreende a todos com uma verbalização que não parecia pertencer a um filho que acaba de ficar órfão:

— Parem de me aborrecer com cobranças! Agora já tenho como saldar minhas dívidas com os senhores. Parto agora mesmo para Parma e em breve retornarei com os bolsos cheios de dinheiro!

O mensageiro, que já de saída não pôde deixar de ouvir suas exclamações, fica estarrecido com o que acabara de ouvir. Nenhuma lágrima, nenhum lamento saiu daquele coração de pedra. Temendo pelo futuro incerto da amiga Helena, apressa-se em retornar a Parma.

O corpo da bondosa senhora era acompanhado por um cortejo triste, formado não só pela alta sociedade de Parma, como também por pessoas simples que, em fervorosas preces agradeciam a Deus por tê-la colocado em seus caminhos. Juntou-se ao grupo um jovem rapaz de aparência nobre e fisionomia delicada, que imediatamente chamou a atenção dos empregados. Seria ele Antoninho?

Assim que o cortejo parou frente à lápide esverdeada pelos líquens, o elegante rapaz aproximou-se da urna onde jazia o corpo e, em silêncio, depositou sobre a cruz que lhe adornava a tampa, um botão de rosa branca. Sem a denúncia de nenhuma emoção, afastou-se do grupo a passos largos.

Aos poucos, os amigos foram se despedindo. Apenas Helena e Alicia permaneceram ajoelhadas à frente do túmulo. O botão de rosa branca deixado pelo estranho rapaz fora cuidadosamente colocado sob a cruz, que apontava para o infinito. Encerradas suas preces, ambas retornam abraçadas para casa, sem saber o que o futuro lhes reservava. Imaginando que o jovem patrão devia estar já em casa à espera das serviçais, apressaram o passo. Foram, no entanto, recepcionadas apenas pela criadagem, que já se incumbia da limpeza dos aposentos da senhora que acabara de ser sepultada.

Os dias que se seguiram foram repletos de incertezas para todos na casa que, sem a direção da patroa, não conseguiam organizar seus afazeres. Vários empregados, torturados pela insegurança, partiram em busca de novas oportunidades de trabalho nas mansões vizinhas. Helena e Alicia, em constante oração, suplicavam para que a Providência divina não as desamparasse.

Não demorou muito para novos acontecimentos baterem à porta da mansão de Antonela. De uma suntuosa carruagem, surge um jovem franzino, com uma pasta de couro embaixo do braço e um pincenê reluzente que não lhe deixa transparecer a vivacidade do olhar. Em poucas palavras, após ser recebido por Helena, ele anuncia que a propriedade fora vendida e que os serviçais teriam o prazo de uma semana para deixarem a casa. Contendo o pranto, Helena mal esperou o rapaz se retirar e desmoronou em copiosas lágrimas. Abraçada com Alicia, conjecturava o que seria das duas sem o amparo da bondosa anfitriã que as deixara órfãs.

Nem bem o prazo estabelecido pelo rapaz de pincenê havia se esgotado, Helena e Alicia recolhem seus parcos pertences e suas economias e veem fechar-se atrás de si a porta que as acolhera num momento de desamparo e de dor. Na praça de Parma, ambas esperavam a carruagem que as levaria de volta a Canosa. Lá tinham deixado bons amigos que com certeza poderiam lhes servir de apoio.

Exaustas pela longa viagem, ambas desembarcam do transporte em frente à velha casa. As lembranças encobrem as rachaduras das paredes repletas de mofo e a funesta aparência de abandono que envolve sua antiga habitação. A placa escrita à mão por Stefano ainda balança ao sabor do vento, esverdeada pela umidade e pela exposição ao sol de verão. Um turbilhão de imagens toma conta de Helena, que revê em pensamento todos os fatos do passado que as colocaram naquela situação tão difícil.

A lembrança de Gilbert a faz tremer, alimentando o ódio que sentia por aquele homem. Alicia a abraça e, num pranto silencioso, ambas relembram o bom Stefano, cheio de sonhos e planos para o pequeno mercado que agora não passava de um salãozinho imundo, forrado por velhas caixas de madeira envelhecidas pelo abandono.

Abraçadas, mãe e filha entram na habitação escura, tropeçando nas caixas espalhadas pelo chão. O tilintar de uma garrafa vazia as faz reviver os últimos dias de Stefano e, numa angústia ímpar, abrem a porta que dá passagem para a singela sala, cujos móveis cobertos por lençóis dão uma impressão macabra àquele lugar.

Ao olhar o crucifixo na parede, coberto por teias acinzentadas, Helena lembra que é preciso reavivar a fé. Ajoelhada e acariciando a madeira envelhecida do leito, eleva o pensamento aos céus, em fervorosa prece. Alicia, ajoelhada aos pés da cama, a acompanha.

"Meu Senhor, criador de todas as coisas, aqui estamos novamente suplicando-lhe por misericórdia. De mão vazias, retornamos para retomar a nossa história, na qual confiamos, por saber que todas as experiências nos tornam melhores e que é para isso que aqui estamos. Sabemos que, após a noite escura, é o sol radiante que reina sobre a Terra. Permita-nos acordar sob o seu amparo e vislumbrar um novo caminho à nossa frente. Não nos deixe faltar o pão à mesa e não permita que venhamos a perder a nossa dignidade pela falta de trabalho. Confiamos em sua providência e renovamos nossa fé de que nada nos faltará."

Abraçadas, mãe e filha choravam, sem perceberem que raios de luz vinham beijar-lhes a fronte úmida, em resposta ao socorro que buscavam no momento, ajudando-as a substituir o temor pelo amanhã por um pouco mais de confiança.

Quando os primeiros raios da manhã cintilaram pelas frestas da velha janela, mãe e filha despertaram, permanecendo caladas por longos minutos, como a resistirem a abraçar a vida antiga que lhes batia novamente à porta.

Foram despertadas daquele torpor por insistentes batidas à porta. Depois de alinhar os trajes e de prender os grisalhos cabelos com um pente de marfim, Helena dirige-se à porta.

– Quem está aí?
– Fiquem tranquilas. Só vim trazer algo para vocês comerem.

Reconhecendo a voz, Helena abre a porta e depara-se com o velho amigo Felippo que, percebendo-as na casa, viera com pão quentinho e um jarro de leite para o café da manhã.

– Estou retornando hoje para Parma e não pude deixar de pensar em vocês, nessa casa vazia, sem o calor do fogareiro aceso.

Visivelmente emocionada, Helena recebe o que o bom amigo lhe trouxera e só então se lembra de que desde o dia anterior não se alimentavam.

– Entre, entre, senhor Felippo, venha comer conosco!
– Agradeço, mas tenho que partir. A viagem é longa até Parma e pretendo chegar antes do anoitecer.

A porta se fecha atrás do bom velhinho e Helena eleva o seu pensamento aos céus, entendendo com aquele gesto do amigo que Deus jamais as desampararia.

Depois de se fartarem com o pão, cujo aroma adocicado trazia-lhes a lembrança da casa de Antonela, começaram a fazer conjecturas sobre quais afazeres lhes serviriam de sustento.

Nem bem o comércio de Canosa abrira as portas, mãe e filha já peregrinavam de empório em empório à busca de emprego. Muitos comerciantes as reconheciam, porém alegavam não poderem assumir compromisso com mais empregados, pois os negócios iam mal, devido à crise que o país vivenciava. As desculpas eram infindáveis e todas elas remetiam a um 'não' para as súplicas de mãe e filha.

Ao lado da mãe, sentada na praça, em frente a um grande salão de jogos, cujas portas entreabertas deixavam escapar um som

envolvente de piano, Alicia dedilha sobre os joelhos, chamando a atenção de Helena.
— Filha, está com saudades do piano?
Alicia, com as faces enrubescidas, recolhe os dedos, porém a interferência da mãe lhe dá uma ideia.
— Mamãe, talvez precisem de uma pianista nesse lugar. Ouça como o piano está desafinado. Eu posso tocar bem melhor!
Helena abraça a filha e ri de sua ingênua colocação.
— Não estou brincando, mamãe! Eu sei que posso tocar melhor do que isso. Andamos a manhã inteira e não conseguimos nenhum emprego. Talvez essa seja nossa oportunidade. Conheço todas as músicas apreciadas pela alta sociedade. Certamente conseguirei um emprego nesse salão.

Helena, ainda relutante, percebe que Alicia já está a caminho daquela construção barroca, cujas enormes portas eram emolduradas por arcos dourados que mais lembravam uma catedral. Certamente, o requinte daquela construção equiparava-se aos cavalheiros abastados que gastavam fortunas na jogatina.

Ao adentrarem pela porta entreaberta, puderam ver um homem franzino ao piano. Os escassos cabelos brancos lhe davam um ar paternal que encorajou a jovem Alicia a se aproximar e lhe interromper a canção.

— Com licença, nobre senhor! Sou Alicia e esta é minha mãe, Helena. Estamos retornando para Canosa e precisamos ganhar nosso sustento. Talvez o senhor possa nos ajudar...

O velhinho, depois de observá-las atentamente, levanta-se do piano, coça a cabeça e, esboçando um sorriso irônico, retruca:

— Creio que vieram ao lugar errado, pois não admitimos mulheres como vocês nesse salão. Aqui é uma casa de diversão e não me parece que tenham muito a oferecer aos nossos fregueses. Uma velha e uma menina! Ora essa, vão bater em outro lugar!

Alicia, insistindo, sem pedir autorização ao impetuoso senhor, senta-se ao piano e, como se seus dedos deslizassem sobre harpas angelicais, executa a melodia preferida da querida amiga Antonela, sem perceber que silhuetas iluminadas cingem sua fronte e mãos sutis sobrepõem-se às suas sobre o teclado.

Sem que Helena tivesse tempo de interferir, a menina, de olhos fechados, dedilha o piano e a magnífica melodia dança pelo ambiente, enchendo-o de uma vibração contagiante, que leva o arrogante senhor a se sensibilizar... Atraídos pela música, os empregados abandonam seus afazeres, vindo a se agrupar ao redor do piano. Encerrado o último acorde, Alicia é aplaudida freneticamente por todos.

Como se a despertar de uma sonolência prazerosa, Alicia abre os olhos e percebe que o velho senhor mantém os olhos marejados.

– Com quem aprendeu a tocar assim, menina?

– Com minha avozinha Antonela, caro senhor!

– Se você está tão necessitada de emprego, pode começar hoje mesmo – disse Nino. E, olhando para Helena, ainda encolhida a um canto do salão, complementou:

– E quanto à senhora, pode trabalhar aqui também, lavando as toalhas que as mãos trêmulas de nossos jogadores insistem em macular com vinho! É bom que acompanhe a menina, pois depois de alguns goles nossos fregueses não conseguem distinguir entre uma mulher e uma menina.

Com uma gargalhada, que fere o peito de Helena como um punhal, o velho senhor continua, ao perceber a sua inquietação.

– Fique tranquila, enquanto a menina toca, a senhora vigia a higiene das mesas; assim, pode ficar de olho na mocinha.

Alicia, em sua ingenuidade, não percebe a que o senhor Nino se refere e, mesmo sob o olhar repreensivo da mãe, aceita a oferta de trabalho.

No retorno para casa, Helena repreende Alicia por ter aceitado o trabalho numa casa de jogos, ao que ela com muita sabedoria responde:

– Mãe, a senhora não pediu a Deus para abrir-nos uma porta de trabalho, na qual pudéssemos ganhar nosso sustento e viver com dignidade? Pois bem, ele ouviu sua prece e já estamos empregadas. Entenda que não vamos compartilhar nada com esses beberrões que passam suas noites jogando, ou com essas mulheres vulgares que não se dão ao respeito. Vamos trabalhar, mamãe; apenas trabalhar...

Helena se cala.

À noite, mal cerra os olhos e um turbilhão de imagens do passado vem lhe perturbar o sono.

Em estado de sonolência, Alicia vê-se numa alameda salpicada de flores multicoloridas, inquietas com o sopro de uma brisa suave que invade o espaço de aromas delicados, inspirados pela moça como bálsamo consolador para sua alma. Ao longe, avista uma bela senhora de vestes esvoaçantes que, de braços abertos, faz-lhe um convite para abraçá-la. Sem compreender a situação inusitada daquele sonho tão real, Alicia aproxima-se e é acolhida com um forte abraço. Sem largar as mãos da jovem, a meiga senhora a leva para perto de uma fonte de águas cristalinas que, ao caírem em cascata, emanam uma luz suave a tocar a fronte das duas, como a adivinhar-lhes os propósitos e pensamentos. Olhando fixamente para os olhos negros de Alicia, a senhora lhe diz:

"Sou Isabel, você não me conhece da vida no orbe terrestre, porém nossos caminhos se cruzarão ainda em outros momentos e dimensões, nossas vidas estão entrelaçadas no caminho evolutivo que nos leva ao Pai. Estou aqui para alertá-la quanto aos cuidados que deverá ter, diante de ofertas e investidas de pessoas que irão se aproximar de você. Que Deus a proteja. Resista, minha filha, resista..."

Num sobressalto, Alicia desperta e se senta na cama, com a lembrança viva daquela bondosa senhora. Não conseguia se lembrar de seu nome, nem mesmo das advertências que lhe fizera, porém o seu pequeno aposento estava todo envolvido por um doce perfume que há pouco Alicia inspirara naquele pequeno recanto de luz e paz.

A jovem, cansada pelo dia que tivera, vê-se perturbada pelo sonho e pela lembrança da ironia de Nino. Ergue então os olhos para o crucifixo que parecia lhe acolher nos braços abertos de Jesus e profere um lamentoso sussurro:

"Senhor, proteja-me dos malfeitores naquele lugar no qual me preparaste trabalho! Ensine-me a resistir às afrontas que serão colocadas em meu caminho. Preciso de sua bênção e de sua luz..."

Cicatrizes do Passado

COMO SE ENVOLVIDOS ainda pelo clima do casamento a que acabaram de assistir, naquele domingo, Martim e Valentina, deixando os pais numa animada conversa no alpendre da casa, encaminham-se para seu recanto preferido: o lago.

Valentina, ainda sob o efeito da vibração das entidades iluminadas que estiveram na cerimônia, discorria sobre a importância do amor para a humanidade, sobre o relevante papel da família e dos valores com que respaldam a criação dos filhos. Tecia comentários sobre os pais amorosos de Clara e sua visível comoção, ao entregarem a filha para o senhor Gilbert. Em contrapartida, como se retomando seu olhar taciturno de antes, Martim caminhava mudo ao lado da jovem, chutando os pedriscos do caminho para longe, como se a descontar neles certa contrariedade.

Valentina, percebendo que Martim permanecia calado, para, toma-lhe as mãos entre as suas e, depositando na face do jovem amado um terno beijo, tenta sondar-lhe os pensamentos:

– O que foi, meu amor? Parece que a bela cerimônia a que acabamos de assistir o entristeceu!

Martim, como se armado de uma amargura que há muito Valentina não vislumbrava, segura o queixo da jovem e com o outro punho fechado explode toda sua irritação:

– Não foi a cerimônia que me enraiveceu, e sim os olhares que o jovem almofadinha, primo de Clara, lançou para você durante todo o casamento. Mal ouviu a pregação do bispo Miguel, pois só teve olhos para você!

A jovem, surpreendida por aquela demonstração de ciúmes, tenta acalmar Martim.

– Ora, meu amor, não se perturbe com isso! Nem sequer vi esse rapaz!

– Mas ele a viu e muito bem, pelo que pude perceber...

Ainda visivelmente enfurecido, Martim, meio a contragosto, cede aos encantos de Valentina e lhe oferece o braço. Em silêncio, chegam até o lago e a magia daquele lugar logo ameniza as más vibrações que envolveram Martim. Sentados, um ao lado do outro, observam as ramagens do velho amigo chorão a beijar a superfície das águas, como se a reverenciá-los. Valentina, num ímpeto, levanta-se e corre até o tronco da árvore, abraçando-a.

– Venha, Martim, vamos escrever nossos nomes no tronco desse nosso velho amigo, para que fiquem guardados aqui para sempre!

Dada à insistência da jovem, Martim levantou-se e, de posse de uma pequena faca que retirara do bolso, começou a desenhar os nomes de ambos no tronco envelhecido do salgueiro. Mal acabara a inscrição irregular, uma delicada borboleta pousou no néctar que sutilmente escorria dos sulcos da árvore.

A jovem, dando gritos de alegria, acariciou as asas da borboleta que sequer se moveu, como se cristalizada sobre aqueles dois nomes, cuja história transcendia os limites daquele tronco, daquela magnífica paisagem e do espaço material do planeta.

– Veja, Martim, a natureza abençoará sempre o nosso amor!

O rapaz sorri a contragosto, admirando a alegria da moça que, direcionando sua atenção para uma árvore de porte baixo, coberta de pequenas flores arroxeadas, parece ter encontrado outro tesouro.

– Venha ver, Martim, um ninho, com filhotinhos ainda implumes!

Valentina, na ponta dos pés, tentava espionar o interior do pequeno ninho, meticulosamente construído com pequenas ramas entrelaçadas. Três pequeninas aves com os bicos abertos esperavam certamente pelo retorno da mãe. Subitamente, um ligeiro bater de asas interrompe o intento de Valentina, que, percebendo a aproximação de uma apressada ave, volta a sentar-se ao lado de Martim, aninhando sua cabeleira dourada, que cintilava ao sol, no colo do jovem amado. Sentindo os dedos de Martim a acariciar-lhe os cachos, Valentina, ainda com os olhos fixos no ninho, parecia encantada com a postura da responsável mãe a alimentar os filhotes.

– Martim, é um rouxinol! Papai já havia me dito que aqui em nosso lago havia um ninho de rouxinóis! Certamente, vieram encher nosso lugar encantado com seu canto exuberante!

Antes que o rapaz lhe respondesse, Valentina fecha os olhos e sussurra uma delicada canção que se mistura aos acordes com os quais a natureza lhes presenteia...

Martim, beijando a fronte de sua amada, não pôde calar-se diante de tão singular momento:

– Meu rouxinol! Desculpe-me pelos arrufos de ciúmes com que ainda há pouco a magoei. Amo você mais que tudo. Você é minha vida e não suporto que outros homens a admirem. Você é minha, só minha e de mais ninguém.

Valentina abriu os olhos e fez menção de interromper o canto. Martim apenas sussurrou-lhe ao ouvido:

– Cante, meu doce rouxinol, cante!

A magnífica voz de Valentina parecia dirigir-se para dimensões insondáveis, transcendendo a copa esvoaçante do velho chorão, indo ecoar certamente em outras moradas da casa do Pai.

Apesar da magnitude daquele momento, o coração de Martim pulsava descompassado e sua mente fervilhava envolta em pensamentos que o angustiavam. Supunha ele que poderia perder o amor de Valentina para outro homem qualquer, mais interessante e mais culto que ele. Memorizava os momentos em que estivera na igreja com ela e flagrara olhares furtivos de outros rapazes, admirando-lhe a magnífica beleza. Involuntariamente, viu-se de punhos cerrados, fazendo despertar aquele menino taciturno e amargo de outros tempos. Valentina, captando-lhe as baixas vibrações, sentou-se ao lado dele e acariciando-lhe os cabelos já desgrenhados pelo vento fraco que tomava todo aquele cenário, fitou-lhe os olhos negros e ariscos e docemente murmurou:

— Meu querido e desconfiado Martim, não turbe sua mente e seu coração com falsas suposições. Olhe ao seu redor e veja essa magnífica beleza criada por Deus, que colocou cada coisa em seu devido lugar e, por isso, há essa harmonia singular. Se a tudo que Deus criou na natureza ele deu uma função minuciosamente escolhida, que dirá a nós, que somos seus filhos! Veja, Martim, as frondosas árvores que circundam o lago dão sombra reconfortante, para que no solo as delicadas flores possam manter o seu vigor, sem os açoites do sol; o lago, com suas águas límpidas, é o berço para cardumes coloridos que o enchem de cor e vida; o frescor do vento a amenizar o calor; a luz magnífica do sol que faz a Terra borbulhar em vida até nos recantos mais distantes. Veja, Martim, as árvores pontilhadas de pequenos ninhos, simbolizando a continuidade da vida, e quanto a nós, meu amado, somos também parte desse maravilhoso cenário. Se a cada pedacinho da natureza Deus atribuiu um destino, também temos o nosso, que sinto seja evoluirmos, estarmos cada vez melhores, aprendendo a amar a todos com a mesma intensidade. Sinto bem aqui dentro do meu peito que nascemos um para o outro e, independentemente de quem cruzar nosso caminho, estaremos sempre unidos e caminharemos juntos, e cada vez melhor, rumo ao Pai.

Com a cabeça novamente aninhada no colo de Martim, Valentina fecha os olhos e a fresca brisa a beijar-lhe as faces rosadas parece sussurrar-lhe aos ouvidos doces palavras, já ouvidas por ela em outras dimensões da vida.

Martim, com a cabeça encostada no tronco da árvore amiga, deixa que seus pensamentos divaguem por entre as magníficas belezas daquele lugar, procurando encontrar nas palavras recém-pronunciadas por Valentina um conforto espiritual, que na maioria das vezes lhe era tão distante.

O tilintar de ramas secas quebrando-se despertou o casal daquele momento de infinita paz. Era o senhor Salvatore, que anunciava aos jovens que o almoço já estava à mesa.

De mãos dadas e em silêncio, acompanharam o senhor Salvatore, sem no entanto prestarem muita atenção aos comentários sobre o casamento de Gilbert.

Ao aproximarem-se da casa, como nos velhos tempos, Valentina apontou para o tufo de fumaça que enfeitava o telhado da habitação rumo ao céu e sussurrou aos ouvidos do rapaz:

— Nosso amor é assim, não se contenta em permanecer apenas aqui na Terra, quer visitar paragens mais elevadas e certamente ainda desconhecidas por nós. Veja, a fumaça ao distanciar-se de nossos olhos torna-se cada vez mais invisível e continua subindo, subindo rumo ao azul desse céu magnífico. Nosso amor não é dessa Terra, Martim, ele alcança recantos desconhecidos desse azul infinito.

Sem entender na íntegra a comparação feita pela moça, Martim apenas sorri, apertando sua mão, sentindo um doce alento em seu coração.

Ao final da tarde, os amigos se despedem e o casal de jovens, a demorar-se entre os arbustos perfumados do jardim, jura amor eterno...

Espinhos no caminho

O SOL JÁ se escondia no horizonte quando os últimos convidados deixaram a mansão de Gilbert, que visivelmente embriagado necessitou da ajuda do fiel capataz para ser encaminhado ao aposento reservado ao jovem casal de recém-casados. Clara, a um canto da enorme sala, vislumbra com amargura aquela cena grotesca e relembra todas as atitudes inconvenientes do marido durante a festa. Não mais conseguia enxergar o belo homem com o qual há pouco decidira compartilhar sua vida, mas sim um homem fraco, sem limites e com tendências visíveis de um caráter vulnerável aos prazeres e vícios oferecidos talvez pela vida à qual se acostumara. Os sussurros dos criados a organizarem cada cômodo da casa e seus olhares furtivos traziam a Clara um total desconforto, como se um contexto desconhecido, mas comum a todos naquela casa, começasse a se desenrolar naquele momento. Sem que ninguém percebesse, chorou baixinho, sentindo já a falta da casa dos pais que a mantinha em plena segurança e felicidade.

Apoiado em D'Santis e excessivamente cambaleante, Gilbert é colocado na cama. Os alvos lençóis de linho bordado não passam despercebidos por D'Santis que, aproveitando a insanidade alcoólica do patrão, tem tempo para observar cada detalhe do recinto, preparado exclusivamente para o casal. Os móveis estão adornados com magníficos vasos, dos quais pequenos cachos de minúsculas flores brancas pendendo em cascatas enchem o ambiente de um aroma agradável e adocicado. Sobre uma poltrona, um traje delicado, ricamente bordado com pequenos fios dourados, chama a atenção do rústico serviçal que, sem poder controlar seu ímpeto, afaga-o com as mãos calejadas. Certamente pertenciam à doce Clara.

Ao pensar na bela senhora, seu peito doeu, como se apunhalado por uma realidade ainda confusa. Avaliando o estado do patrão, com as vestes em desalinho e os cantos da boca tingidos ainda pelo arroxeado da enorme quantidade de vinho que ingerira, pela primeira vez sentiu-se superior a ele e o desprezou com todas as suas forças. Como podia magoar a jovem esposa daquele jeito? Como podia trocá-la pela efêmera sensação de prazer que lhe dava a embriaguez? Sentia seu coração pulsando forte, compelido por um sentimento nocivo que o devorava. O murmúrio insano de Gilbert, pronunciando o nome de Clara, fez com que o capataz saísse imediatamente do quarto, como se chicoteado por aquele balbucio, batendo atrás de si a pesada porta de madeira entalhada. O corredor atapetado de escarlate, desenrolando-se a sua frente, trouxe-lhe uma enorme resistência em encaminhar-se até a sala. O que diria à doce jovem, que certamente aguardava notícias do marido na sala? Um turbilhão de pensamentos confusos e lancinantes torturava a mente daquele homem, sem que ele conseguisse organizá-lo. Foi retirado daquele devaneio por Carmela, que vindo ao seu encontro visivelmente ansiosa, questionou:

– Que demora, homem! Como está o patrão? Não sei mais o que fazer; a senhora está chorando na sala! O que vou dizer a ela?

– Acalme-se, Carmela. Uma pergunta de cada vez!

Esfregando freneticamente as mãos, a serviçal continua:

– D'Santis, nós dois sabemos que essa postura do patrão já não é uma surpresa, mas sinto pena da moça. O dia do casamento não é a melhor hora para descobrir a verdadeira índole do marido. Ele deixou cair sua máscara cedo demais...

– Cale a boca, sua faladeira! Não cabe a nós questionarmos a vida dos patrões. Logo a bebedeira passa e fica tudo bem!

– Mas D'Santis, o que direi à senhora Clara? Ela aguarda notícias do marido.
– Diga que ele passou dos limites na bebida, por ser um dia de festa, ora essa!
Batendo as botas freneticamente no chão, D'Santis dirige-se à sala e, fingindo não perceber a imagem angelical de Clara a um canto da sala, sai da casa rapidamente. Carmela dirige-se à jovem, que cai em um pranto convulsivo.
– O que fiz de errado, Carmela, para que meu marido aja assim? Teria ele se arrependido de conceber-me como sua esposa?
– Não pense assim, cara senhora! Nada houve de negativo no dia de hoje. O patrão, certamente por estar feliz demais, abusou do vinho. Foi só isso.
Ambas permaneceram ali por longo tempo. Carmela com as delicadas mãos de Clara entre as suas tentava acalmá-la, comentando sobre a magnitude da comemoração de seu casamento.
A noite já cobrira toda a propriedade com sua negritude e a lua alta e resplandecente a expulsava, invadindo cada recanto da terra com sua luz prateada. Pela enorme janela da sala entreaberta, pequenos fachos reluzentes vinham beijar o alvo vestido da jovem recém-casada, e sua marejada face contraía-se numa amargura provinda da própria alma. Carmela, segurando ainda as frágeis mãos de Clara e percebendo-lhe o visível cansaço, fez com que a moça se levantasse e a encaminhou para o quarto.
Por entre a porta entreaberta, Clara, ao ver o deplorável estado do marido, estendido, de braços abertos sobre o leito, com as vestes desalinhadas e manchadas pelo excesso de vinho que lhe escorrera dos lábios, chora baixinho e, insegura, fica estática à porta do quarto, vendo a boa criada distanciar-se.
– Meu Deus, dê-me forças para passar por essa provação! Jamais imaginei que o maravilhoso cavalheiro a quem entreguei minha própria vida fosse me fazer tão infeliz!
Ao vislumbrar seu traje de núpcias sobre a poltrona, sentiu uma dor singular em seu ingênuo coração. Recolheu a delicada roupa, sentou-se na poltrona, aninhando o traje em seu colo. Não teve coragem de causar nenhum ruído para não despertar

aquele homem, que já não lhe era de todo conhecido. O cansaço do dia e a desventura daquele momento fez com que Clara adormecesse ali mesmo, como se arrebatada por um pesadelo que infelizmente só havia começado...

Antes que o dia raiasse por completo, Clara desperta e, novamente assolada pela visão de Gilbert ainda estendido inerte sobre a cama, troca seu traje e, pé ante pé, sai do quarto, rumo à cozinha, à procura de Carmela.

A criada, já envolvida com os preparativos para a primeira refeição da manhã, assusta-se com a presença da moça que, esgueirando-se entre os móveis, aproxima-se dela, questionando:

– Carmela, considero-a minha amiga e única companheira que terei nessa casa e preciso que me conte a verdade.

Um calafrio estremece o corpo da serviçal, pois não se sentia à vontade para contar a verdade sobre o patrão a sua jovem esposa.

– Bom dia, jovem senhora! Dormiu bem?

– Carmela, não fuja da questão. Quero saber se Gilbert bebe sempre assim, como também se suas inconveniências de ontem são comuns.

Sem conseguir fugir às indagações da jovem senhora, Carmela apenas comenta:

– Cara senhora Clara, vê-se que é uma moça ingênua que não conhece ainda as viciações a que os homens se submetem. O senhor Gilbert é um bom homem, porém, pela vida de solteiro que levava, ainda tem suas tendências à bebida e a outras oferendas vulgares dessa vida.

– A que se refere, Carmela? Há situações piores que essa que desconheço?

A criada, percebendo que falara demais, tenta consertar as últimas falas, porém Clara é incisiva:

– Conte-me tudo! Não quero mais surpresas!

Carmela, desconcertada, complementa:

– Estava me referindo ao gosto dele pelos salões de jogos da cidade...

– Salões de jogos? Já entendi tudo. Você se refere a mulheres fáceis e a viciosas apostas, não é mesmo?

Carmela, com as faces ardendo em visível rubor, percebe que aquela conversa está tomando um rumo perigoso e tenta dissuadir a jovem patroa de sua inquisição.

– Desculpe-me, senhora, mas o senhor Gilbert não permite aos empregados comentarem qualquer coisa que fuja aos seus afazeres na casa.

Clara, com a certeza de que já fizera as descobertas necessárias sobre o caráter do marido, sai correndo da cozinha, indo buscar nos arredores da mansão um lugar no qual pudesse chorar e lamentar a escolha de vida que acabara de fazer.

D'Santis, que ao longe vigiava os primeiros movimentos na grande mansão, não pudera deixar de notar aquela silhueta que tanto lhe habitava os sonhos ultimamente. Com o coração batendo descompassadamente e sentindo um já conhecido torpor, o rústico homem teve certeza de que aquela jovem que descia insegura os degraus do alpendre, trazendo-lhe uma visão angelical, era Clara a dirigir-se para o jardim. Sem compreender, contudo, o que a patroa fazia àquela hora da manhã, sozinha ali, tratou de segui-la de longe, espreitando-lhe os movimentos por entre as ramas que se entrelaçavam no jardim.

Clara, ainda confusa com as revelações que ouvira de Carmela, parecia entorpecida, com pensamentos funestos a delinearem em sua mente situações que poderia viver ao lado daquele a quem ela entregara sua própria vida.

Sem peceber, D'Santis pisa em galhos secos no solo e, pelo barulho, faz-se descobrir por Clara.

– Quem está aí? É você, Gilbert?

D'Santis, a contragosto, vê-se obrigado a apresentar-se diante da senhora.

– Desculpe-me, senhora, se a assustei. Estou fazendo a ronda diária pela propriedade para ver se está tudo em ordem. Já vou indo para não incomodá-la.

Ao fazer menção de retirar-se, foi surpreendido pela meiga voz de Clara:

– Por favor, fique, senhor D'Santis. Faça-me companhia, pois não conheço muito bem a propriedade e não quero me perder.

Pela primeira vez na vida, o capataz sentiu-se enxergado por alguém em sua pequenez e, sem rumo, sentindo o sangue tamborilar em sua fronte, respondeu timidamente:

– Passeie à vontade, senhora, que eu a vigio de perto!

– O convite não foi para vigiar-me os passos como um cão fiel, e sim para me acompanhar no passeio!

D'Santis, ainda mais confuso, viu a senhora estender-lhe a mão:

– Vamos, senhor D'Santis, ajude-me a vencer esse trecho tão íngreme do caminho...

Apavorado por aquela inesperada fala da senhora, D'Santis estendeu-lhe a mão grosseira e calejada.

Imediatamente, entre seus dedos, D'Santis sentiu repousar uma mãozinha delicada e macia como as pétalas das rosas que ladeavam aquela alameda, dando-lhe a impressão de estar caminhando ao lado de um anjo colocado em seu caminho para lhe dar a oportunidade de vivenciar, nem que por alguns instantes, uma parte boa de sua vida...

Ao perceber que ambos haviam vencido aquele trecho acidentado do caminho, soltou rapidamente a mão da patroa, num lampejo de sanidade, ao perceber o quanto estava sendo imprudente em sua condição de serviçal. A imagem austera de seu patrão o fez tremer e sua expressão imediatamente resgatou as características sisudas tão costumeiras.

– Diga-me, D'Santis. Conhece meu marido há muito tempo, não é mesmo?

Antevendo o problema em que estava se envolvendo, D'Santis apenas meneia a cabeça positivamente.

– Se você tivesse que caracterizá-lo para mim, como o descreveria?

Sentindo grossas gotas de suor a lhe brotarem da fronte, o serviçal responde:

– Sou apenas um empregado e não me cabe falar bem ou mal do patrão.

Clara, compreendendo que aquela resposta punha um fim em seu intento, dispensou os serviços de D'Santis, alegando que voltaria para casa e que não precisava dele para acompanhá-la.

D'Santis, percebendo que a patroa queria desvencilhar-se de sua companhia, retirou-se, sem proferir nenhuma palavra.

Pela recusa de D'Santis em contar-lhe algo sobre o patrão, Clara tem a certeza de que outras surpresas desagradáveis a aguardam naquele lugar. A passos lentos, volta para casa e, ao aproximar-se, vê Gilbert à sua espera na escadaria do alpendre. Um tremor incontrolável toma-lhe o corpo, pois tem a certeza de que não conhece o homem com o qual se casou.

Mal percebe a silhueta de Clara, Gilbert corre para ela com os braços abertos, como a convidá-la para um abraço. Fingindo ter se esquecido das ocorrências da noite anterior e impondo à sua fala um ar de naturalidade, dirige-se à esposa:

– Meu amor, por onde andou? Eu despertei e você já não estava mais a meu lado!

Correspondendo friamente ao abraço, Clara lhe responde:

– Fui respirar um pouco de ar puro e acalmar meu coração, tão cheio de inseguranças e de dúvidas...

Fingindo não compreender as amargas palavras da esposa, Gilbert toma-lhe pelo braço, convidando-a a entrar na casa.

A mesa farta, delicadamente preparada por Carmela, já não mais empolga a jovem senhora, que teve sua alegria ofuscada pela certeza de que a vida naquela casa lhe traria ainda amargas experiências.

O silêncio do casal foi interrompido por Gilbert que, dirigindo-se à esposa, lembra-a do compromisso que têm na cidade, pois conforme lhe era do conhecimento, seus pais haviam decidido retornar à França, deixando Joseph à frente dos negócios na Itália.

A lembrança de que seus pais estariam longe dela naqueles momentos de adaptação à nova vida aumentou a amargura que já tomava o coração daquela jovem esposa. O que faria, se Gilbert a desrespeitasse com suas condutas indesejáveis? E quanto às revelações veladas que lhe foram feitas por Carmela? Pensou em contar tudo aos pais, mas, para não preocupá-los, decidiu enfrentar o que viesse sozinha.

Gilbert, ao perceber que Clara franzia a testa repetidas vezes, parecendo divagar em conjecturas insondáveis, dirige-se a ela novamente:

– Parece não estar gostando de sua nova vida, meu amor! Há algo que a desagrada aqui? Se Carmela não está comandando a casa a seu gosto, pode interferir e fazer de seu jeito, afinal agora é a dona de tudo por aqui e, principalmente, de meu coração!

Lançando um olhar de desprezo à encenação de bom e devotado marido, empreendida por Gilbert, Clara responde:

– Quanto aos cuidados de Carmela com a casa e do senhor D'Santis com a propriedade, não tenho nada a opor. O que me angustia é a realidade paralela que parece esconder-se entre os ricos móveis e os tapetes exuberantes dessa casa.

Surpreso com a declaração de Clara, numa atitude dissimulada, Gilbert arranca uma das rosas brancas que pendem do vaso ao centro da mesa e oferece à esposa:

– Uma flor a minha jovem e linda esposa, para marcar uma vida longa e feliz...

Clara aceita a flor, mas a deita sobre a toalha de linho, sem nenhuma menção de agradecimento ao ato do marido, que, fingindo não perceber o desprezo da esposa, grita a D'Santis que prepare a carruagem.

Às primeiras horas da manhã, a poeira dança na estrada, rumo à cidade. Clara, numa tristeza velada, cerra os olhos cochilando, com o efeito da noite maldormida, e Gilbert, acariciando-lhe os cachos acobreados, sente-se possuidor de mais uma propriedade, para relevância de seu terrível ego.

A carruagem para diante da luxuosa casa de Emiliano e Clara desperta ainda confusa pela sonolência. A visão dos pais, à porta da mansão, lhe traz novamente um aperto no coração, pois certamente a partida deles para a França quebraria o elo de segurança que ela sentia naquele momento de tamanha desilusão. Tentando representar uma felicidade que seu coração não vivenciava, a moça corre, abraçando a mãe e, sem que possa se controlar, cai em convulsivo pranto.

Francesca, sem entender o porquê daquela atitude inesperada da filha, atribui-lhe o choro àquele momento de despedida, que marcaria o início de uma nova vida de responsabilidades para a filha recém-casada.

Após a partida dos pais, Gilbert e Clara retornam à fazenda, novamente envolvidos em suas questões particulares. Gilbert planejando como faria para continuar sua vida desregrada de sempre sem que a esposa percebesse, e Clara, ainda cismando com as declarações feitas por Carmela. Uma ponta de tristeza tomou-lhe o ser, deixando claro que era a protagonista de uma nova história que deveria ser vivida ao lado de Gilbert, com o enredo que se apresentasse, sendo bom ou mau, de felicidade ou de decepções... Não poderia mais voltar!

Os dias passavam entediantes para Clara que, sempre sozinha no enorme casarão, tinha em Carmela a única companhia para todos os momentos de sua vida. Gilbert, envolvido com seus negócios, viajava constantemente para Canosa, comercializando os produtos cultivados na propriedade. Por vezes, era acompanhado pelo jovem Martim, que, representando os pequenos produtores, sócios de Gilbert, auxiliava-o nas contas e porcentagem na venda da produção.

Um amor impossível

Como boa observadora, Clara sabia que inúmeras viagens não tinham cunho comercial, pois, no retorno, Gilbert trazia nas vestes um aroma de perfume vulgar e relevantes características de noites maldormidas.

A amizade de Clara não se restringia apenas a Carmela. Como Gilbert, em sua ausência, ordenava a D'Santis que não se afastasse da casa para a proteção da jovem senhora, este passava grande parte do dia sentado nas escadarias do alpendre, tendo o coração em chamas, ao observar a doçura de Clara, quando se sentava na cadeira de balanço com um livro entre as mãos. O delicado som das páginas sendo viradas fazia com que D'Santis viajasse em conjecturas sobre o que nelas estaria escrito... Cansado pelo ócio daquela nova função que lhe fora atribuída, D'Santis imaginava que o livro descrevia uma história de amor entre ele e a jovem leitora e era observado por Clara, que inúmeras vezes o surpreendia olhando fixamente para o livro que tinha nas mãos e sorrindo...

– Você sabe ler, senhor D'Santis?

Açoitado por aquela pergunta inesperada, D'Santis sentiu seu rosto queimando em brasas e, gaguejando, respondeu sem encarar a jovem senhora:

– Não, minha senhora! Não conheço as letras, mas sonho com elas. A vida só me ensinou a obedecer ordens e a servir. Os livros não foram feitos para os desgraçados como eu...

Clara, apiedando-se da franqueza do capataz e evitando que ele se humilhasse diante dela, volta à página inicial do livro e começa a lê-lo em voz alta.

Extasiado, D'Santis acompanha cada balbucio de sua eloquente senhora. O poema narrado por ela discorre sobre a visão cristã da origem do homem e, sobretudo, da promessa de libertação futura através do amor.

Sem ousar interrompê-la, D'Santis sorria sutilmente, ao imaginar que era dos livros que o bispo Pedro copiava suas pregações na igreja, como se houvesse feito uma grande descoberta. Extasiado pela narração, o rústico capataz nem piscava, acompanhando cada palavra lida com uma atenção ímpar, de quem não quer perder uma só gota daquele néctar com que fora presenteado por aquele anjo...

Por volta das onze horas, Carmela, que observava aquela cena inusitada, interrompeu a leitura, avisando a patroa que o almoço já estava servido. Meio a contragosto, o capataz levantou-se e dirigiu-se à cozinha, na qual a mesa sem requintes já estava preparada para a refeição dos serviçais. A cena traduzida pela mesa simples de madeira virgem, coberta por uma toalha de tramas rústicas, na qual os pratos dispostos continham a refeição de cada um, gritava para D'Santis que o lugar que a vida lhe reservara era aquele, longe da doçura com que a jovem e rica senhora lhe maculava o sofrimento, seu único companheiro na vida inteira. A refeição foi feita em silêncio. Na mente de D'Santis dançavam anjos e demônios, embalados pelo enredo cativante com que Clara lhe presenteara momentos antes.

Numa certa manhã, Clara fora socorrida por Carmela, ao desfalecer sobre o tapete da sala. Com a face pálida e o suor gelado a brotar-lhe das têmporas, Clara foi levada até o quarto pelo capataz D'Santis que, atendendo aos gritos de Carmela, não perdeu tempo em vir ao auxílio daquela que era-lhe mais do que patroa...

Gilbert, em viagem para Canosa, estava ausente há dias e os empregados, sem saberem o que fazer para socorrer a patroa do mal súbito, apelaram para os vizinhos, mais precisamente para as rezas da jovem Valentina, cujo poder de cura já era conhecido na região. D'Santis ficou incumbido de buscar a jovem e não perdeu tempo, assustado com o estado de saúde preocupante em que estava sua senhora.

Valentina foi avisada da necessidade que surgira na casa de Gilbert e, acompanhada pela mãe, dirigiu-se à carruagem onde o sisudo capataz as esperava.

Muito embora Valentina questionasse D'Santis sobre o estado de Clara, poucas informações recebeu do rústico homem. Com o crucifixo entre os dedos, a jovem implorava aos céus que a abençoasse naquela ação em prol da abatida senhora. Em instantes como esses, Valentina era envolvida pelas vibrações dos espíritos superiores. Médium de cura sem o saber, ela doava-se por inteiro a todas as pessoas que lhe pediam o socorro.

Tocando a fronte de Angelina e também de D'Santis, Valentina proporciona de imediato um enorme bálsamo ao coração aflito dos dois.

O percurso até a casa de Gilbert foi feito em silêncio pelos ocupantes da carruagem. Valentina, de olhos fechados, tinha os pensamentos conectados a outra dimensão da vida, como a conversar com entidades iluminadas que a circundavam naqueles momentos.

A carruagem para diante da mansão de Gilbert e Valentina adianta-se em entrar na sala, onde a jovem senhora, amparada por Carmela, sentada numa poltrona à frente da porta, mantém-se pálida, com os lábios arroxeados e, sobretudo, o peito arfando com visível dificuldade respiratória. Gotículas de suor brotam-lhe das têmporas, denunciando um perturbador mal-estar.

Com as mãos da senhora entre as suas, Valentina a cumprimenta e, pedindo a Angelina que permanecesse em preces, espalma as mãos sobre a cabeça de Clara, sussurrando palavras de súplicas aos céus. Um grupo de entidades iluminadas aproxima-se e circunda a jovem convalescente, transmitindo-lhe fluidos balsâmicos, que Valentina percebe-os em forma de pétalas de luz, tendo a sensação de estar acompanhada por velhos amigos espirituais, a lhe despertarem infinita felicidade naquele reencontro.

Em instantes, as faces de Clara já estavam coradas e, com um semblante terno, ela trata de avisar aos presentes que já se sente melhor. Encerrada a oração, Valentina segura nas mãos da jovem senhora, demonstrando sua satisfação em vê-la recuperada. Porém, em comum acordo com sua mãe, aconselha Clara a consultar o doutor Domênico, abnegado médico, muito querido por todos por sua bondade e competência.

Uma ruga de tristeza macula novamente o semblante da jovem senhora, ao pensar que nem sempre Gilbert estava em casa para lhe dar a atenção necessária.

D'Santis acompanha a senhora e a jovem até sua propriedade e, em retorno à propriedade de seu senhor, é atormentado por conjecturas que o enfurecem.

O patrão nunca estava em casa e o capataz sabia muito bem que, na maioria das vezes, não viajava a negócios, e sim com o propósito de mergulhar nas casas de jogo de Canosa, nas quais, além de grandes somas em dinheiro, perdia também a dignidade em conluios com outros jogadores inveterados, tudo regado a vinho e embalado por mulheres de pouca moral.

O coração de D'Santis doía-lhe no peito, pelo amor secreto que devotava à jovem patroa. Parecia-lhe cada vez mais injusto e perverso Gilbert tê-la a seu lado por um simples capricho, enquanto ele sequer tinha direito de se aproximar dela. Envolto em pensamentos funestos, D'Santis dava abertura a entidades malfazejas, que o assediavam, transmitindo-lhe torpes ideias de vinganças contra o patrão. Imaginava-se emboscando-o nas curvas da estrada e lhe perfurando o coração com um projétil de seu arcabuz, ou ainda, perfurando seu peito inúmeras vezes com o facão enferrujado que lhe fazia companhia sob o travesseiro puído. A imagem do patrão esvaindo-se em sangue até a morte trazia-lhe um sorriso sarcástico aos lábios, ressequidos pelo ódio. A visão da mansão ao completar a última curva da estrada o fez desvencilhar-se daqueles pensamentos e, com muita pressa, adiantou-se em entregar a carruagem a um serviçal para que desatrelasse os cavalos, subindo os degraus do alpendre para saber notícias da senhora. Carmela o interpelou, informando que a reza da menina surtira-lhe efeito imediato e que a senhora descansava agora em seus aposentos.

Na manhã seguinte, nem bem o sol apontara no horizonte, como um cão de guarda, D'Santis cumpria à risca as ordens do patrão e já estava a postos nos degraus do alpendre. Para sua imensa satisfação, a porta da sala se abriu e a doce Clara, segurando um livro entre as mãos, cumprimentou-o com um terno sorriso, sentando-se numa das poltronas para receber os raios sutis do sol daquela manhã. Carmela, solícita, acomodou uma almofada às costas da jovem senhora, para que se sentisse mais confortável. Emudecido por aquela angelical presença, D'Santis limita-se a acompanhar com os ariscos olhos os movimentos delicados da senhora que, após acomodar-se, abre o livro, dirigindo-se ao capataz:

– Senhor D'Santis, estive pensando a respeito de sua falta de conhecimento sobre leitura...

Como se esbofeteado por aquelas palavras, sentindo a face queimar de vergonha, D'Santis abaixa a cabeça, fitando a pedra alva que lhe ampara os pés.

Percebendo o constrangimento daquele rústico homem, Clara complementa:

– Não se envergonhe, senhor D'Santis, pois muitos não tiveram essa oportunidade. Quanto ao senhor, se quiser, posso lhe ensinar a leitura. Pense nos benefícios que isso lhe traria. Percebi que se encanta com o que está escrito nesse livro e, se soubesse ler, eu teria imenso prazer em emprestá-lo ao senhor.

D'Santis, pego de surpresa por aquela oferta, emudece por instantes e complementa:

– Agradecido, senhora, mas um miserável como eu não foi feito para esse luxo; além do mais, o patrão na certa não aprovaria tamanha intromissão de minha parte.

Com certa amargura, Clara lhe responde:

– O patrão há muito não se preocupa com as pessoas dessa fazenda... Ensinar-lhe a leitura seria uma maneira prazerosa de sentir-me útil e de ocupar meu tempo ocioso. Está decidido. Amanhã mesmo iniciamos as aulas e depois eu me entendo com Gilbert. Não se preocupe!

Infelizmente para D'Santis, o dia seguinte não lhe trouxe a

satisfação esperada, pois a madrugada já se pronunciava, quando o capataz foi despertado pelo alarde dos cães a anunciarem a chegada de Gilbert, depois de quase duas semanas de ausência. Tratou de levantar-se para receber o patrão que, visivelmente embriagado, espantava a pontapés os cães, que surpresos por sua chegada saltitavam ao seu redor numa barulhenta recepção. Imediatamente as luzes da mansão se acenderam e Clara, acompanhada por Carmela, à porta, sentia seu coração apertado, ao perceber o andar cambaleante do marido, que, amparado pelo capataz, tentava subir os degraus do alpendre. O cheiro forte de álcool somado ao de perfume vulgar fez com que Clara se esquivasse, quando o marido tentou beijar-lhe a face. Indignado, por sentir-se exposto diante da criadagem, Gilbert segurou fortemente o rosto de Clara e a beijou à força. Todos perceberam o ocorrido e disfarçaram para que o senhor não se enfurecesse também com eles. Visivelmente abalada com a atitude grosseira de Gilbert, Clara corre para seus aposentos. Com o coração em chamas, D'Santis intenta esmurrar o patrão por aquela atitude, mas se contém quando esse lhe dirige a palavra, visivelmente alterado:

– Conte-me tudo o que ocorreu por aqui em minha ausência, em detalhes.

D'Santis, como um animal a satisfazer a vontade de seu dono, dá um breve relato sobre a produção da fazenda, bem como sobre ocorrências corriqueiras do dia a dia de trabalho. Carmela, que até então estava calada, pede permissão ao senhor para informá-lo sobre uma ocorrência da casa. Gilbert, sem dar-lhe muita atenção, meneia a cabeça afirmativamente.

– Senhor, há cerca de três dias, a senhora Clara sentiu-se muito mal, chegando a desfalecer. Como o senhor estava em Canosa, achamos por bem chamar a senhorita Valentina para rezar por ela, porém esse mal súbito a tem acometido outras vezes. Desculpe-me a intromissão, mas creio que o ideal seja consultar o doutor Domênico.

Sentindo-se incomodado com aquele problema, Gilbert limita-se a dizer:

– Clara é fraca e está acostumada às adulações de seus pais. Não há mal que a fartura dessa casa não cure! Carmela se cala e D'Santis, mais uma vez, percebendo o descaso do patrão com a jovem esposa, sente suas têmporas saltitando de ódio pelo senhor.

Cambaleante, Gilbert dirige-se ao quarto e desfalece ao lado da jovem Clara, que vê o dia amanhecer com o rosto coberto por lágrimas frias que denunciam seus lancinantes sentimentos de amarga desilusão, diante daquele que a vida lhe dera como esposo e que lhe prometera amor eterno. A figura moribunda e desalinhada que ressonava a seu lado nada tinha daquele jovem galanteador pelo qual se apaixonara. A realidade que se desenrolava dia a dia em sua vida trazia-lhe a certeza de que a vida a havia enganado e que, certamente, a felicidade por ela sonhada desvanecia a cada dia.

O sobretudo desalinhado sobre a poltrona lhe desperta a atenção. O colarinho manchado por batom escarlate e o aroma nauseante de perfume vulgar apunhalam mais uma vez o seu coração, trazendo-lhe a certeza de que a viagem prolongada do marido certamente não tinha como objetivo maior a venda de produtos em Canosa.

Na manhã seguinte, Clara, apressando-se em sair do quarto antes que Gilbert despertasse, aparece na cozinha ainda parcialmente escura e, secando o rosto pálido com um delicado lenço finamente bordado, deixa transparecer no bruxulear da chama da vela acesa olheiras profundas de quem o sono certamente não ousou tomar naquela noite. Balbuciando algo que Carmela não compreendeu, desfalece nas pedras frias daquele recinto. Carmela imediatamente ajoelha-se ao lado da senhora amparando-lhe a cabeça e grita por socorro. O primeiro a atender ao seu apelo é D'Santis, que nem bem dormira naquela noite, antevendo as implicâncias do patrão com as ações empreendidas por ele em sua ausência.

A cena que encontra atinge seu coração como uma flecha incandescente a lhe queimar o mais profundo das entranhas. A doce senhora jazia imóvel sobre o colo da boa criada. O cabelo desalinhado dava-lhe ao rosto pálido uma moldura cadavérica, que fez com que D'Santis sentisse um nó na garganta, que insistia em se libertar como o ganido de um cão aprisionado. Passando pela criada, corre até os aposentos de Gilbert e, sem dar-se conta de sua intromissão, ousa despertar o senhor com toques fortes de suas mãos calejadas. Envolto ainda pelo torpor da bebida, Gilbert empunha a arma que lhe fazia companhia sob o travesseiro e num salto já está em pé, apontando-a para o serviçal.

– Está louco, homem? Quer que eu o mate? Como ousa invadir meus aposentos e além de tudo tocar-me com essas mãos sujas?

Sufocando a raiva que aquela atitude e aquelas palavras lhe causam, apenas retruca:

– É a senhora Clara, que está morrendo...

Gilbert, sem ouvir o que mais o capataz tinha a argumentar, empurra-o violentamente para abrir caminho e dirige-se à cozinha, ainda de arma em punho.

Com ajuda de outra criada, Carmela já havia acomodado a jovem senhora numa cadeira ao lado do fogão. O rubor de seu rosto, alimentado pelas cinzas em brasa logo ao lado já lhe trazia novas feições, porém o arfar insistente do peito denunciava que o mal não havia passado. Ao perceberem a aproximação de Gilbert, as criadas afastaram-se de Clara que, ainda confusa pelo mal que a acometera, assusta-se com a aparência degradante do marido, que adentra a cozinha com uma arma em punho e gritando seu nome.

Carmela imediatamente se coloca à frente da senhora, com o intuito de protegê-la, Gilbert, irritado com a ação da criada, a empurra violentamente contra D'Santis, que não compreende a atitude do patrão.

– Afastem-se todos! Basta eu ficar fora uns dias para me colocarem a casa toda abaixo! Quem manda aqui ainda sou eu! Como ousam desafiar-me, seus cães sarnentos?

O silêncio toma conta de todos, pois muito embora conhecessem o perfil tempestuoso e maléfico do patrão, nunca foram desrespeitados daquela forma.

Tomando as mãos trêmulas de Clara entre as suas e tentando dar ao tom de voz uma ternura que não existia, balbucia:

– Minha querida, vamos, conte-me o que há com você? Não posso ver o meu anjo com essas feições amarguradas.

Clara limita-se a espalmar as mãos sobre o rosto, sem intenção de suprimir o copioso pranto que lhe fugia da garganta. Grossas lágrimas cobriam-lhe a tez, reforçando ainda mais seu estado de profunda tristeza.

Golpeado pelos olhos dos presentes, Gilbert dirige-se a D'Santis:
– O que está esperando? Não vê que Clara precisa de cuidados médicos? Prepare a carruagem que partiremos para a cidade. Certamente o doutor Domênico saberá que mal a aflige.

Amparando a esposa pelo braço, a encaminha até o quarto, deixando-a sob os cuidados de Carmela.

O som oco de suas botas encaminhando-se à cozinha soa para Clara como o martelar de um pêndulo que lhe causa arrepios, como se a antever a dura realidade que a aguardava.

Ao lado do fogão em brasa, Gilbert sorve uma xícara de leite quente e divaga em pensamentos funestos, embalados pelas entidades que o acompanhavam desde a noite anterior.

E se a esposa morresse? O que faria ele? Talvez nem sentisse sua falta, afinal ela havia sido apenas um meio para concretização de seus intentos econômicos. Certamente, o casamento tinha sido um bom consórcio financeiro para ele. Ao mesmo tempo, vinha-lhe à mente a figura angelical de Clara, que tanto o tinha tocado num passado recente. As imagens confusas que lhe perpassavam a mente traziam-lhe uma sensação incômoda, como se alguém invisível lhe tivesse orquestrando os pensamentos...

Gilbert fora retirado de suas divagações, pela voz de D'Santis, avisando que a carruagem já estava pronta.

Num grito, Gilbert avisou Carmela para trazer a senhora.

No caminho para a cidade, Clara mantinha-se calada ou por vezes deixando escapar monossílabos indiferentes, esquivando-se dos comentários de Gilbert sobre a viagem empreendida em Canosa. Sua mente divagava num tempo pregresso, onde ela se sentia profundamente encantada por aquele cavalheiro galanteador que lhe fora apresentado por Joseph. A angústia que lhe traziam aquelas lembranças fez com que seu coração se fechasse mais ainda, como se o maravilhoso sonho de amor que a vida lhe prometera estivesse agora aprisionado num território insondável e sombrio. Apesar dos cuidados de Gilbert e da suposta preocupação que demonstrava sentir naquele momento, Clara não mais o reconhecia como aquele que havia conquistado seu coração. Não conseguia encontrar dentro daquele homem, que sentado a seu lado lhe afagava as mãos, o jovem encantador pelo qual se apaixonara.

A brisa da manhã beijava-lhe os cachos acobreados, fazendo-os abrir-se como flores que desabrocham à primeira luz do dia, trazendo-lhe ao rosto um brilho especial, que certamente Gilbert estava longe de perceber.

O tamborilar dos cascos dos cavalos nos pedriscos que cobriam a estrada embriagaram-na numa sonolência irresistível e somente o estridente grito de D'Santis com a parelha de cavalos à porta do consultório do doutor Domênico a trouxe de volta à realidade.

À frente do prédio caiado, o sol já delineava claridades douradas que dançavam com as sombras da frondosa árvore que se projetavam na parede. A porta de madeira escura e bem talhada dava um toque de nobreza àquele prédio singular, que se destacava dos demais, pelas duas colunas que sustentavam um pequeno alpendre enfeitado com duas ânforas que amparavam enormes buquês de rosas. As escadas de mármore branco reluziam imponentes, indicando a porta de entrada.

Já ao lado da carruagem, Clara, amparada por Gilbert, ainda titubeia em subir os degraus, pois sente o peito apertado, em virtude do parecer médico que em breve terá. Sente-se aflita e insegura e seu pensamento busca a imagem da mãe querida que tanto lhe fazia falta naquele momento.

Seus pensamentos logo se afastam, mediante a efusiva recepção do médico, que de braços abertos acolhe o casal num fervoroso abraço.

Beirando os cinquenta anos, doutor Domênico já traz o grisalho nas têmporas. O pincenê arredondado, herdado de seu avô, dava-lhe uma aparência mais madura. O sorriso largo emoldurava-lhe o rosto de uma tocante bondade.

Clara, diante daquela figura tão amistosa, adiantou-se em relatar sobre seu estado de saúde, e o médico, após observar amiúde o jovem casal, franziu a testa, esboçando uma discreto sorriso, convidando a jovem senhora para uma consulta mais detalhada em seu consultório. Gilbert, intentando acompanhá-la, adiantou-se em direção à sala de consultas, porém foi orientado a deixar a senhora à vontade e a aguardar o diagnóstico na antessala.

Como receber e acatar ordens não fazia parte de seu perfil, assim que a porta se fechou, Gilbert sentou-se numa poltrona que havia na sala, balbuciando ofensas ao doutor.

No alpendre, ao lado das ânforas, podia-se delinear a silhueta de D'Santis que, agitadíssimo pela ansiedade em conhecer o mal que acometia sua senhora, andava freneticamente em pequenos círculos, conjecturando o que poderia fazer para libertar a jovem senhora das mãos daquele ditador inconsequente. Ano após ano, tinha atestado bem de perto o sofrimento da angelical patroa. A imagem de Gilbert de arma em punho naquela manhã incitava o capataz a elaborar planos macabros para eliminá-lo. O toque do vento nas delicadas pétalas das rosas exalando um perfume adocicado e envolvente trazia-o à realidade e a imagem de Clara lhe vinha à mente, abrandando os maus pensamentos que lhe habitavam o ser e afastando as entidades que não desistiam de lhe incutir ideias de vingança.

Gilbert, ainda sonolento pelo efeito do excesso de bebida, ressonava com a cabeça apoiada numa almofada. A porta se abre e o doutor Domênico, numa efusiva comemoração, dirige-se a Gilbert e o desperta com um forte aperto de mão:

– Parabéns, caro amigo, um herdeiro está a caminho!

Ainda confuso com aquela revelação, Gilbert põe-se de pé e recebe um forte abraço do médico, confirmando-lhe a afirmação de há pouco. Por cima do ombro do doutor, seus olhos encontram-se com os verdes olhos marejados da pálida senhora que, tomada de emoção, sobrepõe ambas as mãos espalmadas sobre o ventre.

– Nós teremos um filho, Gilbert. Foram cinco anos de espera

por esse momento! Graças aos céus, recebemos a dádiva de formarmos uma família e completarmos nossa felicidade...

Gilbert, sem titubear, corre ao encontro da esposa, enlaçando-a com um forte abraço.

– Meu amor, não poderia jamais imaginar a alegria que essa notícia me traz. Agora seremos uma família de verdade!

Se Gilbert pudesse perceber, uma terceira pessoa fazia parte daquele abraço. Isabel, em espírito, tomada de profunda emoção, afagava ora a fronte do filho querido, ora a de Clara, na esperança de que esse presente vindo dos céus pudesse modificar a índole de seu filho e encaminhá-lo às lides do bem, do amor e da caridade. Naquele momento, o ambiente encheu-se de luz, prenunciando mais um dentre tantos encontros de almas na crosta terrestre, visando a aprendizados e crescimentos no trilhar de mais uma experiência.

Acordes angelicais

A MÚSICA INEBRIANTE enchia o salão, arrancando dos inveterados jogadores efusivos aplausos à bela jovem de cabelos negros, cujas mãos delicadas acariciavam as teclas do magnífico piano ininterruptamente.

Sob os olhares cuidadosos de Helena, Alicia já era imprescindível naquele lugar. Além do salário que lhe era pago por Nino, as gorjetas avolumavam-se sobre a madeira enegrecida do piano. Mãe e filha voltavam para casa ao final da noite abraçadas e agradecendo a Deus pelos recursos conseguidos em mais um dia de trabalho.

O pequeno empório já havia perdido as características sombrias de antigamente e Alicia, com o que aprendera com a bondosa Antonela, espalhara pequenos vasos floridos sobre o antigo balcão e ajeitara as velhas caixas, empilhando-as e decorando-as com pequenos adornos que havia ganhado da antiga anfitriã. O ambiente acolhedor já não reportava mãe e filha ao infortúnio do passado e, muitas vezes, nos escassos momentos em que estavam livres do trabalho, passavam bons momentos conjecturando sonhos para seu futuro.

Os dias se seguiram e ambas, mergulhadas no intuito de proverem recursos para se manterem com dignidade, sequer imaginavam os desafios que ainda viriam.

Por várias vezes, Helena pôde perceber os olhares maliciosos dos homens torpes que frequentavam aquele lugar, lançados sobre a meiga e ingênua Alicia, que mais parecia um anjo de pureza, diante das mulheres fúteis e promíscuas que desfilavam pelo salão, à procura de aventuras. Invisível aos olhos daqueles jogadores, muitas vezes pôde ouvir-lhes os comentários maliciosos sobre a filha. Por vezes reclamava com Nino que, ironicamente, lhe respondia:

– Se não quer que sua filha faça parte do divertimento dessa casa, o portão da rua está à disposição! Lugar de carola é na igreja e não numa sala de jogos!

Indignada pelas colocações de Nino, várias vezes Helena intentou pegar Alicia pela mão e fugir daquele funesto lugar, mas a necessidade de manter o emprego falava-lhe mais alto, e com lágrimas nos olhos ela a tudo observava em silêncio, temendo pelo bem-estar da filha.

Numa noite que não se diferenciava das demais, ajeitando toalhas limpas nas mesas e recolhendo as que deveriam ser lavadas, Helena foi subitamente despertada por uma voz que lhe apunhalou o coração. Na porta entreaberta do salão, juntamente com um grupo de fregueses que acabavam de entrar, estava um homem alto, elegantemente trajado, que trazia no olhar uma maldade que já era conhecida pela pobre mulher. Não teve dúvidas, era Gilbert, o astuto Gilbert que certamente fora o culpado pela morte de seu amado Stefano e de todo o sofrimento de sua família.

As mãos trêmulas fizeram-na derrubar a bandeja de copos que sustentava, o que lhe custou os gritos de Nino que, sem preocupar-se com o grupo recém-chegado, gritava insultos à desastrada serviçal. Açoitada pelas lembranças que Gilbert lhe despertara e envergonhada pela agressão verbal que lhe fora imputada pelo patrão, Helena é tomada de pranto repentino. Alheia aos acontecimentos, Alicia prepara-se para dar início ao repertório musical da noite. Pela fresta da porta entreaberta, secando os olhos com o avental, Helena percebe que Gilbert, atraído pela música, dirige-se ao piano, colocando-se ao lado da filha. Tomada de coragem e enxugando o rosto, Helena abre a porta, intentando desmascarar o vilão, porém é interrompida pelo patrão, que a proíbe de adentrar o salão.

– Não preciso de mais prejuízos por hoje! Mantenha-se no tanque, lavando as toalhas – ele a ordena.

Evitando novos xingamentos de Nino, Helena abaixa a cabeça e dirige-se ao tanque. Sussurra aos céus proteção para a ingênua Alicia, que nem imagina que o lobo com voz mansa que dela se aproxima é o mesmo que desgraçou sua família.

A música vinda da sala mistura-se aos arrufos de Gilbert, que entre um copo e outro já se fazia inconveniente em seus gracejos com Alicia. Helena muito abalada com aquele encontro sente sua cabeça lacerada por uma dor insuportável. O peito arfando denota seu estado debilitado e, tomada por um torpor que nunca havia sentido antes, perde os sentidos e desfalece no piso molhado.

Percebendo os copos vazios em várias mesas, Nino muda de ideia e resolve ordenar à serviçal que se dirija ao salão, mas sem incomodar os fregueses. Empurra a porta que dá acesso ao tanque e percebe o corpo imóvel de Helena. A cútis pálida e a boca entreaberta dão a ela um aspecto cadavérico. Preocupado em não aborrecer os fregueses, com a possível interrupção da música, resolve não avisar Alicia sobre o ocorrido, pedindo a alguns empregados para carregarem o corpo inerte de Helena para o quartinho dos fundos, alegando tratar-se de um mal-estar passageiro. Sem questionar a ordem do patrão, Helena é levada para um minúsculo quartinho e entregue aos cuidados de uma velha cozinheira que lhe acode com compressas frias na testa.

Despertando parcialmente do desmaio, Helena não consegue mexer parte de seu corpo, o que lhe causa terrível desespero. Tenta pronunciar o nome da filha, porém uma paralisia parcial no rosto a impede de falar. A velha senhora, temendo pelo pior, sai à procura do patrão e com voz esganiçada explica-lhe tratar-se de um possível derrame o mal que acometera Helena, o que coloca em risco a sua vida.

O sovina senhor, temendo problemas com a polícia, no caso de Helena vir a morrer em seu estabelecimento, toma a decisão de interromper Alicia no salão e relatar-lhe o ocorrido. Friamente toca no braço da pianista, dizendo que a mãe repentinamente fora acometida por um mal súbito e que deveria socorrê-la imediatamente.

Sob os protestos dos fregueses, liderados por Gilbert, Nino toma o lugar de Alicia e esta sai correndo para os fundos da propriedade. Grande é seu desespero ao ver a mãe sem movimentar um dos braços e uma das pernas, além de não conseguir falar. Apenas esganiçados sons ininteligíveis lhe saem da garganta. Os olhos esbugalhados da senhora dão a Alicia a impressão de que a mãe viu algo que a desesperou. Com a ajuda de dois bondosos companheiros de trabalho, Helena é carregada até a carroça, que já a aguardava na porta dos fundos, e levada imediatamente para um consultório médico a algumas quadras dali.

Desesperada, Alicia não conseguia concatenar as ideias confusas que lhe borbulhavam na cabeça. A lembrança do pai morto veio-lhe como um prenúncio para os dias amargurados que se seguiriam àquela terrível noite. Um médico com ar paternal as recebeu e foi imediatamente auscultando o peito da paciente. O franzir da testa do doutor trouxe a Alicia a certeza da gravidade do estado de Helena e uma dor profunda tomou-lhe todo o ser, pois no vigor de sua adolescência, era ainda muito jovem para ficar só e desamparada em sua vida.

Sem rodeios, o médico proferiu o diagnóstico: um derrame! Certamente aquela jovem senhora fora acometida por um derrame, o que estava ocasionando a paralisia parcial e a dificuldade na verbalização. O diagnóstico açoitou o pobre coração de Alicia com o temor de que a mãe morresse... O médico continuou com as orientações de que ela deveria ali permanecer por mais alguns dias, devido à gravidade da situação. Alicia sentiu novamente uma apunhalada em sua alma, pois sabia que as economias que guardara desde que fora admitida no salão de Nino não cobririam nem a medicação que o doutor acabara de ministrar. Desesperada, Alicia beija a testa da mãe e, acompanhada pelos dois solícitos empregados que permaneciam com ela, retorna ao salão para pedir um empréstimo ao patrão. Quando adentra o recinto, percebe que a maioria dos fregueses já havia ido embora e apenas um pequeno grupo, liderado pelo cavalheiro que pouco tempo antes lhe enchera de elogios, bebia e gargalhava em alto tom, acompanhado por algumas mulheres, que não se incomodavam com seus gracejos e atitudes desrespeitosas.

Alicia corre os olhos pelo salão e, ao ver Nino debruçado sobre o piano, corre a seu encontro para pedir-lhe ajuda.

– Acorde, senhor Nino, preciso do senhor!

Embalado por vários copos de vinho, Nino abre os olhos e, franzindo a testa, grita com Alicia.

– Cale a boca, sua fedelha! Não vê que não se acorda um homem dessa forma. O alarido de Nino chama a atenção do grupo de fanfarrões e Gilbert, sem tirar os olhos de Alicia, presta atenção no diálogo que se segue.

– Minha mãe está morrendo. Teve um derrame e está sob os cuidados do doutor. Ficará lá por vários dias e eu preciso de dinheiro para pagar as despesas, além dos medicamentos.

– E o que eu tenho com isso? A mãe não é minha!

– Por favor, senhor. Só estou pedindo um empréstimo. Além de tocar o seu piano, farei todo o serviço que mamãe executava. Por favor, não tenho a quem recorrer.

Como Nino parecia desprezar os apelos da menina, Gilbert vê uma chance de conseguir seu nefasto intento e, deixando o grupo, aproxima-se de Alicia.

– Desculpe-me, menina, não pude deixar de ouvir o seu lamento. Não se humilhe mais para esse velho sovina. Eu posso emprestar-lhe o dinheiro que precisa para salvar sua mãezinha...

Conhecendo a índole do freguês, Nino retira-se, já prenunciando o final daquela situação.

Completamente desesperada e fragilizada, num ímpeto Alicia abraça o nobre senhor, num ato de agradecimento. No entanto, para o astuto Gilbert, o contato do corpo de Alicia junto a seu peito lhe desperta os mais insanos desejos que ele avalia em breve poder saciar...

Sem demora, retira do bolso uma bolsa artesanalmente feita em delicado couro e entrega à menina um calhamaço de dinheiro, sem sequer contar as notas.

– Mas, senhor, não posso aceitar todo esse dinheiro. Preciso perguntar ao doutor o valor exato que deverei pagar a ele. Farei isso amanhã, nas primeiras horas do dia, e à noite lhe informo a quantia necessária para o pagamento.

– Nem pense nisso! Aceite o dinheiro, menina, e salve a vida de sua mãe.

Alicia, em sua inocência, acreditou na caridade sincera de Gilbert e, beijando-lhe as mãos, agradeceu uma vez mais.

A menina sai do recinto apertando a enorme quantia contra o peito, e Gilbert, sentindo-se observado pelo grupo de amigos, ratifica entre uma gargalhada e outra:

– Não se trata de um empréstimo, meus caros, mas sim de um investimento no futuro!

Compreendendo as reais intenções do parceiro de jogo, todos aplaudem sua astúcia e, despedindo-se em grande algazarra, cada um segue seu caminho. Gilbert caminha pelas ruas quase desertas de Canosa rumo à pousada na qual se instalara naquela manhã. A princípio planejara ficar em Canosa por três dias, tempo suficiente para vender os produtos que trouxera, porém o encontro com aquela bela pianista mudara seus planos. Acompanhando as baforadas de fumaça provindas do charuto que tragava, antevia sorridente os prazeres que desfrutaria com aquela ingênua menina. Adentra a sala principal da pensão e encaminha-se para seus aposentos, sentindo ainda em seu peito a sensação prazerosa do contato daquele corpo junto ao seu.

O sono não demora a chegar e em segundos, desdobrado em sonho, vê-se novamente num lugar que já lhe era familiar. Caminhando por entre as delicadas flores de uma belíssima alameda, percebe o vulto esguio de uma mulher, que afaga ternamente o seu rosto e sussurra-lhe ao ouvido:

– Cuidado com os caminhos que está trilhando, pois que terão consequências danosas para você! Aproveite a oportunidade que a reencarnação lhe concede para reescrever a sua história junto a pessoas que tanto prejudicou no passado.

Como que açoitado por aquelas duras palavras, Gilbert acorda sobressaltado e senta-se na cama. Ao perceber que tudo não passava de um sonho, sorri, porém incomodado com um perfume adocicado que sentia, trazendo-lhe a doce lembrança de sua mãezinha querida.

Como se a conjecturar consigo mesmo, exclama:

"Durma, Gilbert, não há lembrança que uma bela noite de sono não apague..."

Na manhã seguinte, o seu primeiro pensamento é direcionado a Alicia. Será que sua mãe se salvaria? Seria promissor para seus intentos que a menina ficasse órfã. Ajeitando as pontas do bigode, conjecturava como abordaria a menina; como a submetê-la às suas vontades, e um turbilhão de ideias torpes começa a povoar a sua cabeça. Afinal, ela teria que lhe pagar a dívida, de uma forma ou de outra!

Assim que o dia amanheceu, Alicia dirigiu-se à clínica médica, onde Helena passara a noite. Foi recebida por uma enfermeira que passara a noite ao lado da debilitada senhora. Com a mão no ombro de Alicia, a solícita senhora explica à menina que o estado de sua mãe é grave e que ela deve preparar-se para o pior.

Secando as grossas lágrimas que lhe rolavam pela face, Alicia adentra o quarto da doente. O doutor, ao lado do leito, encara a menina e meneia a cabeça, como se as esperanças estivessem se esvaindo. A menina, desesperada com a cena que vislumbra, retira de uma puída bolsa a soma de dinheiro que lhe fora entregue por Gilbert e, estendendo a mão em direção ao médico, suplica:

– Salve minha mãe, doutor. Eu posso pagar pelos seus serviços! Não poupe esforços para salvá-la. Como vê, será bem pago pelo seu trabalho.

O nobre médico, segurando nas mãos trêmulas da menina, encara-a e discorre sobre o verdadeiro estado de saúde de Helena:

– Doce menina, não é uma questão de dinheiro, e sim da Providência divina. Sua mãe teve um grave derrame, que causou lesões irreversíveis em seu cérebro. Não pode mais falar; não consegue andar e, certamente nem a reconhece mais. Guarde o seu dinheiro, menina, pois certamente lhe será necessário.

Alicia, fingindo não ter compreendido a colocação do médico, aproxima-se da cama e sussurra ao ouvido da mãe:

– Mamãe, não morra, por favor! Não saberia viver sozinha neste mundo de provas e tristezas. Por favor, mamãe, acorde; olhe para mim.

Observando o desespero da jovem, a enfermeira não consegue conter o pranto e retira-se do aposento, cobrindo o rosto com as mãos.

Vendo-se sozinha no quarto, Alicia agarra-se ao crucifixo que pende do pescoço da mãe e, sem se preocupar em ser ouvida, profere fervorosa prece:

"Senhor, pai dos desesperados e dos aflitos, derrame suas bênçãos sobre minha mãezinha, nesse amargo momento, em que não me é segredo o grave estado em que ela se encontra. Só sua misericórdia poderá arrancá-la dos braços da morte! Pai de infinita bondade, sabe o quanto preciso dela em minha vida, pois é meu arrimo, meu anjo protetor e eu não saberia enfrentar as agruras da vida sem o seu amparo. Deus, derrame sua luz consoladora para que ela possa vencer esse mal que a arrebata a cada instante. Não permita que minha querida mãezinha me abandone; dê a ela forças para vencer esse mal..."

Alicia é interrompida pela enfermeira que a avisa de que um senhor a aguarda na sala de espera. Sem lembrar-se de seu benfeitor, Alicia sai do quarto e se depara com Gilbert que, depois de receber informações dos empregados do salão de jogos, não encontra dificuldades em encontrar o local em que a moribunda senhora passara a noite. Com os olhos marejados e prendendo os convulsivos soluços que insistiam em sair de sua garganta, Alicia cumprimentou Gilbert que, solícito, encenou uma profunda preocupação com o estado de Helena.

– Senhor Gilbert, honra-me com sua visita e com sua preocupação com o estado de mamãe. Sinto-me mais segura com sua presença, pois não tenho família e nem amigos aqui. Somos apenas eu e mamãe, depois que papai morreu.

Fingindo uma abnegação que não possuía, Gilbert demostra interesse em visitar a debilitada doente.

Com o consentimento do médico, Gilbert segue a jovem para dentro do aposento e qual foi o seu espanto ao deparar-se com a senhora, que, conquanto pálida a fisionomia, não deixava dúvidas tratar-se da pobre camponesa de outrora, da qual havia usurpado a propriedade com promessas que jamais seriam cumpridas. Ainda com a fisionomia tomada pela desagradável surpresa, lembrou-se de que o casal de camponeses tinha uma filha, que na época era muito pequena para lembrar-se dele. A lembrança de uma criança franzina que mancava ao locomover-se veio à sua mente como um açoite dessa emboscada que a vida lhe preparara. Imediatamente, olha para as pernas de Alicia e, sem que suas conjecturas pudessem ser notadas, percebe que a jovem, muito embora tentasse disfarçar, titubeava no passo com uma das pernas. Não havia mais dúvidas, ela era a filha do casal de camponeses que lhe deram tanto trabalho para ceder na venda da propriedade.

Percebendo o olhar vago do benfeitor, Alicia interfere:

– Senhor Gilbert, talvez não se sinta bem, frente a uma situação como essa, eu entendo. Não se acanhe em sair, pois já me trouxe o consolo de sua presença. Não se preocupe, pois devolverei todo o dinheiro que me emprestou e, para que se sinta mais seguro, vou lhe dar o endereço de nossa casa. É perto daqui, a cinco quadras. O senhor poderá identificá-la pela placa envelhecida que papai pintou quando nos mudamos para cá; apesar das letras apagadas pelo tempo, ainda dá para ler: Empório D'Angelo.

O nome revelado causa um torpor ainda maior em Gilbert, pois atesta que realmente aquela moribunda é a camponesa de que suspeitava. Temendo que seu intento fosse dificultado pelos enredos do passado, retira-se imediatamente, alegando ter negócios a tratar. Alicia despede-se do nobre senhor, que sai apressadamente, guardando em um dos bolsos o pedaço de papel com as inscrições do endereço de Alicia.

Envolvida com o visitante e desesperada com o estado de saúde da mãe que se agravava a cada hora, Alicia não pôde sentir a presença do pai ao lado da cama de Helena, acompanhado por Isabel, por Antonela e por outros espíritos amigos que, ao redor do leito, emanavam vibrações revigorantes para a doente. Alicia aproxima-se da mãe e sussurra todo seu amor ao seu ouvido. Num lampejo de vida, a doente abre os olhos e tenta mover a mão em direção ao rosto de Alicia, como a lhe fazer um último carinho antes de partir para a pátria espiritual. Sem forças, a mão de Helena cai sobre seu peito e, num profundo suspiro, ela abandona seu corpo físico e parte para uma nova etapa de sua jornada evolutiva, sendo acolhida pela equipe espiritual, que se faz presente em momento tão importante.

O médico, que a tudo observava, adiantou-se em colocar a mão no pulso da doente e, atestando que não havia mais pulsação, limitou-se a dizer para Alicia:

– Ela se foi, minha filha, e não há mais nada que possamos fazer!

Tomada de desespero, Alicia debruçou-se sobre o corpo imóvel da mãe em convulsivo pranto. Precisou ser amparada pelo doutor e pela bondosa enfermeira, quando se sentiu arrebatada daquela realidade, pela lancinante dor que lhe rasgava o peito.

Mais uma etapa do enredo maior escrito na espiritualidade estava consumada. Como ave sem ninho, Alicia enfrentaria agora a orfandade.

Chegando ao salão pontualmente às dezenove horas e não ouvindo os mágicos acordes do piano, Gilbert questiona aos empregados da casa, que o informam sobre o passamento da senhora Helena. Sem perda de tempo, retira do bolso o papel com o endereço de Alicia e parte para a concretização de mais uma etapa de seu perverso plano. Não precisa andar muito, pois exatamente a cinco quadras do salão já pôde ver uma movimentação à frente de uma singela moradia. No alto, podiam-se decifrar algumas letras transcritas numa placa de madeira envelhecida pelo tempo. Não havia dúvidas de tratar-se da família de agricultores que no passado lhe vendera a herdade. O nome estava na escritura das terras: Stefano D'Angelo.

Atraindo os olhares dos presentes pela magnitude de seus trajes, Gilbert pigarreou e, dissimulando uma preocupação que não sentia, perguntou pela órfã, levando o fino lenço de seda aos olhos secos.

Seguindo a orientação dos presentes, adentrou a velha moradia, indo encontrar a jovem em frangalhos, debruçada inconsolavelmente sobre o corpo inerte da mãe.

A mão resoluta que lhe tocou o ombro despertou Alicia daquele transe de dor. Ao virar-se, deparou-se com o olhar penetrante do senhor Gilbert que, sem cerimônias, a aconchegou no peito, com um respeitoso abraço, sob os olhares inquisidores dos presentes, que não compreendiam o que um nobre cavalheiro fazia ali, numa casa tão simples.

Por sobre o ombro frágil da menina, uma visão tira-lhe momentaneamente a voz. Na parede, um quadro pintado a óleo não lhe deixa dúvidas. Era o casal D'Angelo, do qual ele havia usurpado a pequena propriedade em Cerignola. Desviou o olhar, como se a fugir dos olhares acusadores dos dois camponeses, que pareciam cobrar-lhe as promessas do passado... Lembrou-se da criança franzina, filha do casal, e por mais que tentasse não a conseguia relacionar àquela bela jovem que estreitava junto ao peito sem cerimônias.

— Não tema nada, minha amiga, estarei sempre aqui para ajudá-la. Conte comigo no que precisar.

A pobre órfã correspondeu ao abraço, sem contudo perceber que tal atitude do astuto cavalheiro não passava de mais uma manobra para conseguir seus intentos.

O contato do corpo esguio de Alicia, na juventude de seus dezesseis anos, trouxe a Gilbert novamente a certeza de que possuí-la seria para ele ponto de honra, e um sarcástico sorriso lhe iluminou a face, ao perceber que a própria situação de abandono em que a moça se encontrava a tornara presa fácil para seus intentos.

Percebendo os olhares incisivos dos presentes, Gilbert despede-se de Alicia e sai apressadamente. Já ganhando a rua, pensa novamente nos acontecimentos do passado envolvendo a compra das terras dos D'Angelo e tenta visualizar a pequena criança naquele cenário. Balança a cabeça, como se a tentar afugentar os pensamentos que lhe trazem certa culpa pela atual situação da jovem. Sem que possa conter, uma frase escapa-lhe dos lábios:

— Jogo é jogo! Que vença o melhor!

Assumindo sua postura arrogante de sempre, caminha batendo o solado da elegante bota no piso de pedra da calçada e dirige-se à pousada. Resolve então que nada contará a Alicia, pois teme que tais fatos, para ele já esquecidos no passado, possam interferir em seu jogo de conquista.

Na casa humilde da jovem, a cena deprimente se estende por mais algumas horas, até o derradeiro adeus a Helena no cemitério local. Alicia, amparada pelos colegas de trabalho, retorna para casa após o sepultamento da mãe, sem nenhuma perspectiva de futuro.

A visão da casa vazia é desoladora. A um canto da cozinha, os chinelos puídos de Helena lhe trazem grande dor e o convulsivo pranto precipita-se em grossas lágrimas pela face, gotejando no ladrilho frio do recinto. Toma os chinelos nas mãos acariciando as marcas neles contidas, esculpidas pelos pés da amada mãezinha. Acaricia demoradamente cada reentrância deixada no couro envelhecido dos solados e os aperta contra o peito, como se a tentar sentir ainda um vestígio que fosse de sua mãe aqui na Terra.

A noite não demorou a cair, como se a compartilhar com sua fria negritude os sentimentos que corroíam a alma daquela pobre menina. Como um farrapo sem esperanças, Alicia se arrasta até o leito e, com os olhos fixos no velho crucifixo que pendia na parede, teve a certeza de que seria seu único companheiro de todas as horas...

Com seus lábios ainda trêmulos pelos soluços que lhe acompanhavam as lágrimas, Alicia elevou seu pensamento aos céus em súplicas a Deus, rogando amparo nos momentos difíceis que certamente a orfandade em tão tenra idade a aguardavam.

"Senhor amado, que nunca nos deixou sem amparo, venha me socorrer nesse momento de terrível dor. Amanhã, sei que o sol nascerá indiferente ao meu pesar e que a vida continuará, sem que eu tenha alguém com quem compartilhar meus sofrimentos, mas sei também que é a força maior que move o universo e por isso suplico por sua presença em minha vida. Não sei o que fazer; sinto-me insegura em prosseguir sozinha. Guie todos os meus passos para que eu não erre o caminho. Receba, senhor, minha mãezinha querida em seu reino de luz, de paz e de incomparável amor. Ela sempre me dizia que a morte não existe e que o amor que une os que se amam aqui na Terra nunca acabará. Traga para meu coração essa certeza e jamais permita que nos separemos..."

Pelo cansaço do dia, as últimas palavras da prece escapam-lhe sussurradas da garganta; as pálpebras pesam e Alicia entrega-se ao sono, sem perceber que uma brisa suave afagava-lhe os cabelos desalinhados. Duas entidades iluminadas permaneciam a seu lado, acariciando delicadamente os cabelos e a face num carinho maternal. Eram Isabel e Antonela que direcionavam-lhe energias revigorantes para fortalecê-la, frente aos dias difíceis que na certa se seguiriam.

Como previsto por Alicia, o sol, indiferente a sua dor, insistia em penetrar no aposento pelas frestas da janela envelhecida, chicoteando-lhe a face pálida. O primeiro pensamento da menina veio-lhe despertar como um açoite, fazendo-a sentar-se na cama e novamente cair em convulsivo pranto. Sua mãe não mais fazia parte do mundo material e a lembrança de que não poderia mais vê-la trouxe profundo desespero à jovem. O rosto entre as mãos trêmulas, como a querer furtar-se da dura realidade, dava-lhe um aspecto desolador. Após longo tempo nesse deplorável estado de comoção, Alicia abre os olhos e vê sobre o móvel que lhe ladeia a cama um calhamaço de dinheiro amarrotado. Lembra-se do amigo Gilbert e, em sua ingenuidade, sente-se aliviada, por acreditar se tratar de um homem de bem, dotado do mais profundo senso de caridade.

Elos indestrutíveis

Aquela manhã de domingo desperta de uma forma muito especial para Valentina que, nem bem chega à cozinha, abraça a mãe e, dando-lhe um beijo na face, inicia uma narrativa peculiar, trazendo cismas a Angelina.

– Mamãe, lembra-se de Alicia?

– Como poderia esquecê-la, Valentina? Sempre a tive como uma filhinha querida também! Mas, por que essa lembrança agora?

– Sonhei com ela, mamãe, e acordei muito angustiada. Sonhei que a via desesperada e precisando de ajuda...

– Ora essa, Valentina, deixe de cismas. Você bem sabe por quantas vezes seu pai e Martim procuraram os D'Angelo em Canosa, sem notícias. Creio que o empório cresceu e que, como o próprio senhor Gilbert comentou, devem ter se mudado para uma província maior.

– Meu coração me diz o contrário, mamãe! Sinto bem aqui no peito que Alicia precisa de mim e não sei o que fazer. Sinto que está em perigo.

– Pare com isso, menina! Alicia já nos esqueceu, quem sabe tornou-se uma bela jovem da alta sociedade italiana...

Valentina sorri e acaba concordando com a mãe.

– A senhora tem razão, mamãe, mas sinto saudades da minha querida amiga, afinal passamos juntas momentos muito bons na infância.

– Pare de tagarelar e não se esqueça de que hoje temos convidados para o almoço.
– Como poderia esquecer que meu amado Martim chegará em breve!

Mãe e filha dedicam-se ao preparo de um almoço especial, pois Martim e os pais haviam solicitado aquele encontro, deixando Valentina extremante feliz, uma vez que já conhecia o intento do rapaz...

O vestido de linho azul-claro cuidadosamente estendido sobre a cama de Valentina trazia-lhe lembranças da infância, entre o roseiral da casa de Martim, e um sorriso escapa-lhe naquele momento dos lábios, a denunciar a alegria que lhe transbordava do coração.

Sob os alertas da mãe, Valentina esmerou-se em vestir-se e em pentear delicadamente os cachos dourados que lhe caíam sobre os ombros. A cútis aveludada emoldurava-lhe os olhos de um azul infinito, que maculavam até mesmo a beleza do traje. Ao adentrar a sala, na qual os pais a aguardavam, Valentina podia sentir a imensa luz que envolvia todo o ambiente, invisível aos olhos materiais.

Sem perceberem a magnitude daquele momento, emocionados com a singela beleza da filha, os pais abraçaram-se, agradecendo aos céus por tamanha dádiva em suas vidas, enquanto a espiritualidade presente, feliz, acompanhava o selar do compromisso de amor entre os dois, numa trajetória traçada para aquela encarnação.

A nuvem costumeira de poeira denunciou a todos a aproximação dos amigos e Valentina correu para a porta de entrada da casa para recepcionar seu amado Martim.

Nem bem o transporte parou, o rapaz pulou para fora com um buquê de rosas amarelas, delicadamente adornado com uma fita acetinada que reluzia ao sol.

Não se via aquele menino taciturno de outrora; Martim havia se transformado num belo rapaz eloquente, educado e bem-afeiçoado.

Sem se preocuparem com os adultos, que se cumprimentavam,

os jovens se abraçaram-se e sob juras de amor Martim entregou as rosas a Valentina, beijando-lhe as mãos.
O sol já estava a pino e o almoço não demorou a ser servido. A conversa animada entre os amigos não furtou do jovem casal os olhares entre si e os suspiros apaixonados. Martim, visivelmente ansioso, apertava a mão delicada de Valentina, tentando encontrar o momento perfeito para cumprir seu intento daquele dia.
Após o almoço, todos se dirigiram à varanda e, nem bem haviam se acomodado, o senhor Salvatore é surpreendido por Martim que, sem cerimônias, começa seu discurso:
– Senhor, não lhe é desconhecido o amor que dedico a sua filha e, para minha felicidade, plenamente correspondido. Sei que somos jovens ainda, mas para o verdadeiro amor não há idade. Gostaria muito de pedir-lhe a mão de Valentina em casamento.
Sob o olhar fixo do senhor Stefano, Martim continua sem titubear:
– Como sabe, não somos ricos, porém tenho minhas economias, com as quais posso montar uma casa confortável para nós. Tenha a certeza de que nada faltará para sua filha.
Sem responder ao pedido de Martim, o senhor Stefano limitou-se a abraçá-lo, demonstrando toda sua felicidade, ao ver seus filhos unidos por um amor insondável, construído passo a passo desde a infância.
Martim não conseguiu conter a emoção, ao sentir aquele abraço de boas-vindas.
Sem demorar-se mais, Martim pegou Valentina pela mão e partiram em direção ao lago, enquanto os pais faziam conjecturas para o futuro do casal.
O casal de jovens não se demorou mais que alguns minutos para chegar ao lago, sendo recepcionados pelo velho chorão e também por amigos espirituais que acompanhavam o desenrolar dos fatos na vida dos dois.
Os jovens apaixonados limitavam-se a olhar demoradamente um para o outro, tentando descobrir de onde provinha tão forte ligação entre eles. Envolvidos pela magia daqueles momentos, assim permaneceram por muito tempo, conversando baixinho e planejando como seria a vida futura.

A quilômetros dali, outro enredo que certamente tinha muito a ver com a missão de Valentina começava a tomar rumos perigosos para a doce Alicia.

Aquele domingo não trouxera a Alicia a tranquilidade do descanso, mas sim a inquietação, provocada pela certeza de que estava só e desamparada. Lembranças da infância feliz na pequena propriedade rural surgem em sua memória e repentinamente Alicia se lembra com carinho da amiga Valentina. Talvez ainda residisse na antiga vivenda e se lembrasse dela... A lembrança do lago na propriedade da querida amiga trouxe-lhe momentânea tranquilidade, fazendo-a rever cenas inesquecíveis ali vividas. Mas a lembrança do passado foi-lhe repentinamente subtraída por fortes batidas à porta da frente.

Ao abrir a porta, Alicia deparou-se com um empregado do salão que lhe entregou um bilhete dobrado. Imediatamente a jovem imaginou ser de seu patrão Nino, porém, ao abrir o papel, deparou-se com palavras grafadas com uma bela letra. A frase direta, não lhe deixa dúvidas:

"Espero-te ansioso no salão!". Era de Gilbert, o recente amigo que não a desamparara.

Fechada a porta, Alicia já não se sentia tão só e, na fragilidade das circunstâncias em que estava inserida, sentiu uma fagulha de alegria a brotar-lhe da penumbra do sofrimento que lhe enegrecia a alma.

Nino a tinha liberado do compromisso ao piano naquele dia. Mesmo com ímpetos de ir até o salão para encontrar-se com o senhor Gilbert, Alicia não achou conveniente adentrar sozinha um salão de divertimentos como aquele, além do que, na data do sepultamento de sua mãe.

Passara o dia praticamente às voltas com a arrumação da casa e a retirada dos pertences pessoais de Helena, os quais doaria à igreja local.

Alimentou-se pouco e fora subtraída em suas energias a cada lembrança trazida pelos pertences de sua mãe, organizadamente colocados em caixas de madeira, recolhidas no antigo empório. Com os olhos fixos no crucifixo que pendia da parede, adormeceu. Em segundos sentiu-se caminhando entre flores perfumadas. As árvores frondosas bailavam ao toque de uma agradável e perfumada brisa e, sentada num banco de rústica madeira avermelhada, Antonela, sua benfeitora, a esperava de braços abertos.

Num aconchegante abraço, Antonela confortou Alicia e contou-lhe que sua mãe estava bem, sendo tratada num hospital espiritual. A certeza de que a morte não significava o fim de tudo trouxe à jovem o consolo que precisava para retomar o equilíbrio, para que pudesse voltar à rotina de sua vida e encontrar um propósito para o seu futuro. Antonela, com voz maternal, recomendou-lhe muito cuidado com a aproximação do senhor Gilbert . Sabe que Alicia, mesmo que não se recorde exatamente de seus conselhos ao acordar, terá consigo o sinal de alerta sobre os sofrimentos que poderá ter, ao aceitar aquela amizade repentina.

Em seguida, depois de um longo abraço, a boa amiga despede-se com um terno beijo na testa de Alicia, deixando intensa paz no ambiente.

O sol acordou Alicia, sem cerimônias, esgueirando-se por entre as frestas da janela e a jovem, ainda sonolenta, sorri ao recordar-se do sonho que tivera com Antonela. A presença da boa senhora ainda podia ser sentida por ela, porém, por mais que tentasse, não conseguia se recordar da conversa que tiveram. Um sentimento agradável lhe enchia o coração, como se não mais estivesse sozinha. Porém, ao deparar-se com o pedaço de papel dobrado sobre um móvel, desde a noite anterior, a lembrança da boa Antonela vem-lhe à mente de forma abrupta, e Alicia sente uma sutil angústia em seu peito, sem conseguir relacionar o sonho que tivera com o bom amigo Gilbert .

Alicia, com o papel entre os dedos e observando o dinheiro sobre o móvel do quarto, toma uma decisão. À noite retomará seu posto ao piano e, após o encerramento das atividades do salão, convidará o senhor Gilbert para conversarem sobre o pagamento da dívida que havia contraído com ele, uma vez que parte do dinheiro que lhe emprestara já havia sido gasto com o médico e com as despesas do sepultamento da mãe. A recente dívida a incomodava muito, afinal seu benfeitor era quase um desconhecido.

Alicia já estava ao piano quando Gilbert, elegantemente trajado, adentrou o salão. Não pôde deixar de notar que o traje escuro, em respeito ao passamento de sua mãe, dava a jovem feições mais adultas. A cintura marcada por um cinto de veludo delineava um corpo esguio, denunciando a bela mulher que desabrochava daquela ingênua órfã. Os cabelos negros, elegantemente presos por uma presilha de pequeninas pérolas, caíam-lhe como cascata por sobre os ombros, embalados por delicados movimentos que acompanhavam a música que a bela jovem dedilhava ao piano, fazendo-a movimentar os ombros. A cena deslumbrante inebriava o recém-chegado, que como fera a observar sua presa antevia o momento em que a arrebataria a seus propósitos.

A noite de diversões entre bebidas, jogos e mulheres já não envolvia Gilbert como antes. Só tinha olhos para Alicia e para seu infeliz intento. Ao anunciar o fechamento do recinto, Nino solicitou a Alicia a última música e, antes que a moça a executasse, Gilbert já estava a seu lado, tocando seu ombro com delicadeza. A moça, sentindo-se enrubescer, responde ao cumprimento e, criando coragem, diz ao amigo:

– Precisamos conversar, senhor Gilbert, sobre a devolução de seu dinheiro e o pagamento do que gastei com mamãe.

– Toque, doce menina, conversaremos de negócios depois...

Alicia, sem entender por quê, sentiu um calafrio a lhe percorrer o corpo e novamente a imagem da doce Antonela lhe veio à mente.

A música afastou a lembrança e Alicia, lembrando-se da casa vazia que a esperava, percebe que o nó na garganta está prestes a se transformar em lágrimas. Ao sair do salão, entre os últimos fregueses que se afastavam embriagados, uma silhueta conhecida destacava-se ao lado de uma suntuosa carruagem. Era Gilbert, que esperava a desprotegida jovem para tentar dar andamento a seus planos. Fingindo estar ali por acaso, caminhou em direção a Alicia:

– Ora, ora, pensei que já estivesse em casa, Alicia. Demorei-me com uns amigos e não a encontrei na saída. Você disse que precisava ter uma conversa comigo!

– Isso mesmo, senhor, precisamos combinar como farei a devolução do dinheiro que gastei do montante que me deu.

Vendo uma ótima oportunidade para ficar sozinho com a jovem, Gilbert pigarreia e complementa:

– Mas, Alicia, aqui no meio da rua não é o melhor lugar para termos essa conversa. Entre na carruagem. Eu a acompanho até sua casa.

Em sua ingenuidade, Alicia sequer desconfia de suas intenções. Sentada ao lado do galanteador cavalheiro, Alicia sente-se amparada.

A carruagem não demora a chegar à frente da casa, a poucas quadras do salão. Pretendendo demorar-se, Gilbert dispensa o cocheiro, alegando que a noite estava linda e que voltaria à pousada a pé.

Alicia, não muito à vontade, convida Gilbert para entrar, alertando-o que a casa era humilde e desprovida de qualquer conforto. Mas tentando parecer simpático, ele diz a ela que também é oriundo de uma família simples da França.

Alicia, ainda sem jeito, oferece uma cadeira a Gilbert, que observava tudo a sua volta, avaliando a vida de miséria em que vivera o casal de camponeses, ao se estabelecerem em Canosa. Imediatamente afasta esses pensamentos, atraído pela presença da bela jovem, que lhe passa às mãos várias notas organizadas, uma sobre a outra.

– Aqui está, senhor Gilbert, o dinheiro que me emprestou, ou melhor, parte dele, pois, como sabe, tive que gastar com a internação de mamãe e com o seu sepultamento.

Gilbert afasta a mão da jovem, com o dinheiro, enquanto segura a outra entre as suas, dizendo:

– Fique com o dinheiro, menina, afinal está desprovida de qualquer recurso sem seus pais.

Constrangida, Alicia insiste em devolver o dinheiro, porém Gilbert a surpreende com um forte abraço que enlaça todo o seu corpo. Ela tenta se soltar, mas os braços do visitante são fortes e a apertam contra seu corpo, quase sufocando-a.

Alicia se desespera e implora que a solte, porém, como um

verdadeiro lobo, Gilbert assume o seu verdadeiro perfil. Gargalhando e tentando beijá-la, diz:

– Ora, quem pensa que é para negar-me um beijo? Afinal vim aqui porque você me disse que pagaria a dívida que tem comigo. Pois bem, eu é que escolho como quero receber...

Já desesperada, Alicia debate-se entre os fortes braços de seu agressor, implorando que ele a solte.

Sem dar atenção aos apelos da jovem, Gilbert a arrasta para um dos aposentos da casa e a submete a seus caprichos mais insanos. Exausta pela luta corporal e pelas tentativas inúteis de livrar-se de seu malfeitor, Alicia desfalece.

Realizado seu intento, Gilbert ajeita seu traje em desalinho e espalha sobre o leito, onde a jovem continuava desfalecida, o dinheiro que ela tentara lhe devolver:

Em estado de choque, Alicia se desespera quando acorda e lembra do ocorrido. Chora convulsivamente, sem saber o que fará de sua vida agora. Recolhe as notas espalhadas sobre a cama e as coloca na gaveta. Como iria enfrentar as pessoas na rua e seus colegas de trabalho? A vergonha e a humilhação a que fora submetida e, principalmente, a decepção que lhe causara Gilbert a deprimiram intensamente. Depois de tomar um longo banho, Alicia se recolhe novamente, tomada por uma sonolência que a envolve por completo.

Através dos recursos incansáveis dos amigos espirituais, que sempre nos assistem em horas mais difíceis, novamente Alicia, em espírito, é levada durante o sono à mesma alameda florida e, desta vez, além de Antonela, outra senhora, com ar de extrema bondade se faz presente. Era Isabel, que tentara de todas as formas dissuadir o filho de seu infeliz intento. Ambas a acolheram num forte abraço e, convidando-a a se sentar entre elas no banco, iniciam o diálogo:

– Filha, há muito temos trabalhado para resgatar Gilbert das fileiras do mal, uma alma infeliz, prisioneira de si mesma. A crueldade, a cobiça, o escárnio, o egocentrismo, tudo isso só traz sofrimento a quem os possui e reflete o desequilíbrio e o desajuste da criatura, diante da imensa perfeição das leis divinas. Entenda,

Alicia, que você nunca estará desamparada. E mais, embora a realidade da vida na Terra lhe aponte como a menos provida de recursos, desamparada da sorte, esquecida pela misericórdia de Deus, você já conquistou a nobreza dos sentimentos em seu coração. Suas virtudes lhe afiançarão sempre a proteção e o amparo superior nas experiências que ainda estão por vir.

– Agradeço a vocês. Nem sei como consigo neste momento me sentir assim calma! Este acolhimento está me fazendo muito bem. Não tem sido fácil... E...

– Alicia, agradeça ao Pai, que nos proporciona estes encontros através do seu desdobramento enquanto dorme – interrompe Isabel, tentando manter o diálogo numa sintonia superior. – Agradeça os aprendizados que a vida nos proporciona, quando aceitamos as experiências que nos chegam, entendendo que o amor e o perdão são duas alavancas que nos impulsionam para o nosso crescimento rumo à luz. Não demora, também eu estarei mergulhada na carne, num roteiro que me aguarda com inúmeros desafios, tendo as bênçãos de ser acolhida nos braços de Valentina. Enquanto posso, ainda trabalho para a recuperação de Gilbert, espírito cujo passado tantas vezes se entrelaçou com o seu. Você nunca estará sozinha. Seguiremos juntas e pediremos sempre forças ao Pai, para que nos ajude a levantar aqueles que um dia ficaram para trás, quase sempre com a nossa anuência.

Alicia desperta com a sensação de ter vivenciado algo muito diferente. Um misto de sentimentos aperta o seu coração. Lembra-se de Gilbert, chora baixinho, mas estanca o choro, sentindo-se inundada por uma sensação de paz e de força para vencer aquele trauma, que nem sabe de onde vem.

A noite chega e Alicia não se sente encorajada para dirigir-se ao trabalho, temendo encontrar-se com seu agressor. Como faria para acusá-lo? Deveria procurar as autoridades? Afinal, havia sido mais do que violentada fisicamente, mas em seus sentimentos, na confiança que depositara em alguém que julgara querer ajudá-la. Alicia resolve manter em segredo o ocorrido. Pediria forças e confiaria na Providência divina.

Na manhã seguinte, bem cedo, Alicia recebe a visita do senhor

Nino, que não muito amigável, questionando-a sobre sua ausência no salão na noite anterior.

– Se não quer mais o emprego, diga logo, pois não vou admitir insubordinações! Meus fregueses já não se agradam com a minha música; querem você com seus clássicos da alta sociedade. Se não quer mais trabalhar para mim, diga logo, pois vou buscar um pianista em Parma!

– Desculpe-me, senhor, a morte de mamãe adoeceu-me! Sinto-me fraca e sem ânimo para voltar ao trabalho. Dê-me mais um dia apenas e amanhã estarei no salão!

Meio a contragosto, Nino aceitou a proposta de Alicia e se retirou, deixando-a na mais profunda tristeza. Doloroso enredo tinha início na vida da jovem, que desde tão cedo estava cercada de sofrimento e desilusões...

VÃS ILUSÕES

Gilbert, por ter demorado além do esperado em Canosa, planeja retornar à fazenda no dia seguinte logo cedo, e assim é feito. Às primeiras horas da manhã, um luxuoso coche o apanha às portas da pousada e ganhando a estrada o leva para casa.

Durante a ausência do marido, Clara ainda sofre dos males causados pela gravidez, tendo a seu lado apenas Carmela e o fiel D'Santis, que já ensaia a leitura das primeiras letras ensinadas pela patroa.

Na intimidade de seu velho quarto, D'Santis rabisca sobre uma folha de papel, tentando domar a mão rude, que insiste em não lhe obedecer os comandos. Soletra o nome de Clara, sentindo seu rosto queimar, reproduzindo-o sobre o papel incontáveis vezes, como se a tomar posse de algo que pertencia a sua senhora.

Os dias passam rapidamente e a dedicada professora consegue êxito com o rústico D'Santis, que em pouco tempo já tenta a leitura de pequenos trechos apontados pela mestra no livro que lhe serve de cartilha.

Os dias calmos estão prestes a acabar, pois antes do sol se colocar a pino, o tempestuoso Gilbert desce do coche à porta da frente da mansão, surpreendendo o capataz em amistosa conversa com a patroa.

Em segundos, D'Santis está ao lado do patrão, dando-lhe as boas-vindas e iniciando um maçante relatório sobre as ocorrências da fazenda em sua ausência. Visivelmente irritado, Gilbert

pede que se cale e avisa que conversarão mais tarde. Dirigindo-se a Clara, que em pé na varanda aguardava ansiosa a sua aproximação, diz.
– Como está, minha querida? Sentiu minha falta?
– Certamente, Gilbert, quem não se sentiria abandonada com o marido fora há vinte dias?
– Negócios, minha querida! Estou garantindo o futuro do meu herdeiro! Aliás, como passou durante minha ausência?

Visivelmente irritada, Clara percebe uma mancha de batom no casaco do marido e, com os punhos cerrados, aproxima-se dele, questionando-o sobre o fato.

Sentido-se exposto frente aos empregados, Gilbert grita para que a esposa imediatamente se cale.

Mais enfurecida ainda, Clara esbofeteia o rosto de Gilbert, que a empurra violentamente, fazendo-a cair sobre a mesa já adornada com suntuoso vaso. A queda lhe faz desfalecer e cair ao chão sem sentidos. Sem titubear e tomado por um surto de ódio ao patrão, D'Santis mira seu arcabuz e puxa o gatilho. Gilbert não tem sequer tempo de impedir o ato insano do capataz que, com os olhos faiscando, ainda mantém a arma apontada para o patrão. Um espesso fio escarlate macula o belo sobretudo de linho de Gilbert e a ardência em seu ombro lhe deixa claro que estava ferido. Carmela, em desespero, não sabe se acode a senhora desfalecida sobre o tapete ou se atende aos gritos de Gilbert para chamar imediatamente o doutor Domênico.

Em frações de segundos, D'Santis dirige-se a seu pequeno quarto e, recolhendo seus tesouros, a faca, as folhas com garatujas e o nome de sua bem amada Clara, e um pequeno saco puído contendo suas economias, foge sem destino, antevendo a força da mão de seu patrão, que não economizará esforços para encontrá-lo. Por vários dias, caminha pela mata, sem destino, procurando afastar-se cada vez mais.

O médico, após retirar a bala incrustada na clavícula e de cuidar do ferimento de Gilbert, dirige-se ao quarto da senhora, para avaliar seu estado. A jovem, pálida e com os cabelos em desalinho, nada lembra a bela mulher que atraía muitos olhares na missa aos domingos. Olheiras profundas davam aos belos olhos verdes um aspecto doentio, retratando toda a tristeza que habitava em seu coração. Depois dos procedimentos cabíveis, o doutor anuncia que está tudo bem com a paciente e recomenda a Carmela que cuide de sua alimentação, pois, pelo volume de seu ventre, o herdeiro que a família espera chegará bem robusto.

Depois da partida do doutor, Gilbert reúne seus melhores homens e ordena que cacem D'Santis e o tragam de volta, vivo ou morto.

Na lavoura, os agricultores agitados já tomaram conhecimento da ocorrência na casa grande, e temem que tal fato lhes renda mais sofrimento e submissão, com um novo capataz que haverá de ser contratado pelo patrão.

Gilbert, aos gritos, ordena a Carmela que colha as mais belas rosas do jardim e que prepare um lindo buquê. A criada em poucos minutos retorna à sala com as rosas presas por um laço carmim, entregando-as ao patrão.

Gilbert, muito embora sentindo dores fortes no ferimento, levanta-se da confortável poltrona e dirige-se ao quarto da esposa com o buquê nas mãos.

Clara, ao perceber sua presença, cerra os olhos e finge-se adormecida.

Carmela de soslaio observa o patrão pela fresta da porta entreaberta e desaprova sua intenção, pois o médico orientara para que a senhora não fosse incomodada.

Gilbert, tocando as mãos franzinas e frias da esposa, intenta despertá-la, mas a jovem esposa mantém-se imóvel. Ele, então, coloca o buquê ao lado da cama e sai do quarto visivelmente desapontado, por não ter conseguido seu intento.

O sobretudo manchado de sangue é esquecido sobre a poltrona da sala, sem que Carmela percebesse o descuido. O dia da criada ficou restrito aos cuidados com a senhora acamada e com o patrão ferido.

O sol pôs-se mais cedo naquele dia, dando vazão ao manto escuro e frio da noite que parecia querer sepultar as desagradáveis ocorrências do dia. Para não incomodar a esposa e talvez para não ter que encará-la, Gilbert dirige-se ao quarto de hóspedes, ocupado por Joseph em sua última visita.

Não pode deixar de perceber as mudanças no aposento. Tudo tinha o requinte das mãos de Clara. Os vasos organizados com flores viçosas mergulhadas em água fresca; os quadros não mais distribuídos aleatoriamente sobre as paredes; as delicadas cortinas bordadas à mão e os detalhes na decoração, com bibelôs requintados, tão admirados nas mansões francesas. Só então percebeu o quanto estava sendo rude com a doce senhora e o quanto a mantinha em total abandono. Uma sensação de culpa apoderou-se dele, ao reviver a desagradável cena que ocorrera na sala; sua agressão à esposa o lembrava de que havia escolhido a bela Clara para com ela construir uma família e que, ao contrário, vinha tratando-a como uma qualquer, dentre tantas que encontrava nos cabarés franceses.

Num turbilhão de pensamentos confusos, ora arrependendo-se pela agressão à esposa, ora lembrando-se da violência à jovem Alicia e da fuga de D'Santis, Gilbert adormece com a mão espalmada sobre o dolorido ferimento.

Ao cerrar os olhos, sente-se arrebatado para um lugar que não lhe era de todo desconhecido, onde ao longe consegue enxergar sua mãe, Isabel, que o abraçou ternamente, sussurrando-lhe aos ouvidos sábios conselhos que ele ainda estava longe de atender:

"Filho querido, arrependa-se dos males que tem causado a tantos que cruzam seu caminho. Repense as oportunidades que a vida tem lhe concedido de adiantar-se em seu caminho evolutivo. Lembre-se da bênção de encontrar nesta reencarnação tantas pessoas com as quais você tem ajustes a fazer. Você é capaz de fazer diferente, de optar pelo bem. Basta querer e verá que a vida lhe será mais leve. Você será muito mais feliz."

Gilbert ressona agitado, como se tivesse seus sonhos povoados de lancinantes culpas...

O dia amanhece e antes mesmo que Carmela pudesse se lembrar do sobretudo de Gilbert sobre a poltrona na sala, Clara já o havia examinado, encontrando no bolso o pedaço de papel amassado, com o endereço de Alicia, que Gilbert recebera no momento em que cedera o vantajoso empréstimo à jovem.

Tomada novamente pela indignação da véspera, Clara oculta o papel em suas vestes e volta para o quarto, colocando-o dentro do livro que mantinha à cabeceira da cama.

Em algumas horas, as notícias sobre o atentado sofrido pelo poderoso Gilbert já tomara toda a região e, além dos empregados da fazenda, acompanhados por cães farejadores, as autoridades locais em diligências constantes vasculhavam as matas palmo a palmo à procura de D'Santis, que como um fantasma sumira das vistas de todos. O alarido dos cães à distância causava um aperto no coração de Clara, que pelo convívio diário aprendera a respeitar aquele homem rude e a lhe sondar os mais íntimos refolhos da alma. Ele fez o que fez exclusivamente para defendê-la de Gilbert, pensamento este que enchia Clara de culpa. Com um delicado crucifixo perolado, enrolado nas frágeis mãos, ousava pedir aos céus que ajudassem aquele pobre homem em sua fuga.

Apesar das incansáveis tentativas, D'Santis não foi localizado e, com o passar dos dias, as buscas foram ficando mais escassas, até o fato cair no esquecimento. Apenas Gilbert insistia em cobrar das autoridades mais determinação na captura do transgressor.

Não muito longe dali, na encosta de um morro coberto de espinheiros, encontramos um homem esfarrapado e faminto, com a barba negra crescida de forma irregular a lhe cobrir parte do rosto magro. As vestes rasgadas pela fuga entre os espinhos davam-lhe um aspecto desolador. Os olhos ariscos a dançarem incansáveis em suas órbitas pareciam faíscas insanas, em busca de qualquer barulho que pudesse representar algum de seus perseguidores. Em uma das mãos, um saco de couro puído; no ombro, o velho arcabuz e na cintura, além da faca enferrujada, um calhamaço de papel amarelado, ao qual D'Santis levava a mão constantemente numa ação protetiva, como se ali estivesse o único tesouro que a vida lhe dera.

Entidades que há muito o circundavam insistiam num sussurro que lhe inspirava pensamentos de ódio contra o patrão e o incentivava a cultivar os sentimentos de vingança, que há muito haviam se instalado em seu coração. As conjecturas sobre o que ainda poderia acontecer a Gilbert faziam-no gargalhar insanamente, enquanto esgueirava-se pela mata, em busca de alguma fruta que saciasse sua fome. A lembrança da angelical patroa trazia-lhe uma tristeza profunda, como se a única coisa boa que a vida lhe apresentara lhe houvesse sido tirada para sempre...

Os dias se passaram e D'Santis, depois de caminhar por vários quilômetros, afastando-se das propriedades nas quais era bem conhecido, dirige-se a uma gruta, que há muito havia descoberto no sopé da montanha, e faz desse lugar seu esconderijo por várias semanas, caindo no esquecimento de seus algozes.

Os dias mornos de verão amanhecem um após o outro, a testemunhar as ocorrências na vida daqueles espíritos que, descuidando-se de suas escolhas e atitudes, demoram-se na caminhada rumo ao progresso.

FLORES E ESPINHOS

O GRANDE DIA é chegado e a propriedade do casal Salvatore e Angelina parece mais um oásis florido, manchando de pontos multicoloridos a extensa plantação de alcachofras que se estende até a encosta da montanha. À porta da frente da casa, o casal admira a vasta extensão de terras e relembra a antiga vivenda, com a humilde casa caiada, desprovida de recursos, e as idas à propriedade vizinha para suprir a necessidade dos amigos. Os dois lançam um olhar de agradecimento aos céus, pelas inúmeras bênçãos recebidas nos últimos anos e, sobretudo, pela alegria de, naquele dia especial, verem seus filhos unidos pelos laços do amor, um amor que transcende a vã compreensão humana.

São subtraídos de suas conjecturas pela presença da filha Valentina, que magnificamente trajada com um vestido branco, salpicado por pequenas pérolas cintilantes, sai de seu quarto e dirige-se a eles, abraçando-os.

– Como estou?

O contato das minúsculas contas com os primeiros raios de sol da manhã causava um efeito magnífico, que se expandia em pequenos fachos de luz, a envolver Valentina numa verdadeira redoma iluminada, como a lembrar do significado especial do momento que vivia, em sua missão junto ao seu amado na Terra... O buquê pendia-lhe das mãos como celeste cascata de minúsculas flores alvas, circundando botões de rosas amarelas que, exalavam um doce perfume e também reverenciavam aquele momento. Os cachos dourados de Valentina enfileiravam-se embaixo de um tule fino, delicadamente bordado com as minúsculas pérolas que lhe adornavam também o vestido. A visão daquele ser angelical também era compartilhada por um séquito de espíritos iluminados que, envoltos num círculo de luz, acompanhavam-lhe os passos testemunhando com extrema alegria aquele momento em que as lides do bem obtinham êxito, frente às insondáveis trajetórias daqueles que buscavam através da reencarnação galgar de forma assertiva seu caminho rumo à evolução.

Os brilhantes olhos azuis da jovem dançavam entre o colorido das flores que ladeavam o caminho até a carruagem que a aguardava, buscando no farfalhar das folhas enxergar o frenesi de pequenas asas de seus adorados rouxinóis, que naquela manhã, numa sinfonia uníssona com todos os seres da natureza, gorjeavam-lhe de forma especial, regidos pela força do amor, tão presente naquele instante.

Em pouco menos de meia hora, a carruagem para em frente à igreja. Os convidados aglomerados na porta principal dirigem-se apressados para seu interior a fim de recepcionarem a noiva. No altar, além de Gilbert e Clara, encontram-se Betina e Guilhermo, com os olhos marejados pela emoção daquele momento. Martim, elegantemente vestido, não esconde o nervosismo que lhe toma todo o ser. A cútis clara emoldurada pelos negros cabelos é iluminada pelo olhar profundo que, direcionado à porta principal da igreja, espera pela doce amada. Certamente, os comentários dirigem-se a ele naquele momento, afinal o menino sisudo de outrora dera lugar a um rapaz de belas feições e de forte estatura, esculpida na lida com a terra.

Um coro de crianças entoando uma bela canção anuncia a entrada da noiva. O momento é realmente especial para os presentes, bem como para os amigos espirituais do casal que acompanham a cerimônia.

Valentina caminha pausadamente pelo corredor da igreja ao lado do pai, tomada de emoção traduzida por cintilantes lágrimas que lhe umedecem o rosto. A emoção é compartilhada por Martim que, sem se preocupar com os presentes, leva várias vezes as mãos aos olhos para conter as lágrimas que lhe brotam do fundo do coração. Imperceptível aos olhos dos convidados, da abóbada da igreja uma facho azulado de luz toca delicadamente o casal de noivos e se expande por todo o recinto. Pequenas flores azuladas caem por todo o ambiente, desfazendo-se em cascatas de luz ao tocarem a fronte dos presentes. O magnífico espetáculo só é vislumbrado por Valentina que, sem compreender o que vê, atribui o fenômeno a seu estado de extrema felicidade...

Na cidade espiritual de Aurora Nova, Istóteles e um grupo de espíritos emanam luzes e sentimentos elevados da espiritualidade maior, em prol do casal, fortalecendo-o em sua caminhada, em nome de um amor maior que buscava sua sublimação...

Martim mal ouve a liturgia do sacerdote, pois que só tem olhos para sua bela amada. Nada se compara à emoção do momento na vida daquele que tivera nova oportunidade de estar ao lado de Valentina, um espírito já resignado e possuidor de significativas conquistas, e que retornava ao seu lado, afiançando-lhe a oportunidade de respaldá-lo na senda evolutiva.

Rumo à propriedade da noiva, as carruagens enfileiram-se em comboio para a comemoração das bodas junto às famílias dos noivos. A suntuosa carruagem do senhor Gilbert destaca-se das demais, pelo luxo e riqueza de detalhes. De madeira torneada e ricamente equipada com acomodações acolchoadas em veludo azul, expunha requintes que nada deixavam a desejar à nobreza francesa. Uma parelha de cavalos negros elegantemente completava a cena, marchando cadenciadamente ao comando do cocheiro, com as crinas acetinadas brilhando ao toque dos raios de sol. Em seu interior, Clara, já completando cinco meses de gestação, acomodada ao lado do marido, trazia no semblante uma sutil tristeza, talvez a que maculara sua alma ao descobrir a verdadeira personalidade de Gilbert. Com os olhos perdidos entre as ramagens floridas do caminho, ela recorda a data de seu casamento e uma lágrima lhe escorre pelo rosto, ao perceber que a promessa de felicidade jurada pelo esposo ao pé do altar não passou de uma dolorida ilusão.

Gilbert, como sempre, numa atitude de superioridade, sorvia a goles pequenos a satisfação em perceber o olhar de admiração dos demais convidados ao requinte de seu transporte.

A comemoração não se despediu como o sol ao se pôr ao final daquela tarde. As primeiras estrelas já cintilavam no céu, quando os últimos convidados se retiraram. Sob os abraços carinhosos dos pais e desejo de eternas felicidades, os jovens partem para Canosa, onde permaneceriam alguns dias.

Sem que a jovem Valentina pudesse supor, outra faceta desse enredo desenvolvia-se, bem próxima dos recém-casados, em Canosa, porém pautada por dor e sofrimento. Alicia, após algumas semanas do fatídico dia em que fora brutalmente violentada por Gilbert, percebe mudanças em seu corpo e diariamente sente-se acometida por náuseas, que por vezes a impedem de ir trabalhar, provocando a ira de Nino, que não se cansa de explodir em ameaças de despedi-la.

As semanas se tornam meses e Alicia, na ingenuidade, resolve comentar sobre seu estado de saúde com uma boa senhora que ocupara o lugar de sua mãe nos afazeres do salão. Era ela, Caterine, senhora viúva provinda da França, após perder seu único filho. Viera acompanhando a patroa idosa, que depois de alguns anos desencarnara, deixando-a sem recursos e sem ninguém com quem pudesse contar. Depois de trabalhar anos como lavadeira nas grandes pousadas italianas, acometida por uma doença que lhe causava dores intensas nas articulações, aceitou com prazer o serviço mais ameno que lhe oferecera Nino e há quase três meses tomara o lugar da bondosa Helena, assumindo suas funções e aproximando-se cada vez mais da jovem Alicia, tentando sondar o real motivo da tristeza que lhe transbordava do olhar perdido.

Naquela noite, Alicia adentrou o salão visivelmente perturbada com os olhos vermelhos e inchados. Como ainda era cedo para a abertura do salão, percebendo que ambas eram as duas únicas funcionárias no recinto, Caterine aproximou-se da moça, afagando-lhe os cabelos:

– O que há com você, minha menina? Tenho a observado há dias e percebido que não está bem de saúde. Olhe para você! Palidez excessiva e olheiras profundas. Confie em mim, minha doce criança, e conte-me o que está havendo.

Alicia, sem emitir um único som, cai em copioso pranto, abraçando a bondosa senhora.

– Estou perdida, senhora Caterine! Completamente perdida! Quero morrer, morrer!

– Acalme-se! Nada pode ser tão terrível que lhe custe a vida. Acalme-se e me conte o que a aflige tanto.

Sufocada ainda pelo trauma da violência que sofrera, Alicia relata à amiga como o senhor Gilbert a manipulara, aproveitando-se de sua ingenuidade e de sua fragilidade pela perda da mãe.

Aterrorizada com a narração da jovem e já suspeitando o motivo do mal-estar contínuo da moça, Caterine a abraçou fortemente e prometeu ajudá-la no que fosse necessário, porém o primeiro passo seria consultar um médico para certificar-se de que estava tudo bem com sua saúde física. A princípio, Alicia não entendeu essa prioridade orientada por Caterine, que por sua vez não quis antecipar a Alicia a respeito de sua desconfiança.

Combinaram que na manhã seguinte procurariam o doutor e assim foi feito. A consulta foi rápida e o diagnóstico imediato: uma gestação de oito semanas aproximadamente.

Segurando nas mãos de Caterine, Alicia não resiste à revelação do médico e desfalece, causando grande agitação no consultório. É colocada na cama com a ajuda do médico e da enfermeira e, só depois de algumas intervenções, recobra os sentidos, abraçando Caterine e chorando assustada.

Abordada pelo médico, é Caterine quem coloca o doutor a par do motivo do desespero da paciente:

– Foi violentada por um inescrupuloso frequentador dos nobres salões desta cidade, doutor. Mas ele há de pagar caro por isso!

Mantendo cautela para não julgar ninguém, principalmente potenciais clientes seus, bons pagadores, o médico desestimula qualquer ação violenta e de revolta, desencorajando Caterine a querer qualquer reparação, diante do acontecido:

– Compreendo a indignação da senhora, porém sabemos bem como a sociedade reage, diante destes acontecimentos: se a jovem é de família rica, vai para o convento; se não tem posses, o seu destino acaba sendo as casas de prostituição. Se quer realmente proteger essa jovem, mantenham-se no anonimato e esqueçam o ocorrido.

Indignada com a postura do médico, Caterine sai do consultório puxando Alicia pela mão e, dirigindo-se à casa da moça, tem com ela uma longa conversa:

– Minha filha, você sabe que assim que seu ventre crescer, será despedida por Nino. Uma mulher grávida não atrai fregueses, nem com a melhor música da Europa. Ficará desamparada financeiramente e sem recursos para criar essa criança. Precisa criar coragem e procurar o malfeitor que lhe causou tal situação.

– Nem pensar, Caterine. Não quero ver aquele monstro nunca mais em minha vida! Sinto um pavor terrível, só de pensar em encontrá-lo!

– Não estamos falando de ter qualquer contato pessoal com ele, mas de exigir que providencie provisões financeiras para essa criança que em poucos meses nascerá.

– Você não entende, Caterine, ele sumiu. Nunca mais o vi no salão.

– Se ele é tão rico e poderoso como diz e foi várias vezes ao salão, temos como descobrir onde se esconde. Seu nome é Gilbert, não é? Gilbert de quê?

– Não sei, Caterine! Nunca me disse seu sobrenome! Sei que é de Cerignola, na província de Foggia e nada mais!

– Como você foi tola, menina! Aceitar dinheiro de um desconhecido...

– Eu não podia deixar mamãe morrer sem cuidados...

Arrependida pelas rudes palavras dirigidas a Alicia, Caterine a abraça fortemente, trazendo-lhe um pouco de alento naquela hora de tamanho pesar.

Ambas despedem-se, combinando retomar o assunto logo mais à noite no salão.

Alicia chegou mais cedo no salão, ansiosa por encontrar-se com Caterine. A amiga a aguardava na porta principal, com boas notícias.

– Alicia, entre logo que eu tenho novidades. O cozinheiro trabalha aqui há anos e, ao ser inquirido sobre o tal Gilbert, deu-me todas as informações.
– Fale logo, Caterine!
– Ele realmente reside em Cerignola e é o maior produtor de alcachofras da região, além de dono de uma significante fortuna. É casado com uma fina dama da sociedade francesa. Por ser um jogador inveterado, aproveita suas vindas à Canosa para comercializar seus produtos e vem refugiar-se aqui no salão de Nino, no qual aposta grandes somas de dinheiro no jogo. Segundo um dos funcionários do salão, tem fama de conquistador e você não foi a única jovem a cair em seu discurso de cavalheiro.

Alicia empalidece, percebendo que além de tudo, Gilbert tinha uma família! Como poderia auxiliá-la na criação da criança que iria nascer?

– Ele que pensasse na família antes de abusar de uma menina como você! Ficarei atenta aqui no salão, certamente em breve ele terá que retornar à cidade para a venda de produtos, e eu o pegarei de jeito...

A quilômetros dali, na mansão de Gilbert os dias passam sem grandes ocorrências, a não ser pela falta que D'Santis faz no controle dos trabalhadores da lavoura. Dois capatazes já foram contratados e dispensados por Gilbert, no curto espaço de cinco meses. Acostumado com a submissão de D'Santis, que cumpria à risca todas as suas ordens e desmandos, era difícil para o patrão aceitar alguém que apenas cumprisse sua função, coordenando os trabalhos da lavoura de forma produtiva.

Naquela manhã, fora procurado por um jovem senhor de nome Albert, com o propósito de apresentar-se para assumir o posto de capataz naquela propriedade. Fora indicado a Gilbert pelo seu grande amigo Joseph, que o conhecera numa vinícola francesa há alguns anos. A carta que lhe fora apresentada por Albert descrevia-lhe a firmeza de caráter, a facilidade com as contas e, sobretudo, a maestria com a qual controlava uma centena de agricultores na França, poupando seu senhor de qualquer aborrecimento e, sobretudo, mantendo a produção elevada. A

conhecida assinatura do amigo Joseph trouxe um sutil sorriso ao semblante de Gilbert que, tentando impressionar Albert, encheu-o de perguntas sobre a sua atuação na propriedade anterior.
– Sei que tem um filho...
– Sim, respeitável senhor! Perdi minha esposa, Louize, no parto de Loran. Ele está com dois anos agora. Minha cunhada assumiu sua criação, desde a primeira semana de vida. Vivem em Reims, na França. Caso me estabeleça aqui como seu serviçal, pretendo visitá-los uma vez ao ano e enviar-lhes periodicamente as provisões financeiras, necessárias ao seu sustento.

Sempre servi a um grande produtor de uvas nos arredores de Reims, porém, viciado no jogo, acabou perdendo tudo e foi obrigado a dispensar os empregados. Com as obrigações financeiras referentes à criação de meu pequeno Loran, resolvi atender ao convite do amigo Joseph e vir para a Itália tentar a sorte.

– Serei franco. Preciso de alguém que entenda das terras, mas que também tenha pulso firme com os empregados que, além de preguiçosos, sempre estão tramando algo contra mim. São uns mal-agradecidos. Têm de tudo aqui: roupa, comida, boa casa, além do salário, e nunca estão contentes. Já o aviso que há dois pedaços de terra que não carecem de sua intervenção, apesar de estarem bem no meio de minha propriedade. Parte deles está arrendada para meu plantio de alcachofras, porém pertencem aos senhores Guilhermo e Salvatore. Temos alguns negócios em comum, e eles mesmos cuidam de suas produções e empregados.

– Certamente que seguirei suas ordens, senhor, porém devo acalmá-lo quanto aos trabalhadores, pois acredito que, se têm todos esses benefícios que o senhor citou, saberei como convencê-los a lhe serem gratos e a se esmerarem no trabalho, sem necessitar de medidas drásticas.

Gilbert coça a barba, pensativo. Naquele momento, sente falta da rudeza e da submissão de D'Santis que, como cão de guarda, servia-lhe em qualquer circunstância, sem nada questionar e preservando-o de sujar as mãos, quando a situação exigia medidas mais comprometedoras.

Sem alternativa e, confiando na indicação de Joseph, Albert foi contratado, como o novo capataz da fazenda.

Clara, que a tudo observava acomodada numa poltrona ao fundo da sala, sentiu uma grande simpatia pelo novo empregado. De modos gentis e verbalização educada, Albert lhe trazia a sensação de que os desmandos do marido estavam com os dias contados.

Em Canosa, Valentina e Martim desfrutavam do ar puro e das belezas das montanhas. Ao cair da noite, passeiam de mãos dadas pela praça e pelas ruas movimentadas.

O som do piano chamou a atenção de Valentina que, ao lado de Martim, permaneceu algum tempo à porta de um enorme e luxuoso salão de jogos. Olhando mais atentamente para o local, Martim comentou com a esposa que já havia estado ali à espera do senhor Gilbert, numa das viagens que empreendera a Canosa com o sócio.

– Pena que não convém para uma senhora recém-casada entrar num lugar de diversão como este, pois eu adoraria sentar-me ao lado desse magnífico piano para ouvir essas canções que mais parecem provindas do céu.

– Acredite que, desse lugar, os acordes divinos não passam nem perto – complementou Martim, convidando a amada a continuarem o passeio.

Mal sabia Valentina que as mãos talentosas que arrancavam do teclado aqueles acordes angelicais pertenciam a sua inesquecível amiga Alicia.

Em retorno a Cerignola, o casal instalou-se na residência dos pais de Valentina, que haviam providenciado a reforma da casa e a construção de um confortável quarto para o casal, cuja janela dava para o delicado jardim de gerânios, tão bem cuidado por Angelina. Aquela nova construção nada lembrava a antiga casa simples que por tantos anos vivenciara a luta daquela família para garantir as provisões do dia a dia.

Não só a casa havia sido reformada, toda a propriedade agora trazia as marcas de um futuro bem promissor, com a produtividade de frutas cada vez maior e com as exportações coordenadas por Gilbert e Martim.

As trilhas cortadas a esmo por entre as frutas deram lugar a canteiros geométricos, bem organizados, como na propriedade de Gilbert . A plantação de alcachofras, como um verde tapete aveludado, já beirava o sopé da montanha e seu valor de mercado, cada vez mais alto, trazia àqueles produtores um crescente sucesso financeiro.

Na propriedade dos pais de Martim, a situação era a mesma, sepultando de vez a penosa situação de miséria experimentada por aquela família em tempos passados.

As notícias de Canosa trazidas por Martim aguçaram o espírito aventureiro de Gilbert que, desde o abuso à jovem Alicia, havia evitado se expor nos salões de Canosa. Já haviam se passado quatro meses e Gilbert já se sentia encorajado a atenuar a abstinência do vício que o consumia.

Dois dias após o retorno do casal, Gilbert parte para Canosa, deixando Clara aos cuidados de Carmela e do atual capataz, Albert.

Ao chegar a Canosa, Gilbert dirige-se para a pousada habitual e, na hora do almoço, reúne-se com um grupo de amigos que com ele compartilhavam o mesmo vício no salão de jogos, com o intuito de sondar se algo havia sido comentado sobre a jovem pianista. Apesar de sutilmente referir-se ao salão e ao gosto pelo piano, ninguém cita a jovem, o que encoraja Gilbert a se preparar para uma intensa noite de diversões.

Sentindo-se fraca, Alicia manda um recado a Nino, comunicando-o que naquela noite não iria ao salão por não estar bem de saúde. Vai deitar-se mais cedo.

Exatamente às dezenove horas, como de costume, um elegante cavalheiro, de barbas negras e olhos ariscos, entra no salão, chamando imediatamente a atenção de Caterine, que prepara as mesas com finas toalhas alvas e taças reluzentes. Seu coração palpita, pois algo lhe diz tratar-se do homem que havia abusado de Alicia. Era a primeira vez que o via por ali, o que vinha ao encontro das informações de que ele não morava na cidade.

Sem perda de tempo, correu à procura de Nino para avisá-lo da

chegada do primeiro freguês e, atenta, ouve o nome do cavalheiro soando aos seus ouvidos, quando os dois se cumprimentam.
– Não há dúvidas, é ele; é o maligno. Hoje mesmo vou avisar Alicia.

Nino assume o lugar de Alicia ao piano e, ao perceber a ausência da jovem, Gilbert aproxima-se do velho amigo, fingindo apenas uma banal curiosidade, e questiona:
– Onde está a moça que tão bem dedilhava essas teclas, amigo? Foi despedida?
– Não, não, caro Gilbert. Por vontade minha já a teria despedido, pois ultimamente tem adoecido muito e faltado ao compromisso, mas os clientes amam sua música e eu fico de mãos atadas; um verdadeiro refém dessa menina...
– Quer dizer que a moça está doente? É grave?
– Coisas de mulher. Caterine me informou que ela tem se sentido fraca e que é acometida por vertigens sequentes. Creio que não superou ainda a morte da mãe.
– Deve ser, caro Nino...

Gilbert retorna a sua mesa, porém com certa preocupação, pois os sintomas descritos por Nino eram muito semelhantes aos de Clara. Tenta concentrar-se no jogo e afastar as aflitivas ideias que lhe rondavam a mente.
– E se a jovem estivesse grávida? O que faria? E se ela resolvesse tornar o fato público, o que seria de sua reputação tão respeitada na cidade?

Encerradas as atividades daquela noite, Caterine dirigiu-se imediatamente para a casa de Alicia, que foi despertada pelas fortes batidas na porta.
– Abra, Alicia, encontrei o homem!
– Que novidade é essa, Caterine, o que aconteceu?
– O senhor Gilbert está lá na porta do salão com um grupo de bêbados! Você precisa falar com ele a respeito de seu estado. Se ele voltar para sua cidade, você está perdida.
– Entre, Caterine. As coisas não podem ser resolvidas assim. Preciso pensar como irei abordá-lo...
– Nada disso, amanhã mesmo vá ao salão e peça para falar com

ele. Caso ele se negue a atendê-la, ameace-o, dizendo que irá a Cerignola contar tudo à família dele!

O nome Cerignola trouxe lembranças a Alicia sobre sua infância e a imagem da amiga Valentina rapidamente se delineou em sua mente.

– Passei parte de minha infância em Cerignola e creio que ainda tenho amigos lá!

– Não estou dizendo que vá a Cerignola. Faremos apenas uma ameaça, entende?

Na noite seguinte, Alicia veste-se resoluta a enfrentar Gilbert e, abrindo a gaveta do móvel de seu quarto, retira um montante de notas organizadas, presas com uma fita aveludada, e dirige-se para o salão.

Sentada ao piano, de costas para a porta, ela pôde sentir a presença de Gilbert adentrando o recinto. O cavalheiro era muito estimado na casa, pelo montante de dinheiro que gastava todas as noites no jogo. Nino correu para recepcioná-lo, oferecendo-lhe a melhor mesa. A voz grave do vilão soou aos ouvidos de Alicia, como uma apunhalada em seu peito. As mãos trêmulas dançavam inseguras sobre o teclado e o suor frio brotava em suas têmporas, escorrendo-lhe pelo rosto pálido. Podia sentir o olhar de Gilbert a devorá-la dos pés à cabeça e sua proximidade trazia-lhe imenso terror.

Percebendo o embaraço da amiga e talvez sua falta de coragem para dar andamento ao plano que haviam engendrado, Caterine se aproxima da mesa do nobre senhor e, após encher sua taça, sussurra-lhe:

– A pianista quer conversar com o senhor, após o encerramento das atividades da casa.

Gilbert, pego de surpresa pela criada, balança a cabeça para concatenar as ideias confusas pelo excesso de vinho e, olhando para a silhueta de Alicia, sorri ironicamente:

– Creio que ela está com saudades...

Caterine, enojada pela conduta torpe daquele homem, sai rapidamente e, aproximando-se de Alicia, confirma que o recado já havia sido dado.

A expectativa da aproximação daquele homem fez com que Alicia novamente se apavorasse, porém elevando seus pensamentos a Deus, pediu forças e sabedoria.

Encerradas as atividades no salão, Alicia sai acompanhada por Caterine e aguarda Gilbert. Sem muita demora, ele sai e dirige-se às duas mulheres:

– Ora essa, menina; trouxe uma amiga para nossa festa?

Alicia enrubesce de vergonha e é Caterine quem responde:

– Sou amiga e protetora dessa jovem e estou ciente de todo o mal que fez a ela. O senhor sabe que cometeu um crime, abusando desta jovem e que terá que reparar seu erro?

– Pelo que eu saiba, ela me vendeu seus préstimos e por uma alta soma em dinheiro. Não é mesmo, Alicia?

Aviltada, Alicia esconde o rosto entre as mãos e chora copiosamente, mas Caterine não se intimida e continua:

– Ela espera um filho seu e, se não ampará-la, tenha a certeza de que iremos a Cerignola pedir ajuda à sua família!

Indignado com a ameaça da desconhecida mulher, Gilbert cerra os punhos e, em tom ameaçador, afirma que se arrependerão por tal ameaça. Que são insignificantes e que, para desaparecerem para sempre, bastava uma ordem sua.

Caterine, novamente muito segura de si, reafirma que se ele não amparar a jovem, sua mulher ficará sabendo de tudo.

– Ameaças não nos afligem, doutor. Foi o senhor quem cometeu o crime e, se não tivermos uma posição sua a respeito desse fato, amanhã todos saberão que abusou de uma órfã!

– Devolva a ele o dinheiro, menina!

Estendendo a mão trêmula, Alicia entrega a Gilbert o calhamaço de notas, acrescentando:

– Todo o dinheiro que me emprestou está aí. Durante esses meses juntei minhas economias para suprir o que havia gasto com o médico e com o sepultamento de minha mãe. Não lhe devo nada mais, senhor.

Sentindo-se humilhado pela nobreza de caráter da jovem, Gilbert arranca rispidamente o pacote da mão da moça e, guardando-o no sobretudo, dirige-se à carruagem que o espera:

— Não pensem que me amedrontam. Vou pensar no que fazer... Alicia abraça Caterine em pranto.

— Acalme-se, menina. O primeiro passo já foi dado. Tenho certeza de que lhe tiramos o sono com a notícia da gravidez. Vou acompanhá-la até em casa, pois amanhã vamos dar continuidade ao nosso propósito.

Na manhã seguinte, mal havia despertado, fortes pancadas à porta da frente a fazem tremer. Ao abrir-la, lá está Gilbert, com profundas olheiras de quem realmente não dormira...

Um calafrio percorreu o corpo de Alicia ao lembrar-se da última vez em que o recebera em sua casa.

— Não vai me convidar para entrar? Não podemos conversar aqui na rua.

A moça abruptamente fecha a porta e a tranca.

Tentando suavizar a voz, Gilbert continua:

— Não tema, Alicia, não irei tocá-la; só quero conversar...

— Na praça, senhor Gilbert ; na praça. Vou me vestir adequadamente e já saio.

Gilbert ri da atitude de Alicia e, escondido entre as ramagens do jardim, a aguarda.

Em poucos minutos a jovem aproxima-se dele, que não deixa de notar-lhe as linhas pouco acentuadas da cintura e os quadris mais largos... A singela beleza escapa-lhe pelos trajes largos, despertando no astuto cavalheiro um deslumbramento ímpar.

— A praça é o melhor lugar para conversarmos; à vista de todos!

— Tola, pensa que nutro algum interesse por você? Posso ter as mais belas mulheres da Itália, num estalar de dedos.

Sem se deixar abalar, Alicia inicia a conversa:

— Estou grávida de quatro meses e em breve as roupas largas não mais ocultarão o volume de meu ventre. Certamente Nino irá me despedir e ficarei completamente desamparada. Preciso de sua ajuda para criar a criança.

— Ora, ora, a menina assustada está me saindo uma bela de uma interesseira. Quer meu dinheiro, isso sim!

— Entenda como quiser. Se não puder me ajudar, irei com a senhora Caterine a Cerignola pedir ajuda à sua esposa.

Visivelmente irritado, Gilbert altera o tom de voz, chamando a atenção dos transeuntes.
– Nem pense nisso! Ninguém tem o direito de destruir a família de um homem de bem!
– Homem de bem não abusa de quem quer que seja, como o senhor fez!

Ao perceber que as palavras de Alicia eram ouvidas, tenta silenciá-la com uma promessa:
– Fale baixo, que as pessoas estão ouvindo. Hoje mesmo você vai pedir demissão a Nino e ficar reclusa em sua casa. Deixarei uma boa quantia em dinheiro com você para que se mantenha até meu regresso a Canosa e não se fala mais nisso!

Mesmo surpresa com a prontidão na resposta de Gilbert, Alicia aceita a proposta, pois não vê outra saída para sua delicada situação. Assim que a jovem retorna para casa, Caterine já está à sua espera.
– E aí, Alicia, o que ficou decidido?
– O senhor Gilbert ordenou que eu pedisse demissão ao senhor Nino e eu não sei se confio o bastante nele para tomar essa decisão, assim tão de repente.
– Infelizmente, você não tem outra saída, menina. É pegar ou largar, pois se ele volta a Cerignola sem nada resolver, não sabemos quanto tempo vai demorar para retornar...
– Tem razão, Caterine; farei conforme ele me orientou. Depois do fechamento do salão, venha aqui, amiga, pois pedirei a ele que venha também e não quero ficar sozinha com ele nem por um momento, Quero deixar bem claro que o consórcio que estamos firmando é para garantir o bem-estar da criança, que não tem culpa de nada e que isso não lhe dará nenhum direito sobre mim.
– Muito bem, Alicia, você amadureceu rápido durante esses meses. Bem dizem que a maternidade amadurece as mulheres... Estarei aqui bem antes que ele; tenha a certeza.

Conforme combinado, Alicia chega ao salão ao final da tarde e, assim que Nino chega, ela o interpela relatando sobre o abuso que sofrera e sobre seu estado de gestação, o que deixa o patrão enfurecido, pois, durante a permanência da jovem na casa, ele desenvolvera por ela um carinho paternal. Esmurrando a mesa, Nino exige que ela diga o nome do malfeitor, porém, para evitar que o combinado com Gilbert fosse prejudicado, Alicia diz que um desconhecido invadira a sua casa, sem que ela pudesse se defender. O bom homem a questiona. Como sobreviverá sem o salário do salão? Mas ela diz apenas que um tio de sua mãe, que residia em Parma, cuidaria das provisões, para que nada lhe faltasse.

A contragosto, Nino, depois de rabiscar algumas contas em uma caderneta, retira do bolso algumas notas dobradas, conta-as e as entrega a Alicia.

– Minha estimada menina, aqui tem um pouco mais do que deveria receber. Espero que a ajude, por hora. Caso necessite de algo, já sabe em que porta bater.

Alicia agradece Nino e retorna ansiosa para casa, pois naquela noite sua vida tomará novo rumo...

Após o encerramento das atividades do salão, Caterine é a primeira a chegar à casa de Alicia. Pouco depois, Gilbert bate à porta, sendo recebido pela segura senhora.

– Um anjo da guarda para proteger a menina! – diz Gilbert ironicamente para Caterine, que não lhe responde a provocação.

Alicia permanece sentada numa velha poltrona ao canto da pequena sala, sem levantar-se para recepcionar Gilbert. De olhos baixos, mãos trêmulas e sem coragem de encará-lo, Alicia balbucia para que o homem se sente.

Ao observar a figura indefesa da jovem, Gilbert tem pensamentos funestos, ditados certamente por entidades perversas... "Se aquele maldito do D'Santis não tivesse me traído, com certeza daria um jeito nessa situação e eu não precisaria passar por isso. Uma moça sozinha, sem parentes, poderia sumir que ninguém perceberia..."

Foi Caterine quem interrompeu os pensamentos de Gilbert.

– Senhor, a hora já é avançada, vamos ao que interessa!

Direcionando à mulher um olhar de reprovação por sua audácia, Gilbert limpa a garganta e dirige-se à Alicia, expondo seu plano:

– Menina, que fique bem claro que esse nosso acordo não lhe

dá nenhum direito à minha fortuna ou a nenhuma de minhas posses. Estou apenas sendo bondoso com uma órfã, pois, para alguém que trabalha num salão de jogos, frequentado por homens embriagados, poderia plenamente estar me enganando, ao dizer que sou o pai dessa criança; qualquer um daqueles jogadores a poderia ter iludido...

Indignada, Caterine interrompe o vilão:

— Senhor Gilbert, sabe muito bem que o senhor é sim o pai da criança e não recuaremos nem um passo em nosso intento de contar tudo à sua esposa, caso necessário.

— Acalme-se, sua alcoviteira. Não estou me eximindo de nenhuma responsabilidade, mas apenas tecendo um comentário bem pertinente ao momento.

— Por favor, vamos acabar logo com isso; não estou muito bem — balbucia Alicia.

— Não há o que discutir. Você se mudará para uma casa nos arredores da cidade que eu já estou providenciando. Não pode ficar à vista de todos e, além do mais, não quero que ninguém me veja entrar em sua casa. Temporariamente venho a Canosa, acompanhado de meu sócio e também não quero que saiba de nada. Receberá boas somas em dinheiro para manter-se e cuidar da criança. E, quanto a você, já me informei que mora sozinha num imundo quartinho ao lado do mercado e lhe ofereço uma boa oportunidade de melhorar de vida. Acompanhe Alicia como sua dama de companhia, afinal precisa de alguém experiente que lhe acompanhe a gestação.

Caterine teve o ímpeto de não aceitar a oferta, devido à arrogância de Gilbert. Quem ele pensava que era para tomar decisões sobre sua vida? Mas, ao olhar para Alicia, e ver toda a sua fragilidade, aceita a proposta. O homem entrega uma considerável soma em dinheiro a Alicia e se afasta sem nenhuma palavra de despedida...

Em duas semanas, Alicia tranca a porta do Empório D'Angelo mais uma vez e, acompanhada por Caterine, se instala na nova casa. Apesar da arquitetura simples, com paredes de pedra, a construção trazia uma beleza singela. Toda ladeada por frondosas árvores floridas e com um pequeno jardim forrado de gerânios que recepcionava as novas moradoras, trouxe a Alicia a lembrança da propriedade do senhor Salvatore e da infância feliz que tivera ao lado de Valentina. Fechou os olhos e por segundos parecia sentir o frescor da brisa do lago e ouvir o farfalhar dos galhos do chorão a beijar a água cristalina. Um suspiro provindo do fundo de sua alma chama a atenção de Caterine.

– Vamos, menina, não é hora de sonhar. Temos muito a fazer!

Ao abrirem a porta, inebriaram-se com o cheiro da mobília nova, que apesar de simples, trazia àquele lugar uma beleza ímpar.

Depois de olharem os demais cômodos, trataram de ajeitar seus pertences nas gavetas. Alicia, encontrando um vaso vazio sobre a mesa da cozinha, corre para o jardim e decora-o com vários cachos coloridos de flores, que trazem para dentro da casa o perfume e suas lembranças de infância.

Aquela manhã na propriedade de Gilbert despertara como as demais, se não fosse o alarido dos cães a correrem ao lado da carruagem dançando no caminho tortuoso que levava à mansão. O sol já ia alto, quando Clara, acomodada na varanda, fora atraída pela nuvem de poeira que anunciava a chegada do marido. Uma ponta de tristeza tomou-lhe o rosto brando, pois os retornos de Gilbert a lembravam sempre de suas traições, dos abusos com a bebida e das altas somas em dinheiro gastas com as apostas. Instintivamente, levou a franzina mão ao ventre, que já bem avolumado a deixava cansada e sem ânimo para novas discussões.

Ao descer da carruagem, Gilbert apressa-se em beijar a esposa, que logo percebe o aroma do perfume vulgar que ele carrega em suas vestes.

– Como está você, minha amada? E o meu herdeiro, comportou-se bem na ausência do papai?

Clara, irritada com a representação de Gilbert, limita-se a menear a cabeça positivamente, não lhe dando muita atenção. Ele continua:

– Sei que não se interessa por negócios, minha querida, mas gostaria de informá-la que nessas duas árduas semanas em que estive fora, fechei vantajosos contratos de exportação e o futuro

de nosso filho está garantido.
Com os olhos perdidos no verde da plantação de alcachofras, Clara apenas sussurra:
– Fico feliz...
Como percebe que Gilbert continuará a justificar sua ausência, pede licença e, dizendo estar cansada, retira-se para o seu quarto. Instintivamente abre seu livro de cabeceira, retirando de seu interior o papel que há meses mantinha escondido. O nome Alicia e um endereço grafado por uma bela letra de mulher a faz tremer de raiva. Pensa em arremessá-lo no rosto do marido, mas contém-se, devolvendo-o ao livro. Deita-se e mil pensamentos fervilham em sua mente, embalados pelo nome "Alicia"...
Os meses se passam e tanto Clara quanto Alicia já estão prestes a dar à luz.
Gilbert, cumprindo o compromisso, não desampara Alicia; visita-a periodicamente, sempre acompanhado pelo médico, que, elogiando a saúde da jovem, garante que o bebê certamente será muito saudável. O mesmo não acontece com Clara que, com uma gravidez de risco, passa os dias acamada, sem a atenção que gostaria de receber do marido.
Pelo seu delicado estado, os pais de Clara vêm da França para acompanharem o parto, que já está próximo. Emiliano e Francesca são recebidos com muito apreço pelo genro que, fingindo-se um marido exemplar, cobre a esposa de mimos, tão negligenciados nos últimos meses. Para evitar que os pais percebam a real situação de seu casamento, Clara esforça-se para corresponder às gentilezas do marido. As visitas do doutor Domênico são constantes, uma vez que a jovem senhora apresenta males súbitos, que lhe custam dias de preocupante prostração.
Carmela e a senhora Francesca não mediam esforços para manterem Clara numa condição confortável, o mesmo acontecendo em Canosa, com a boa Caterine, dedicando todo o seu tempo livre a Alicia.
Os dias se passaram e, naquela noite fria, ninguém dormiu na mansão de Gilbert, pois desde as primeiras horas da madrugada, Clara entrara em trabalho de parto. Doutor Domênico perma-

necia à cabeceira da cama, acompanhado por uma assistente e respaldado pelos cuidados de Francesca e da boa Carmela.

As dores eram intensas e Clara gemia, contorcendo-se no leito já encharcado pelo suor que gotejava de seu corpo.

Gilbert, extremamente nervoso, mantinha-se na sala a andar freneticamente de uma ponta a outra, acompanhado pelo senhor Emiliano, que se mantinha de olhos fechados, sussurrando preces intermitentes. Por vezes, o doutor Domênico saía do quarto por alguns minutos, para informá-los da situação que se delineava um tanto difícil...

Sentindo-se impotente, pela primeira vez, Gilbert se lembra da doce Isabel e com palavras confusas parece pronunciar uma prece.

Ao lado de Clara, uma entidade envolta em luz espalma a mão sobre seu ventre, direcionando à enferma fachos esverdeados de luz que lhe tocam o corpo e se desdobram em múltiplas luzes coloridas a espalharem-se pelo ambiente.

O vaivém de Carmela do quarto da jovem patroa para a cozinha e da cozinha para o quarto, carregando toalhas e bacias com água escaldante, deixava Gilbert ainda mais nervoso. Com a fronte gotejando, doutor Domênico saía do quarto repetidas vezes, consultando o relógio que agilmente retirava e recolocava do bolso. Os gemidos de Clara chegavam à sala, cada vez mais constantes, fazendo o senhor Emiliano abandonar a sala e ir acomodar-se na varanda.

Isabel, com as mãos espalmadas sobre o ventre de Clara, exibia um terno sorriso, a anunciar a chegada do neto em mais uma romagem no corpo físico...

Um ganido frenético que ecoou pelo corredor da mansão, fazendo Gilbert levantar-se em sobressalto, foi acompanhado por um forte choro, anunciando que mais um espírito iniciava a sua caminhada no orbe terrestre, através da reencarnação, uma verdadeira dádiva do Pai a nos oferecer recursos para a nossa renovação.

Sem ater-se mais, Gilbert correu em direção ao quarto, encontrando o bom doutor Domênico já com um robusto menino envolto num lençol.

– É um menino, senhor Gilbert ! Um robusto e saudável menino! E quanto à Clara, passa bem, porém precisamos conversar a respeito. O pior já passou.

Atraído pelo choro do neto, Emiliano junta-se a Francesca e, deixando o doutor prestar os cuidados necessários a Clara e ao bebê, abraçam o genro, parabenizando-o pelo herdeiro.

Ainda completamente tomado pela alegria de ser pai, Gilbert continua:

– Seu nome será Edmond; Edmond Vilaneuve! Herdeiro dessa imensidão de terra!

Carmela, que havia presenciado o sofrimento de Clara, apenas meneou a cabeça ao passar pelo patrão, pois a impressão que tinha era de que a preocupação do senhor estava exclusivamente voltada ao filho; parecia não se incomodar com o sofrimento da esposa e com seu frágil estado de saúde...

Por ordens do doutor, Carmela vai para a cozinha preparar um caldo forte para a patroa, pois estava muito debilitada.

Deixando Clara e o recém-nascido na companhia dos pais, o doutor Domênico vai para a sala, solicitando uma conversa em particular com o jovem pai.

– Mas do que se trata, doutor? O bebê já nasceu; Clara está bem. O que precisa ser dito particularmente?

– Senhor Gilbert, quase perdeu sua esposa... Ela é muito fraca para um parto difícil como este. Ela ainda corre perigo. Devo permanecer por aqui por mais um tempo. Pode ainda ter uma hemorragia.

– O que quer dizer com isso, doutor?

– Que apesar do bebê já ter nascido, Clara perdeu muito sangue durante o parto e precisarei acompanhar a sua situação. Preste atenção, senhor Gilbert, se Clara engravidar novamente, não resistirá. Por conselho médico, contente-se em ser pai de um único filho, se quer preservar a vida de sua esposa.

Entusiasmado com a chegada do filho, Gilbert não dá muita importância às orientações do médico e pedindo a Carmela que acomodasse o doutor no quarto de hóspedes, dirige-se ao quarto para ver a esposa. Ao lado da cama, Isabel ainda vela pela nora, acariciando-lhe os longos cabelos dourados.

— Minha querida, obrigado pelo filho saudável que me deu. Meu sucessor; vou ensinar-lhe tudo o que tive que aprender sozinho — diz Gilbert.

Clara, com os olhos semicerrados, apenas limita-se a apertar o filho contra o peito, como se a protegê-lo da influência maléfica do pai.

Não muito distante, na propriedade vizinha, Martim prepara-se para uma viagem. Pela indisponibilidade de Gilbert, vai só a Canosa.

VIAJORES DO TEMPO

O SOL DESPERTA altivo naquela manhã, espalhando sua magnífica luz pelos verdes campos de alcachofras. Gilbert, às primeiras horas do dia, já está na cozinha, pois Albert em breve lhe traria o coche para a planejada viagem a Canosa. Martim, por quem Gilbert tinha uma admiração invejosa, certamente estaria à frente de tudo em sua ausência.

Procurando não despertar Clara, vai até o quarto, beija Edmond e afaga os cabelos da esposa, num gesto metódico que já não mais representava o verdadeiro carinho de outrora. A doce esposa certamente significava apenas mais uma conquista a ser somada à longa lista de bens daquele homem...

Em poucos minutos, o coche, a caminho de Canosa, dançava envolto em nuvem poeirenta e avermelhada. Elegantemente trajado, Gilbert fecha as cortinas do transporte e, com a cabeça apoiada numa delicada almofada de veludo azul, cerra os olhos, sentindo o doce perfume de Clara. Uma fagulha de remorso fez doer-lhe o peito, pois o intento maior de sua ida a Canosa era saber notícias de Alicia e da criança que, pelas suas contas, estava prestes a nascer. Buscava no âmago de sua alma respostas para suas constantes transgressões, porém afastava tais pensamentos, deixando seus olhos vagarem orgulhosos pela rica propriedade que possuía.

Ao abrir as cortinas do coche, despertado pelo aviso do condutor, Canosa apresentou-se como sempre, belíssima e convidativa aos vícios de Gilbert. As ruas movimentadas e a visão do altivo salão de jogos trouxeram-no à realidade e a imagem de Alicia povoou-lhe os pensamentos:

– Como farei para escondê-la do mundo? E a criança? Terá quase a mesma idade de Edmond...

Envolto em conjecturas, depois de acomodar-se na pousada costumeira, dirigiu-se para a casa de Alicia.

Martim, como em todas as ausências de Gilbert, acordou bem cedo e percorreu a propriedade, assegurando-se de que estava tudo dentro da rotina. Ao entrar na fazenda de Gilbert, observa o bom Albert afagando um preguiçoso cão que ressonava à soleira da casa grande. A imagem lhe trouxe imediatamente a lembrança do menino sisudo que fora por toda a infância, lembrando-se de que o único amigo que tivera fora seu velho cão... Demorou-se em observar o carinho com que o jovem homem acariciava o animal, servindo-lhe pequenos nacos de pão ainda quente e julgou-o um homem bondoso, diferentemente da figura ofensiva de D'Santis, que tanto tinha despertado a sua ira no passado.

Albert ao perceber a presença do jovem, dirigiu-se a ele, cordialmente:

– Bom dia, jovem Martim! Como está a senhora Valentina?

– Estamos bem e muito felizes, senhor Albert! O amor muda nossos olhos e nosso coração. Quando estamos ao lado de quem amamos, o mundo se renova à nossa volta!

O sorriso largo de Martim motivou Albert a continuar a conversa e a sanar sua curiosidade sobre Valentina.

– Desculpe-me a intromissão, senhor Martim, mas ouvi dizer que a senhora Valentina tem dons inexplicáveis e que até já curou a senhora Clara com suas preces. Isso procede? Carmela repete essa história inúmeras vezes...

– Esse povo fala demais, caro Albert. Valentina difere-se de nós, pelo seu excesso de fé e isso é tudo.

Meio desconcertado, Albert continua.

– Sabe, senhor Martim, quando estava na França e minha senhora passou mal para dar à luz o meu pequeno Loran, também conheci alguém com muita fé, que orou várias vezes por ela e lhe trouxe muito conforto, contando-lhe que a morte não é o fim de tudo e que existe um lugar que desconhecemos, no qual continuamos a viver, como espíritos. Ela morreu horas depois do parto, mas sussurrou algo para mim que me deu grande alento. Ela disse-me que apenas faria uma longa viagem e que, se eu fosse um homem bom, certamente a veria de novo. O senhor acredita nisso, senhor Martim? Pois, ao que me parece, sua esposa também tem certeza de que esse lugar existe.

Martim, sem entender o rumo daquela conversa, apenas limita-se a dizer que espera que esse lugar realmente exista, pois sem essa crença a vida não teria muito fundamento. Uns pobres, outros ricos; uns com tanto e outros sem ter nem o que comer; as mortes prematuras como a de sua esposa... Certamente tudo faz parte de um grande plano divino...

Depois de Albert informar ao jovem sobre as providências tomadas nas plantações, ambos se despedem e Martim parte, com as palavras de Albert a questionarem sua verdadeira fé.

– Será que Valentina tem mesmo razão, quando diz que estamos apenas de passagem nesse mundo? Se essa é a verdade, podemos morrer a qualquer momento.

Um calafrio lhe percorre o corpo todo, ao pensar que poderia perder sua adorada Valentina para a morte e adianta-se em apressar o cavalo no caminho de volta.

Em Canosa, Caterine, sem cerimônias, abre a porta para o arrogante Gilbert que insiste em ver Alicia. A moça, já com uma gestação de nove meses, aguarda a chegada do filho, sem grandes expectativas.

Gilbert vai encontrá-la na pequena saleta, acomodada em uma poltrona, à frente da janela que dava para o jardim de gerânios. O olhar perdido entre as flores e a aparência muito distante daquela menina ingênua que há meses conhecera novamente causam uma sensação de angústia a Gilbert que, escoltado espiritualmente por Isabel, ousa colocar a mão sobre o ombro de Alicia, gesto repudiado imediatamente pela jovem.

– Boa tarde, Alicia. Como está? E o bebê?

Alicia, sem voltar-se para encarar o elegante senhor, responde num balbucio:

– Como ousa tocar-me, senhor Gilbert? Só o deixamos entrar porque a hora do parto se aproxima e é conveniente que esteja aqui quando a criança nascer.

É Caterine quem declara:
– Procure o doutor e deixe tudo acertado, pois, pelas minhas contas e pelo estado de Alicia, o bebê não tarda a chegar.
– Já fiz isso, senhora Caterine! A minha parte no trato está sendo cumprida fielmente e espero que cumpram a de vocês! Nada de irem ao consultório quando a hora do parto chegar. Já combinei com o doutor. O bebê deve nascer aqui nesta casa, sem nenhum alarde! Entenderam?

Caterine, sem baixar a cabeça, fita os negros olhos de Gilbert e defende a jovem.

– Deus é quem sabe, senhor, se for necessário que o parto seja feito no consultório, para o bem de Alicia e da criança, não haverá quem me impeça de levá-la ao doutor; tenha a certeza disso.

Enfurecido com a prepotência daquela senhora, Gilbert sai dizendo que estará na cidade por mais duas semanas e bate a porta.

Quatro dias depois, Alicia desperta ainda de madrugada, chamando por Caterine. Não havia dormido ainda, pois, acometida por fortes dores que ficavam cada vez mais intensas, percebera que a hora era chegada.

Caterine apanha um xale dependurado na cabeceira da cama e sai em disparada, rumo à casa do doutor, deixando Alicia sujeita à própria sorte. Um velho cocheiro, conhecido de todos por sua embriaguez, ressonava sobre um monte de feno. Acordou pelos gritos da senhora, pedindo que fosse à cidade e que não voltasse sem o doutor, pois o caso era de vida ou morte. Sem contestar, o homem ainda cambaleante pelo susto, tratou de colocar a carroça na estradinha que o levaria à cidade.

Ao retornar, Caterine encontra Alicia aos gritos, com as mãos no ventre. O semblante angustiado e a fronte gotejando um suor frio lhe acentuava o aspecto doentio. Entre as mãos trêmulas, o crucifixo de Helena, como se a mãe pudesse interceder por ela naquele momento de excessiva dor. Amparada por Caterine, Alicia senta-se na cama e, como se a registrar a presença de um grupo de entidades iluminadas que circundavam a humilde cama, aperta o crucifixo entre os dedos, proferindo uma emocionada prece, que fez Caterine ajoelhar-se diante dela em demonstração de respeito e fé:

"Maria, minha mãe poderosa e mãe de todas as mães, ajuda-me a suportar essa dor que rasga minhas entranhas, como tu suportaste a dor para trazer ao mundo nosso salvador, Jesus! Dá-me forças para dar à luz esse novo ser que me foi confiado, trazendo-o a esse mundo com segurança. Faz-me mãe em amor e devoção a essa vida que está prestes a aventurar-se nesse mundo de sofrimento e dor, dando-me a capacidade de perdoar ao meu agressor e devotar a minha própria vida a esse ser que, desnudo, chegará ao mundo, almejando e necessitando do meu amor incondicional! Mamãe Helena, esteja onde estiver, preciso de seu amparo nesta hora..."

Uma nova contração interrompeu a prece e a jovem, mordendo os lábios, sussurrava repetidas vezes:

– Amém, amém...

Se em sua angústia pudesse vislumbrar o grupo que a assistia! Antonela, Isabel, Helena e mais um grupo de espíritos amigos respaldavam a chegada de Bianca ao mundo material, coroando-a com pequenas estrelas reluzentes que inundavam o aposento com luzes multicolores.

A chegada do doutor foi tempestuosa, pois Alicia já entrara em trabalho de parto há algumas horas e, aos gritos, ele exigia rapidez de Caterine com a água fervida e toalhas limpas.

O atendimento à jovem foi muito rápido, pois, em menos de quinze minutos, nascia uma menina rosada e de cabelos negros, trazendo a expectativa de sucesso em mais uma programação reencarnatória...

Exausta, Alicia recebe a pequena Bianca das mãos de Caterine e a aperta contra o peito, como dádiva divina que, na certa, a recompensaria por tanto sofrimento que conhecera tão cedo em sua vida...

Cerca de uma hora depois do parto, Gilbert, avisado da chegada da filha pelo médico, adentra a pequena habitação, em visível agitação, dirigindo-se para o quarto de Alicia.

Sem preocupar-se com a jovem convalescente, dirige-se a Caterine e pede para ver a criança que, envolta em uma alva manta, dorme nos braços da benfeitora.

– Eis aqui a pequena Bianca, linda e doce como a mãe!

Gilbert, meio desconcertado, levanta a ponta do tecido para ver o rosto da menina e novamente seu duro coração parece alvejado por um sentimento que lhe é de todo desconhecido. A pequena criança lhe traz a lembrança de sua amada mãe, Isabel. Os traços do rosto não mentem para Gilbert ; têm a ternura e a leveza das feições daquela mulher bondosa que ele já havia deixado para trás num passado distante...

Sem deixar-se descobrir em sua fraqueza momentânea, Gilbert, dirige-se a Alicia e, como se a tratar de negócios, entrega a ela um grande volume em dinheiro, limitando-se a dizer:

– Não quero que nada falte a minha filha! Ficarei mais uma semana em Canosa tratando de negócios, depois só retornarei no próximo mês.

Uma lágrima grossa e fria escapa dos olhos da jovem mãe, percebendo que não poderia proteger sua pequena Bianca das mãos daquele homem. Ficara claro para ela que a pequena não passava de mais um objeto que Gilbert estava pagando para possuir.

Os dias se passaram e Gilbert, de volta à fazenda, sequer se lembrava da pequenina filha, que deixara ao sabor das circunstâncias em Canosa. Os negócios iam bem e os laços financeiros entre Martim e Gilbert se estreitavam cada vez mais. Era Martim quem estava à frente dos negócios dos pais e dos amigos, como também responsável pelas idas a Canosa para comercializar os produtos da lavoura, como também os de Gilbert.

Naquela manhã, tudo estava preparado para a partida de Martim, porém ele relutava em viajar, pois Valentina não se sentia bem há dias. Muito embora a jovem esposa tentasse persuadi-lo a viajar, Martim parecia irredutível, dizendo a ela que só o doutor Domênico poderia acalmá-lo depois de consultá-la. Resolveram então, numa mudança repentina de planos, utilizar o coche que já aguardava Martim, para irem ao consultório do médico na cidade.

O casal de jovens, abraçados, pareciam envolvidos por uma redoma mágica que os fazia enxergar o ambiente em seu entorno com novos olhos. Tudo parecia mais esplêndido naquela manhã. O sol, tocando-lhe as faces, como a beijá-los em reverência; os pássaros, gorjeando intermitentemente nas copas das árvores, em coral uníssono, pareciam anunciar algo novo aos ouvidos de quem pudesse ouvi-los. As flores, despertadas pelo frescor da manhã, debruçadas aqui e ali sobre a relva que ladeava o caminho, certamente reverenciavam espíritos de alta hierarquia, que em séquito invisível escoltavam aqueles que foram escolhidos para tutelar a vinda de mais um espírito que tivera a bênção da reencarnação, rumo à senda evolutiva da vida.

Depois de uma rápida consulta a Valentina, o doutor Domênico abraça abruptamente o jovem Martim, sussurrando-lhe ao ouvido uma breve frase que ecoaria no plano espiritual como um acorde de luz:

– Parabéns, papai!

Martim abraça o médico e, com as mãos espalmadas para o alto, profere um agradecimento:

– Obrigado, Deus! Sou o homem mais feliz do mundo!

Desconcertada ainda, pela repentina revelação de seu estado, Valentina entra timidamente na sala e é abraçada pelo jovem esposo, que não contendo a alegria, beija freneticamente seu ventre, fazendo-a corar diante do médico.

– Vida normal, minha jovem! Ser mãe não é doença, e sim uma dádiva dos céus! As visitas ao meu consultório têm que ser regulares, para que tudo corra bem durante a gestação.

– Jovem papai, dê os parabéns aos avós de ambas as partes! E não se esqueçam de minhas recomendações.

A gestação de Valentina segue normalmente com o amparo das entidades superiores e, numa bela manhã de outono, chega à vida material a pequena Lia, que desde então fora envolvida em mimos pelos avós e pais prestimosos. Franzina e de faces delicadas, tinha uma ligação muito forte com o pai, que não fugia aos seus olhinhos ariscos e sempre aprisionados pelos seus fortes abraços.

Dividido entre os negócios da fazenda, a atenção que lhe era exigida pela esposa nos cuidados com a criação de Edmond e a atenção que precisava dispensar à filha bastarda, Bianca, Gilbert não encontrava tempo para administrar seus negócios como antes e constantemente deixava a cargo de Martim a venda de mercadorias no porto e a maioria das obrigações das quais antes não abria mão.

No limiar do desequilíbrio

O TEMPO PASSA rapidamente e a vida parece caminhar sem grandes novidades, exceto pelo mal desconhecido que pouco a pouco se apossa de Clara, fazendo-a delirar e empreender longos monólogos, ouvidos por Carmela pelas frestas da porta do quarto escuro em que a senhora se encerra. A criada não tem dúvidas de que as idas sequentes do patrão a Canosa, mesmo quando não há negócios a fazer, são a causa dos males da senhora. As discussões são constantes no retorno do patrão e, por muitas vezes, ouve a senhora chorar. Não podia deixar de observar também os hematomas nos braços pálidos da senhora que, ao perceber os olhares inquisidores dela, os atribuía aos candelabros mal dispostos no corredor, nos quais ela esbarrava constantemente.

Naquela manhã, tudo parecia rotineiro, quando Gilbert é surpreendido pelos gritos de Carmela, pedindo que acudisse a senhora, que estava caída sem sentidos no corredor que levava aos quartos. Como observava o comportamento de Clara há tempos, sempre às escuras, balbuciando monólogos ininteligíveis, Gilbert não se apressou em socorrê-la, deixando o intento para Carmela e o bondoso Albert que, ouvindo os apelos da criada, em minutos estava dentro da mansão.

O doutor Domênico foi chamado às pressas, a contragosto do patrão, que atribuía o desmaio de Clara às esquisitices que fazia ultimamente...

O diagnóstico assustou primeiro ao médico que, franzindo a testa, numa atitude de desaprovação, deu a notícia a Gilbert :

– O senhor será pai novamente e parece ter se esquecido do meu alerta, de que Clara é frágil para suportar mais uma gestação e que corre reais perigos de vida! Gilbert já meio embriagado, numa atitude desrespeitosa, dá de ombros ao médico, que extremamente preocupado passa orientações a Carmela:

– A senhora precisa ir a Canosa; lá os recursos são melhores e ela precisa de uns exames mais apurados. Vou dar o endereço de um médico amigo e recomendar a senhora Clara. Convença o esposo a levá-la para os exames, antes que seja tarde.

Carmela, muito preocupada, questiona o doutor Domênico:

– Ela pode perder o bebê, não é mesmo, doutor?

– Não pode só perder o bebê, como morrer, Carmela. Ela precisa de cuidados especiais. Preocupou-me o fato de ela estar completamente alheia à sua grave situação; parece não se importar com a vida e a morte...

– Eu é que sei, doutor. O jovem Edmond está crescendo sem afeto. O pai, quando não está embriagado, está em Canosa, certamente envolvido com rabos de saia e a patroa não anda nada bem; fala sozinha e, por vezes, passa dias sem sair do quarto. Eu e Albert fazemos o que podemos para o menino, mas nada se compara ao afeto dos pais, não é mesmo, doutor?

– Você é abençoada, Carmela; praticamente, cria um filho do coração! Você recebeu essa missão da espiritualidade e não deve abandonar Edmond por nada!

Carmela se benze e diz:

– Já ouvi falar que o senhor não frequenta os sermões aos domingos, mas que estava envolvido com esse negócio de espírito é uma novidade! Cruz credo; até me arrepia...

– Boa Carmela, os caminhos do amor são insondáveis e apenas eles importam nessa vida. Edmond já está mocinho, mas outro bebê vem aí e precisará também muito de você!

Carmela despede-se do doutor e vai até o quarto onde Clara descansa.

– Boa senhora, precisa se cuidar; o doutor Domênico disse que mais um bebezinho vem por aí! Vou abrir a janela e deixar o sol entrar, afinal há dias a senhora não sai do quarto.

Não recebendo qualquer resposta, Carmela abre as cortinas e as janelas, e a brisa perfumada do jardim invade o aposento, trazendo novo ânimo a Clara.

– Carmela, onde está meu marido? Por que não veio me ver?

Disfarçando para não magoá-la, Carmela ajeita as flores no vaso sobre a mesa e diz:

– Ah!, senhora, ele ficou muito preocupado. Mas precisou socorrer Albert, que está com problemas na plantação. Na certa estará de volta em breve para ficar com a senhora.

Clara, percebendo o embaraço da criada, levanta-se e, sem nenhum ruído, caminha pelo corredor, entreabre a porta que dá na sala de estar e vê Gilbert debruçado sobre duas garrafas vazias caídas sobre a mesa. Volta para o quarto e, tendo como único consolo o alvo travesseiro, chora convulsivamente, questionando aos céus o porquê de seu sofrimento.

A refeição lhe é servida no quarto e, pouco depois, Gilbert, alertado pela criada, finge estar voltando da plantação. Senta-se ao lado da esposa e, beijando-a na testa, balbucia palavras que soam como alheias ao seu real estado de espírito, envoltas num nauseante odor de vinho:

– Parabéns para nós, querida, teremos mais um herdeiro! Afinal, se a herança cresce, os herdeiros devem multiplicar-se para recebê-la, não é mesmo?

Clara, com visível asco, responde ao marido:

– Pelo tempo que passa fora de casa, creio que a herança que tem não será o bastante para dividir entre os herdeiros e os bastardos, não é mesmo, caro esposo?

Gilbert, visivelmente corado ao lembrar-se de Alicia e de Bianca, finge não entender a ironia da esposa. Levanta-se e, dirigindo-se à saída, lhe diz, antes de bater a porta:

– Descanse, cara Clara, o mal súbito que sofreu pela manhã está lhe causando delírios insanos.

Atendendo ao pedido do doutor Domênico, na manhã seguinte tudo estaria preparado para que Clara fosse levada a Canosa para a consulta com o médico indicado pelo doutor Domênico. Dada à insistência de Edmond, que já beirava os catorze anos, Gilbert decidiu que levaria o menino e que Carmela os acompanharia para dar assessoria à esposa e ao filho, enquanto ele fosse tratar de negócios.

Clara pouco dormira naquela noite. Com Gilbert no quarto de hóspedes, sentia-se completamente só e a angústia de ser mãe novamente a estonteava, pois nem conseguia dar atenção ao pequeno Edmond. Como seria ter um bebê sob seus cuidados? Não se sentia bem há meses e as vozes estranhas que lhe sussurravam comandos torpes aos ouvidos pareciam mais insistentes naquela noite. O suor frio lhe escorria pelo rosto. Implorava aos céus para que o doutor Domênico estivesse enganado e que ela não estivesse grávida novamente. Não temia por sua vida, mas sim pela sorte de Edmond, que ficaria órfão e à deriva, sem um pai que o pudesse amar...

A noite já cobria toda a propriedade de Gilbert, quando Clara levantou-se subitamente da cama e dirigiu-se à cômoda, abrindo uma das gavetas e retirando dela um livro já com as páginas amareladas. Abriu-o e retirou de entre suas páginas um pequeno pedaço de papel dobrado. As letras bem visíveis denunciavam que nem tudo o tempo apaga. Leu-o em voz alta, como se a certificar-se de que ele lhe traria em breve grandes revelações: Alicia D'Angelo, Canosa. Percebendo que Carmela já havia deixado seu traje de viagem sobre a poltrona, adiantou-se em esconder o papel dobrado no bolso do casaco.

A carruagem já tilintava suas rodas na estrada empoeirada, levando quatro ocupantes, cada um deles com um intento, quando o sol despontou no horizonte. O pensamento de Gilbert estava na pequena habitação de Alicia e na graciosa e linda Bianca que despontava para a adolescência com a doce beleza de sua avó Isabel, sem contudo desconfiar da existência do irmão; Clara, com as mãos no bolso do casaco, conjecturava planos para encontrar a amante do marido; Carmela, com os olhos perdidos no verde da paisagem, pedia aos céus proteção para sua senhora. Edmond, encantado com o paraíso que se renovava à sua volta, não parava de falar, causando visível irritação no pai.

Com o endereço do médico nas mãos, Gilbert verificou ser o mesmo que fizera o parto de Alicia. A princípio ficou receoso de ser reconhecido, mas se acalmou ao convencer-se de que o havia visto apenas uma vez e muito rápido no quarto de Alicia e que o tempo lhe havia presenteado com belas madeixas grisalhas, em substituição à sua delineada barba negra de antes. Obviamente o médico não se lembraria dele.

Encaminha Carmela e Edmond para a pousada antes de dirigir-se ao consultório com Clara. Depois de cordiais cumprimentos e apresentações, Gilbert fica seguro, pois o médico não o havia reconhecido, conforme imaginara. A consulta foi rápida e o diagnóstico confirmado. A delicada senhora estava grávida e necessitaria de cuidados especiais, por isso deveriam permanecer em Canosa por mais alguns dias para que todos os exames fossem realizados.

O casal sai do consultório e a abatida senhora, como se alheia à confirmação de seu estado, caminhava ao lado de Gilbert com os olhos perdidos entre as construções da bela cidade, tentando adivinhar atrás de qual janela estaria a mulher que lhe roubara o amor de Gilbert ...

– Está gostando da viagem, querida? Há anos não vem a Canosa, não é mesmo? Tudo está mudado, apenas a igreja, a praça e o salão de jogos se mantiveram intactos. Novos tempos...

Clara vê-se diante de uma promissora possibilidade, ao perceber o interesse do marido por aquele prédio clássico e imponente construído próximo à praça.

– Veja, minha querida esposa, o grande salão de jogos de Canosa! Já perdi dinheiro aí, mas já ganhei muito também. Uma diversão sadia para um homem de negócios como eu.

– Claro que sim, Gilbert! Estou cansada; quero ir para a pousada descansar. Leve Edmond para dar um passeio, o pobrezinho está muito feliz por viajar conosco e merece uma tarde divertida.

Pensando na noite de divertimento que teria, ele concorda com a esposa e, deixando-a na pousada, ousou brincar com o perigo...

Levando Edmond pela mão, contou-lhe que tinha uma velha amiga nos arredores de Canosa e que essa amiga tinha uma filha de sua idade, chamada Bianca. Pediu ao menino que não o chamasse de pai, pois a menina Bianca era órfã e o havia adotado como seu pai do coração. Explicou a Edmond que a pequena poderia ficar com ciúmes, se percebesse que ele tinha um filho de verdade. Edmond, na inocência de sua juventude, encarou tudo como uma grande brincadeira e sugeriu ao pai chamá-lo de "tio Gilbert", como fazia com Joseph, que era seu "tio do coração"! Aproveitando-se da ingenuidade do filho, Gilbert aplaudiu sua brilhante ideia e confirmou que tudo seria uma divertida brincadeira. Acrescentou que precisava rever essa pessoa, mas precisaria de discrição dele. Poderia brincar à vontade, tomaria sorvetes e visitaria belos e divertidos lugares em Canosa, porém não deveria contar nada à mãe, que na certa reprovaria o passeio e, se ficasse nervosa, poderia ter um novo desmaio. O menino, entusiasmado com as várias possibilidades de diversão e temendo que a mãe passasse mal novamente, prometeu ao pai que não diria nada à mãe e nem a Carmela. Orgulhoso por apresentar o filho a Alicia e à filha, Gilbert acenou para uma carruagem e solicitou ao cocheiro que tomasse o estreito caminho rumo à casa de Alicia.

A pequena casa rodeada de gerânios perfumados chamou a atenção de Edmond, que num salto já estava fora da carruagem. Gilbert não pretendia demorar-se e pediu ao cocheiro que os aguardasse. Caterine abriu a porta alertada pelo alarido do menino que sem demora já corria pelo jardim.

– Meus Deus, esse homem é louco! Quem será esse menino que o acompanha? Deve ter a mesma idade de Bianca. Alicia, venha ver isso!

Atendendo aos gritos de Caterine e antes que Gilbert ousasse subir as escadas da varanda, Alicia coloca-se diante dele, questionando-o:

– O que faz aqui? Quem é este menino?

– Boa tarde para você também! Eu vim ver minha filha e aquele menino é meu filho, Edmond!

– Você está louco? Ele contará tudo a sua esposa! Não é isso que você esconde há anos, mantendo-nos reclusas nesse pedaço de chão esquecido de Canosa?
– Já pensei em tudo, Alicia. Ele dirá à Bianca que é meu sobrinho e prometeu não contar nada à mãe!
– Você enlouqueceu mesmo em acreditar na promessa de uma criança!

Ambos são interrompidos por Edmond que, com seus grandes olhos verdes herdados da mãe, corre ao encontro de Alicia, surpreendendo-a com um inesperado abraço.

– Bom conhecê-la, senhora! Seu jardim é lindo! Onde está sua filha Bianca?

Um arrepio percorre o corpo de Alicia e, sem ter se preparado para aquele encontro entre irmãos, convida ambos para entrarem. Caterine, que a tudo ouvira, levara Bianca para o quarto, alegando que a visita era inoportuna.

Bianca, no entanto, ao ouvir a voz do pai, saiu do quarto deixando a "vovó Caterine" sem palavras e sem ação. Tudo estaria perdido agora, pensava ela.

A bela mocinha desacelera seus passos ao perceber que o pai está acompanhado e timidamente beija-lhe a mão, mantendo-se calada.

– Ora, ora Bianca, me dê um abraço! Você cresceu e está cada vez mais linda!

Caterine e Alicia, estáticas na porta da casa, sem compreenderem a real intenção de Gilbert com aquela visita, apenas observam, sem contudo arriscarem um palpite sobre o epílogo daquele encontro.

Depois das apresentações, Bianca, simpatizada pela educação e gentileza de Edmond, convida-o a entrar e a conhecer seu maior tesouro. De mãos dadas como velhos amigos, os jovens atravessam os cômodos da casa e saem para o quintal dos fundos, sendo recepcionados por um cãozinho barulhento que não tinha muitos meses de vida.

– Veja, Edmond, em sua última visita, papai me trouxe esse presente. Seu nome é Vitucho. Ele me faz companhia o tempo todo. Papai não gosta que eu e mamãe vamos à cidade. Ele diz que é perigoso. É sempre vovó Caterine que faz as compras.

– E você não vai à escola nunca?

– Não é preciso, mamãe me ensina tudo aqui em casa mesmo. Papai me deu um piano em meu último aniversário e eu já sei tocar. Mamãe é pianista, você sabia?

Edmond, bombardeado pelas explanações da irmã, convida-a a correr um pouco com Vitucho no jardim da frente da casa, o que ela aceita com prazer.

Diferentemente de Alicia e Caterine, Gilbert inebria-se ao ver os dois irmãos brincando no jardim e não esconde o largo sorriso de satisfação. É interrompido pelo cocheiro, que o questiona sobre o horário de retorno à cidade, pois se comprometera a levar o pároco numa visita a um doente.

Gilbert, visivelmente irritado, tira do bolso uma grande quantia em dinheiro e a entrega a Alicia.

– Que nada falte a Bianca!

– Vamos, Edmond! Despeça-se de sua nova amiga e das senhoras. Temos que voltar para a pousada...

– Até a próxima vez, Bianca! Adeus, senhoras! Mamãe não está bem e deve estar preocupada conosco.

Gilbert, desconcertado com a fala de Edmond, meneia apenas a cabeça para as duas mulheres e beija ternamente a filha na testa.

– Papai, você já vai? Nem mesmo conversamos!

Para que Edmond não ouvisse, Gilbert abraça a filha e sussurra-lhe ao ouvido:

– Volto amanhã, filha. Pode me esperar para matarmos a saudade.

A carruagem parte, deixando Alicia e Caterine muito intrigadas com a atitude de Gilbert, em trazer o filho para conhecer a irmã.

Dois dias se passam sem que Edmond denunciasse o pai, porém, entediado de ficar na pousada, conta a Carmela sobre o passeio e sobre as mulheres e a menina que chama Gilbert de pai.

A criada fica estupefata com a revelação e implora ao garoto que nada comente com a mãe convalescente, porém mal sabia ela que Clara a tudo ouvira pela porta entreaberta e que correra ao quarto apanhar o papel dobrado no bolso de seu casaco. Não tinha mais dúvidas. Edmond foi claro ao proferir os nomes: Bianca, dona Caterine, a avó, e Alicia, a mãe da jovem. A revelação golpeou dolorosamente o coração da esposa traída, pois, além da amante, Gilbert tinha uma filha! Não podia suportar tanta humilhação daquele que um dia lhe prometera só amor. Pensou em desmascarar o marido naquela mesma noite, porém seu orgulho de esposa traída falara mais alto, ajudando-a a elaborar um plano para acabar com aquela traição de uma vez por todas.

No dia seguinte, convidou Carmela para darem uma volta na praça de Canosa, pois Gilbert passaria o dia fora e Edmond estava extremamente irritado em permanecer na pousada. Carmela relutou em aceitar o convite da senhora, temendo a reprovação do patrão, mas, dada à insistência, e avaliando que um pouco de sol faria bem a Clara, acabou cedendo.

Nem bem saíram da pousada, Clara reclamou de dores nas pernas e, para espanto da criada, acenou para uma carruagem, que imediatamente parou. O condutor, solícito, acomodou os três passageiros e questionou:

– Para onde, senhoras?

Clara, sem titubear, pediu a Edmond que indicasse o caminho da casa das novas amigas onde estivera no dia anterior.

– Como assim, senhora? Quer que o senhor Gilbert me leve à forca? Que história de amigas do Edmond é essa?

– Não adianta esconder-me nada, Carmela, ouvi toda a sua conversa com Edmond ontem à noite e já sei de tudo!

– Vamos, Edmond! Não quer brincar com Bianca e com seu cachorrinho? Pois, então, indique o caminho a esse bom homem!

Sem se incomodar com os apelos de Carmela, Clara mantém-se firme em seu propósito de desmascarar a mulher que lhe roubara o afeto de Gilbert.

O pequeno Edmond, sem perceber a gravidade daquela situação, como também as consequências desastrosas que traria, prontamente indica o caminho ao cocheiro.

A estreita estradinha que ligava Canosa aos arredores da cidade estendia-se à frente da carruagem como um delicado traço sinuoso e escarlate, rasgando um verde gramado, salpicado de gerânios em toda sua extensão.

Na última curva acentuada, Edmond pôs-se a gritar freneticamente:

– Pare, senhor, a casa de Bianca é aquela ali, toda pintada de branco!

– Veja a fumaça, mamãe! Estão em casa! Vou brincar com Vitucho de novo!

Carmela, apavorada pelo que poderia acontecer ali naquela casa, tenta mais uma vez convencer Clara a não descer da carruagem e voltar para a cidade.

– Há anos guardo o nome dessa mulher comigo a ferir-me como punhal. Não posso perder a chance de desmascarar Gilbert e de olhar nos olhos dessa meretriz, que destruiu minha família e minha vida.

Ao ouvir o rumor provindo da carruagem, Bianca abre a porta, imaginando tratar-se do pai. E, ao avistar Edmond, corre para abraçá-lo.

– Onde está o papai? Não veio com você?

– Não, ele precisou ir ao porto tratar de negócios, mas eu trouxe a mamãe e a Carmela para conhecerem você!

Clara não consegue conter o pranto, ao verificar que todas as suas conjecturas eram verdadeiras. Gilbert tinha outra família!

Amparada por Carmela, a senhora aproxima-se da menina e incisiva solicita que chame sua mãe.

Bianca obedece e Alicia, sem entender quem a visitava, sai, acompanhada por Caterine.

– Quem é a senhora? Em que posso ajudá-la? Edmond, você aqui?

Certamente Alicia já desconfiava quem era aquela mulher elegante e de finos modos que a estava interpelando...

De mãos dadas com Bianca, Edmond afasta-se rumo ao jardim, chamando por Vitucho.

– Sou Clara Vilaneuve, esposa legítima de Gilbert Vilaneuve, e aquele é seu filho, também legítimo, Edmond Vilaneuve!

Alicia sente o chão faltar-lhe sob os pés e prepara-se para o pior.

– Quanto a você – continua Clara –, deve ser a concubina do meu marido, a meretriz que tem se aproveitado de sua fortuna há anos, não é mesmo? Aquela deve ser a filha bastarda e a senhora – dirigindo-se a Caterine –, certamente é a cafetina que contabiliza os lucros dos serviços de sua protegida!

Aviltada em sua honra, Alicia desaba em convulsivo pranto e é Caterine quem responde à nobre senhora:

– Antes de insultar-nos, gentil senhora, precisa saber em quais condições Alicia conheceu seu virtuoso esposo. Aos dezesseis anos, ela foi brutalmente violentada por ele e, órfã e sem recursos, precisou aceitar sua ajuda financeira para criar Bianca, fruto dessa torpe violação. Durante esses doze anos, nunca teve qualquer contato com o que a senhora chama de esposo, e a menina não tem culpa de ter o pai que tem. Mãe e filha vivem como prisioneiras neste casebre, enquanto ele faz novas vítimas na cidade. Vá ao salão de jogos essa noite e veja com seus próprios olhos o homem perverso e promíscuo com o qual divide seu leito.

Percebendo a fragilidade da patroa, ante a revelação, Carmela arrasta-a para dentro da carruagem, chamando Edmond aos gritos para tirar a patroa daquela cena dantesca.

Com o peito arfando, as mãos trêmulas e os olhos marejados, Clara senta-se muda ao lado de Carmela, sem encontrar forças para qualquer argumentação. Abraça o filho e balbucia palavras soltas que assustam Carmela:

– Monstro! Vou acabar com você! D'Santis, proteja-me desse monstro!

O nome D'Santis, pronunciado pela senhora, deu certeza à criada de que ela estava em franco delírio. Temendo pelo seu bem-estar, Carmela deixa a patroa sob os cuidados de Edmond e vai até o consultório do médico que a havia atendido no dia anterior.

– Por favor, doutor, precisa vir comigo. A senhora está passando muito mal e o senhor Gilbert está no porto a negócios e só retorna à noite.

Depois de consultar Clara, o médico questiona Carmela sobre

os delírios da patroa, alegando não serem relacionados à gestação, mas sim a questões de insanidade.

Assustada, Carmela conta ao médico o ocorrido durante a tarde e é aconselhada a informar ao patrão sobre a necessidade de um acompanhamento psiquiátrico urgente para a senhora.

Já passa da meia-noite quando Gilbert visivelmente embriagado adentra as acomodações da pousada. Carmela o espera na sala.

– O que faz aqui, Carmela? Como estão Clara e o menino?

– Nada bem, meu senhor! A senhora descobriu tudo sobre sua amante e sobre sua filha, e entrou em crise novamente. Não está falando coisa com coisa e até o nome de D'Santis ela chamou hoje! É melhor deixá-la dormir. Amanhã ela acordará melhor.

Gilbert, atônito, parecia não compreender as palavras de Carmela. Sua voz parecia um coro incisivo que chicoteava sua alma. E agora, como seria? Clara, na certa, contaria tudo a seus pais e ele seria exposto a uma irremediável vergonha na alta sociedade...

Cambaleando, acomoda-se na poltrona e é imediatamente arrebatado por uma sonolência irresistível que o ajuda a fugir daquele turbilhão de fatos que na certa mudariam sua vida para sempre.

MAL DA ALMA

Os DIAS QUE se seguiram àquela fatídica tarde trouxeram agravos ao estado mental de Clara que, acometida de uma crise de nervos intensa, precisou ficar em Canosa por várias longas semanas sob cuidados médicos.

O retorno a Cerignola fora incômodo para todos, pois Clara, em considerável estado de prostração, perecia ter excluído de sua mente o encontro com Alicia. Visivelmente abatida, a jovem senhora tinha o olhar perdido e o frescor da juventude havia desaparecido por completo de seu semblante, dando lugar a uma face sulcada pelo sofrimento. Por vezes, acariciava Edmond e o abraçava como se a protegê-lo; por outras, ignorava a presença de todos, balbuciando frases entrecortadas e sem nexo. Os pais da senhora convalescente já aguardavam a chegada da filha na propriedade de Gilbert, pois Joseph, encontrando com Emiliano no porto, incumbira-se de avisá-los do mal que acometera a filha.

Mal a carruagem parou à porta da mansão, Francesca e Emiliano correram a amparar a filha, atribuindo o mal à gestação.

Gilbert, com um olhar intimidador, fez com que Carmela compreendesse que nenhuma palavra sobre Alicia ou sobre Bianca deveria ser pronunciada naquela casa.

Os meses se passaram e Clara, muito embora estivesse melhor, por vezes recaía em seus delírios e passava dias acamada, até retomar a sanidade. As crises tornaram-se mais frequentes e o doutor Domênico, certo de que Gilbert era o protagonista daquele enredo, questionava Carmela sobre algum possível ocorrido em Canosa.

– Não houve nada, doutor. Consultamos o médico de sua indicação; a senhora fez os exames e creio que os ares de Canosa não lhe fizeram bem, por isso piorou...

O médico, desconfiado da simulada história de Carmela, aproveitou um momento em que ficou só com Edmond e sutilmente fez com que relatasse todo o ocorrido, com riqueza de detalhes. Temendo pela segurança e saúde de Clara, o médico orienta a criada a não deixá-la só nem por alguns minutos. O estado de demência poderia se agravar e pôr em risco a vida dela e da criança.

Certa manhã, Carmela surpreendeu a senhora a ler em voz alta, acomodada na poltrona do alpendre. A cena lhe trouxe certa alegria, pois há anos não via nada igual. A alegria se transformou em preocupação ao aproximar-se e ouvir o que a senhora dizia:

– Senhor D'Santis, tem um bom coração e aprende rápido! Quer ler para mim? Vamos, aproxime-se, Gilbert não vai incomodá-lo; está na casa de sua outra esposa em Canosa!

Carmela sufoca um grito que lhe intenta escapar da garganta.

– Meu Deus, ela está completamente louca. Conversa com D'Santis e lembra-se da outra mulher em Canosa... Pobre patroa, o malvado tirou-lhe tudo e a transformou num farrapo humano! Deus que tenha piedade de sua alma!

Mal sabia Carmela que o tempo de Clara estava expirando na Terra e que vários amigos espirituais a esperavam de braços abertos em sua pátria de origem.

Os meses se passam e a pobre Clara permeia sua vida entre a sanidade e a demência. O marido, cada vez mais envolvido com as viagens a Canosa, para dar vazão a seu vício no jogo e ao envolvimento com mulheres, está cada vez mais distante. Nem mesmo a gravidez adiantada da esposa o prende em casa...

Martim acaba assumindo todos os compromissos inerentes às transações comerciais dos produtos das três propriedades, transformando-se no braço direito de Gilbert. As viagens a Canosa tornaram-se frequentes, obrigando Martim a permanecer mais tempo longe de sua amada esposa e da filha. Muitas vezes empreendia longas viagens à Espanha e à França, para receber os valores inerentes às grandes vendas que fazia dos produtos provenientes da lavoura. As idas ao porto também se tornaram mais constantes e o rapaz sequer podia imaginar que esse cenário lhe traria dissabores, acordando nele o homem de séculos atrás, despertando as tendências e mazelas que o fizeram distanciar-se de Valentina na senda evolutiva, na qual ambos estavam engajados como espíritos afins...

Desde a visita a Clara, seus pais mantiveram-se em Cerignola em sua antiga casa, deixando seus negócios sob a responsabilidade de Joseph que, por vezes acompanhava Gilbert até Canosa, como velhos companheiros de bebedeiras, jogatinas e imoralidades.

Joseph não se casara e era conhecido em Canosa pela sua fama de exímio sedutor e jogador inveterado. Nem mesmo as madeixas grisalhas lhe impunham o respeito condizente com sua idade.

Joseph evitava a casa de Gilbert, pois a fama de fanfarrão incomodava Clara e ele não queria ser o pomo da discórdia entre o casal e muito menos incitar a jovem senhora a crises nervosas.

Por vezes, Martim encontrava-o no porto de Canosa. A jovialidade e irreverência do jovem senhor divertiam Martim, enquanto ele aguardava as embarcações que levariam seus produtos ao exterior, que por vezes demoravam horas para chegar.

Numa dessas estadas no porto, Martim não pôde deixar de notar os olhares incisivos e insinuantes de uma jovem, acomodada a poucos metros dele, que começaram a incomodá-lo. Influenciado por entidades de baixo teor vibratório, Martim lembrou-se repentinamente da adorável esposa Valentina e conjecturou que a esposa também poderia estar sendo observada por outro homem, enquanto estivesse só em Cerignola. Recordou-se do casamento de Gilbert, no qual Valentina havia sido visivelmente cortejada por um dos primos de Clara. O velho homem estava ressurgindo do âmago de Martim, carregado de sentimentos funestos que lhe haviam custado uma longa estada no umbral. Inquieto com as lembranças que lhe causavam sensações lancinantes nas têmporas, por instantes teve o ímpeto de largar tudo e retornar para Cerignola, talvez para surpreender a esposa em alguma situação comprometedora...

A vida do casal, apesar do imenso amor que os unia, trazia a Valentina uma necessidade de abnegação constante diante das crises de ciúme de Martim, que em tudo e em todos enxergava situações de desconforto em relação à esposa. Até mesmo nas missas aos domingos, Valentina procurava manter os olhos baixos, evitando olhar para os devotos que muito conhecia, por ministrar aulas de canto às crianças da localidade. Por inúmeras vezes, a jovem senhora havia procurado os conselhos do bispo Miguel de Jesus, para amainar as situações conflitantes protagonizadas por Martim.

Tomado de repentina ira, colocando-se na posição do suposto marido da jovem, Martim levantou-se e dirigiu-se a ela resoluto:

– Boa tarde, a senhora me conhece? Percebi que me olhava insistentemente e não me lembro de tê-la visto anteriormente. Onde está seu esposo? É estranho ver uma mulher sozinha no cais... Com olhar indolente e sedutor, a jovem levanta-se e estende a mão a Martim.

– Prazer em conhecê-lo, senhor! Sou Florence Beaumont, de Canosa.

– Igualmente, senhora. Martim, de Cerignola...

Incentivada pela receptividade de Martim, Florence continuou:

– Já vi o senhor por aqui outras vezes em companhia de meu amigo Joseph.

Martim, ao ouvir o nome de Joseph, deixou de lado suas cismas e ousou questionar a jovem:

– Conhece Joseph, aquele fanfarrão?

Dando seguimento aos seus insondáveis intentos, Florence mente ao responder a Martim:

– Sim, ele tem negócios com meu pai...

A moça discretamente trajada, porém com um acentuado decote, esconde a índole de uma mulher interesseira e que tinha como propósito encontrar alguém de posses para manter uma vida de luxo a que estava acostumada. Filha de um abastado comerciante francês, viu-se na miséria, após o pai ter perdido toda a sua fortuna no jogo e com mulheres, que se aglomeravam nos cabarés da França. O pai suicidara-se depois da falência, e a mãe, poucos meses depois, fora acometida por um mal súbito que lhe arrebatara a vida.

Acostumada ao luxo e ao convívio com a alta sociedade parisiense, Florence não conseguiu lidar com sua nova situação e, para não sentir-se humilhada diante das amigas, aceitara o convite de Joseph para ir para a Itália, começar uma nova vida. Devido à boa educação que tivera, não demorou para ser aceita numa das mansões de Canosa, com a atribuição de dama de companhia de uma nobre senhora de idade avançada. Regularmente, ia ao porto receber as encomendas que chegavam da França para a patroa e não perdia uma única possibilidade de pôr em prática o seu intento, de encontrar um homem rico que pudesse custear o luxo que tanto lhe fazia falta e devolver-lhe a destacada posição social que mantinha na França. Extremamente materialista e ambiciosa, Florence aproveitava suas estadas no cais do porto para avaliar as 'presas' que mais se adequavam às suas aspirações.

A ambiciosa mulher já havia observado Martim anteriormente e seus dotes físicos, conjugados com sua posição social, trouxeram-lhe a certeza de que havia encontrado o homem certo. Suas conjecturas já estavam indo além do normal, pois havia elaborado um perverso plano de conquista para ter aquele belo homem, de porte elegante e ariscos olhos negros...

– Sente-se, senhor Martim! Tome um chá comigo, afinal nem sinal ainda da embarcação que esperamos.

Meio a contragosto, porém não querendo ser rude com a jovem, Martim senta-se para tomar o chá e a conversa evolui.

– O que mesmo está fazendo aqui no porto, senhorita?

Novamente Florence mente para Martim:

– Papai e mamãe foram para a Espanha visitar meu avô que está no leito de morte. Chegariam hoje, porém o atraso já é considerável.

Martim, com o olhar fixo no horizonte, comenta:

– Segundo as informações que recebi horas antes, o atraso talvez se deva a alguma tempestade que tenha atingido o Mediterrâneo...

A conversa entre ambos continuou por pouco tempo, pois o

apito estridente da embarcação fez com que Martim se despedisse rapidamente da jovem.

Estando em Cerignola, Martim não se demorou na cidade, pois sua preocupação focava-se em Valentina e na pequena Lia, que ficava extremamente triste por conta de sua ausência.

Depois de passar na propriedade de Gilbert para pô-lo a par dos negócios, Martim rumou para casa, porém não menos assediado pelas vibrações negativas de entidades perversas que, atraídas por um passado em comum, tentavam trazer de volta a Martim os velhos sentimentos de posse e ciúmes, que no passado já o haviam separado de Valentina.

Pelas janelas da carruagem vislumbrava uma natureza magnífica que aos poucos era tingida pelos fachos prateados da lua. Pequenos vagalumes dançavam ao redor das árvores, quebrando a escuridão intermitente que tomava conta da estrada.

Tocado por uma insistente sonolência advinda do cansaço da longa viagem que empreendera, Martim cerra os olhos e tem seus pensamentos povoados por imagens aterradoras, nas quais vê Valentina em colóquio com outros homens. Desperta, com o coração aos saltos, imaginando ter sido vítima de uma premonição.

– E se ela estiver se aproximando de alguém em minha ausência... Talvez suas repetidas idas à cidade não tenham ligação apenas com o coral de crianças...

As conjecturas foram tomando vulto e, ao aproximar-se da casa, elas já se delineavam aos olhos de Martim como comprovada realidade.

Ao entrar em casa, devido ao avançado da hora, Martim procura não fazer barulho, para não despertar Lia, o que lhe custaria mais algumas horas sem descanso. À meia-luz, percebe Valentina a esperá-lo na sala. A jovem corre para abraçar o marido, porém Martim, ainda sob o efeito das más influências espirituais, afasta a esposa bruscamente, causando-lhe espanto:

– O que houve, meu amor? Por que está tão alterado? Os negócios não deram certo?

Martim, percebendo a atitude brusca que tivera com a esposa, volta atrás em sua conduta e abraça-a ternamente.

– Desculpe-me, Valentina; foi uma viagem muito cansativa...
Ambos permanecem abraçados por alguns instantes e Valentina, percebendo que Martim não estava bem, liga-se à espiritualidade, através de uma sentida prece, pedindo pelo marido e pela paz no lar, que até então sempre havia reinado. O recurso poderoso da terapêutica da prece traz a Martim um novo padrão vibratório, fazendo com que as entidades que o acompanhavam não encontrassem mais sintonia, pelo menos por aqueles momentos.

As semanas que se seguem não são menos trabalhosas para Martim, que novamente precisa ir a Canosa a negócios. Para sua surpresa, assim que chega ao porto, encontra-se com o esfuziante Joseph, que corre para abraçá-lo.

– Olha quem está aqui, o elegante Martim! Que bom revê-lo!
– O prazer é meu, caro Joseph! Sempre é bom ter uma boa companhia durante a infindável espera pela embarcação espanhola...

Piscando o olho para Martim, Joseph continua:
– Estou sabendo que sua última estada aqui no cais foi bem prazerosa, não é mesmo?

Sem entender a insinuação de Joseph, Martim questiona:
– Não sei a que se refere, caro amigo!
– Refiro-me à bela e nobre Florence!
– Ah! Agora me lembro: a sua amiga da França que aguardava os pais, com notícias do avô moribundo?

Percebendo a mentira contada ao jovem, pela envolvente Florence, Joseph não a desmente e continua:
– Sim, sim. O avô morreu mesmo! Pobre Florence, amava tanto o bondoso velhinho...
– Se encontrar com ela, transmita-lhe meus pêsames!
– Creio que você mesmo poderá dizer isso a ela, pois regularmente vem ao cais, receber missivas da avó que continua na Espanha.

A conversa tomou o rumo dos negócios e não se falou mais em Florence. Na mansão de Gilbert, o dia amanhecera conturbado, pois a senhora dava sinais de que a hora do parto se aproximava. Gilbert, ainda envolto pelos acordes da madrugada vai à cidade em busca do doutor Domênico. Carmela abandona os afazeres domésticos e se põe ao lado do leito de Clara, sussurrando uma prece em italiano acompanhada por Edmond, que permanecia também ao lado da mãe.

– Menino, você já é quase um homem; peça a Albert para selar um cavalo e vá buscar a senhora Valentina. É sempre bom tê-la por perto; suas rezas são poderosas e sua mãe vai precisar de toda a ajuda disponível.

O jovem rapaz atende literalmente às orientações de Carmela e em pouco tempo já está a galope rumo à propriedade vizinha.

O sofrimento de Clara é angustiante para a criada, que teme pelo pior. Entre as dores fortes que a acometem, a doce senhora sussurra recomendações preocupantes a Carmela:

– Carmela, peça a alguém para avisar meus pais. Sinto que minha derradeira hora é chegada. Não terei forças para suportar o que em breve me espera. Cuide de Edmond, como tem feito até agora e seja a mãe para essa criança que em breve despontará para esse mundo de enganos e sofrimento.

– Não diga isso, senhora! Deus estará com a senhora nessa hora difícil e tudo acabará bem. Já mandei Edmond buscar Valentina para fazer as rezas de cura para que nada aconteça de ruim.

Estupefata, Carmela visualiza um fio escarlate que mancha os alvos lençóis da cama e retoma sua prece, com mais fervor, pois sabe o que aquela ocorrência denuncia. Lembra-se perfeitamente das recomendações do doutor Domênico, alertando o senhor Gilbert sobre os perigos de uma nova gestação.

O rumor da carruagem que se aproxima e o alarido dos cães trazem mais tranquilidade a Carmela, pois o senhor havia chegado com o doutor.

– Graças a Deus! A senhora está agora bem amparada...

A criada, já conhecendo as necessidades do doutor Domênico, dirige-se à cozinha para buscar a água fervente e as tolhas limpas, porém, sem antes sussurrar ao doutor que havia sangue no lençol...

O experiente médico franze a testa diante da informação, pois sabia que uma hemorragia incontrolada poderia arrebatar dessa vida mãe e filho.

O médico orienta Gilbert a permanecer na sala e, em preces, denunciando a gravidade da situação!

Ao ouvir a orientação do doutor, Gilbert questiona-se há quanto tempo não proferia uma prece... Lembra-se de Isabel, que o fazia recitar o "Pai Nosso" todas as noites e, sem perceber, envolto pelas vibrações da mãe ali presente, começa a sussurrar a prece há tanto tempo esquecida...

O alarido dos cães e o tamborilar das patas do cavalo nas pedras da entrada da propriedade anunciam a chegada de Edmond com Valentina.

Sem entender ao certo o que estava acontecendo, Valentina, pelos olhos de sua mediunidade, vislumbrava várias entidades iluminadas ao redor do leito de Clara, a transmitirem vibrações que se espargiam por todo o ambiente. A jovem, com os olhos cerrados, suplicava aos amigos que ali via a interferência para que Clara recebesse toda a assistência necessária naquele delicado momento. Com o crucifixo entre os dedos e o olhar direcionado ao alto, sussurrava palavras que lhe saíam dos lábios como pérolas iluminadas, que volitavam pelo ambiente, indo desfazer-se sobre a fronte da doente.

Carmela ia e vinha da cozinha com toalhas limpas, em substituição àquelas que já estavam maculadas por enormes manchas de sangue.

Em efetivo trabalho de parto, Clara parecia desfalecer a cada nova contração, reanimada a seguir pelo doutor, que tentava de todas as formas mantê-la lúcida para que não houvesse prejuízo à criança.

– Um choro estridente inunda o ambiente, trazendo a todos um alívio momentâneo.

– É uma menina! – grita o doutor, erguendo uma criança franzina para que pudesse ser vista por todos.

Gilbert corre para o quarto, imaginando que aquele momento de extrema dor e angústia havia sido superado, porém depara-se com um quadro aterrador: o corpo moribundo da jovem senhora

mergulhado numa poça de sangue, que com o peito arfando e a voz abafada pede a presença do filho.
— Edmond, querido do meu coração, é chegada a hora da mamãe partir para sempre dessa vida! Amo você mais que todos os tesouros da Terra e tenha a certeza de que, se me fosse permitido, ficaria para sempre a seu lado. Sinto a vida esvaindo-se de meu corpo e temo pelo seu futuro e pelo de sua irmãzinha. Cuide dela! Filipa é seu nome! Sei que será um homem de bem...
Clara beija as mãos de Edmond, que em pranto incontrolável é retirado do quarto por Carmela.
Gilbert, titubeando, aproxima-se da esposa:
— Perdoe-me, minha doce Clara, por todo o mal que lhe causei. Tenho certeza de que vai ficar bem para criar nossa pequena Filipa! Prometo-lhe que tudo será diferente agora; seremos uma família novamente...
Gilbert é interrompido pela chegada de Francesca e Emiliano Imperatore, que, desesperados, adentram o aposento:
— Filha querida, olhe para a mamãe e prometa que não vai nos deixar! Prometa que será forte! Estamos aqui para ampará-la.
— Clara, Clara! É o papai; fale comigo!
Com os olhos parados, como se a vislumbrar uma nova realidade, alheia aos olhos dos encarnados, a doce senhora despede-se do mundo físico e empreende mais uma viagem, dentre tantas que já fizera, de retorno à pátria espiritual, no ciclo contínuo de nossa caminhada evolutiva, a que todos estamos submetidos por lei natural.
Com os olhos semicerrados, Valentina percebe o momento em que o cordão fluídico da enferma é separado de seu corpo físico e em fervorosa prece suplica para que aquela sofredora irmã seja amparada pelos amigos espirituais, que ali estavam para lhe dar as boas-vindas de regresso ao plano espiritual. O choro da pequena Filipa é abafado pelo convulsivo pranto que toma todos os presentes. Edmond, a um canto da cozinha, soluça baixinho, sufocando dentro do peito uma dor ímpar que rasga suas entranhas, como se arrancasse abruptamente de sua vida um pedaço de seu próprio ser. Francesca e Emiliano são amparados pelo dou-

tor Domênico, que com seus conhecimentos espíritas tenta confortá-los, lembrando que a morte é apenas uma simples mudança de estado, no qual o espírito se liberta do corpo frágil e doente e se encaminha para a sua verdadeira pátria.

– Doutor, o senhor quer dizer que minha filha continua viva em algum lugar da eternidade?

– Isso mesmo, senhora Francesca, a morte não é o fim de tudo! Clara está viva no plano espiritual e seguirá seu caminho evolutivo. Cabe a todos agora pedir por ela, para que seja amparada nesse difícil momento do desligamento do corpo físico. Nós poderemos ajudá-la e muito com o nosso pensamento, através da prece.

Carmela, com a pequena Filipa nos braços, benzia-se repetidas vezes, pois arraigada à liturgia católica, não conseguia entender o processo tão natural explanado pelo doutor.

A notícia da morte da boa senhora tomou conta da região e seu sepultamento no cemitério da cidade, por vontade de Gilbert, contou com um cortejo significativo, no qual marcavam presença as mais ilustres figuras da nobreza italiana.

Por entre os túmulos, alguém mais observador teria notado a presença de um homem de rudes feições, com o rosto sulcado pela dureza da vida que lhe fora imposta. Com as mãos trêmulas e o rosto marejado por insistentes e grossas lágrimas, dava o último adeus àquele ser angelical que lhe colocara em contato com os mais nobres sentimentos que o ser humano poderia experimentar, como o respeito, a amizade e a admiração! O único bem que a vida lhe dera lhe estava sendo arrancado para sempre. O olhar arisco e carregado de ódio depositava-se em Gilbert e as mãos cerradas traziam à baila a certeza de que ele sabia quem era o culpado pela morte de Clara.

Nem bem a cerimônia havia sido encerrada, esgueirando-se por entre as lápides, o espectro encarnado, carregado de ódio, desapareceu nas sombras dos ciprestes.

Durante a cerimônia, Martim não tirou os olhos do conhecido primo de Clara que, visivelmente, observava Valentina.

Muito embora a jovem não tivesse dado nenhuma atenção ao rapaz, as intenções do jovem perturbaram muito Martim e foram

motivo de acirrada discussão entres ambos no retorno para casa.
– Respeite a dor desse momento, Martim. Eu sequer olhei para o senhor Adrien!
– Ah! Já sabe até o nome do oportunista?
– Pare, Martim, você está indo longe demais! Amo você e sempre me dei ao respeito. Estou me sentindo desrespeitada.

Com os olhos marejados, Valentina soluça baixinho, pois as crises de ciúmes de Martim estavam cada vez mais frequentes.

Depois da morte de Clara, a decadência pessoal de Gilbert estava definitivamente instaurada. Frequentemente embriagado, deixava os cuidados com Edmond e com Filipa para a criada Carmela, que se desdobrava em atenção para ambos, conforme prometera à senhora no leito de morte.

Martim tinha que viajar com mais frequência para Canosa e, em consonância com o sócio Gilbert, resolveu passar a função que desempenhava na administração financeira da propriedade a Albert e mudar-se com a esposa para a referida cidade. Há anos trabalhando como capataz de Gilbert, Albert dera provas suficientes de sua lisura de caráter.

Acostumados com a presença do casal e da pequena Lia, que era-lhes o tesouro mais precioso, Salvatore e Angelina despediram-se dos amados filhos e da neta com relevante comoção. Betina e Guilhermo os acompanhariam até Canosa para auxiliarem Valentina na organização da nova casa.

Já estabelecidos em Canosa e, pelos amigos que Martim havia feito durante anos em suas idas e vindas a essa cidade, sentiam-se em casa. No domingo, logo cedo, o casal, levando a pequena Lia pela mão, adentra a Basílica de São Sabino. A altiva construção com as paredes caiadas convidavam o casal a adentrar e a sentir uma paz há muito desejada por ambos. A estrutura barroca com oito arcos enfileirados em seu interior trazia a Valentina sutis lembranças de arquiteturas longínquas que fugiam à realidade terrena.

O casal escolhe um banco mais à frente, pois Valentina ansiava pelas orientações do bondoso bispo Miguel de Jesus.

Visivelmente perturbado, Martim vê a inconveniente jovem

Florence a dois bancos à sua frente. Obviamente a jovem, já advertida pelo alcoviteiro Joseph, estava ali propositalmente para encontrar o seu pretendido. De forma notória, a jovem virava-se inúmeras vezes para trás e acenava para Martim com seu lenço escarlate. Valentina não demorou a notar a inconveniência e questionou o marido.

– É uma conhecida, amiga de Joseph. Conhecemo-nos no cais um dia desses...

– Que mulher deselegante. Todos estão olhando para nós!

– Não ligue, minha querida, somos novidade na missa de hoje!

Muito embora percebesse o desconforto de Valentina, Florence não mudou de atitude e, entre gestos e sorrisos, já causava incômodo a Martim também, que evitava olhar para a moça. Como já era de se esperar, na saída da basílica, lá estava Florence aguardando o casal. Aproximou-se, simulando uma intimidade que não tinha com Martim.

– Olá, querido Martim! Que prazer reencontrá-lo! Essa deve ser sua esposa e essa, a pequena Lia, certo?

Desconcertada, pela postura atrevida da jovem, Valentina limita-se a um aceno com a cabeça.

Joseph me contou que se mudaram para cá, o que me deixou muito satisfeita, pois depois da morte do vovô, meus pais viajam muito para a Espanha para fazer companhia a minha avó e eu fico esquecida nesse fim de mundo... Serão na certa uma agradável companhia para mim.

Valentina, observando os modos da jovem, sentia que havia algo que a incomodava. Em pensamento, procurava neutralizar aquelas sensações que lhe traziam arrepios. Roga proteção a Deus e aos amigos espirituais.

Insistindo que Lia estava irrequieta demais e que precisavam voltar para casa, despediram-se da inconveniente Florence.

A casa do jovem casal distava apenas cerca de trezentos metros da basílica e então resolveram aproveitar as belezas daquela manhã, caminhando pelo centro de Canosa.

O silêncio fora interrompido por Lia que, já com quatro anos de idade, destacava-se por sua articulação:

– Mamãe, não gostei da mulher da igreja!
– O que disse, Lia?
– A mulher de cabelo vermelho é má.

O casal riu da declaração de Lia e Valentina acrescentou:
– Filha, não conhecemos bem essa moça, por isso não devemos julgá-la. Não gostei dela também, porém não devemos fazer juízos precipitados sobre alguém.

Martim, que até então permanecera calado, complementou:
– É uma moça diferente daquelas da roça com as quais convivemos. É da cidade grande e talvez por isso nos pareça tão diferente.

Valentina, com um aperto no peito, parece profetizar os acontecimentos futuros:
– Espero que ela não nos incomode mais. Não fiquei à vontade durante a missa...

Naquela mesma semana, o bispo Miguel de Jesus foi até a casa de Valentina, pois tinha uma recomendação do pároco de Cerignola, o bondoso bispo Pedro, a respeito dos dotes musicais da jovem senhora, convidando-a para reger o coral infantil da basílica.

A felicidade tomou conta do coração de Valentina, pois o que mais lhe fazia falta era o contato com as crianças do coral que havia deixado em Cerignola.

Tentando um contato mais próximo com Martim, Florence não perde uma só missa aos domingos e, determinada, tenta estreitar os laços de amizade com Valentina. Ao descobrir que a jovem está desempenhando o papel de maestrina com as crianças de São Sabino, Florence apresenta-se ao bispo como voluntária para assessorar Valentina. Sem saber das reais intenções de Florence, o bispo aceita imediatamente sua ajuda e lhe solicita que combine com a regente as ações voluntárias que deverá desenvolver junto ao grupo.

Valentina fica surpresa com o pedido de Florence, pois não se sentia à vontade perto daquela mulher. Sentia tonturas repentinas quando ela se aproximava e só com fervorosas preces desvencilhava-se daqueles desagradáveis sintomas.

Contou a Martim sobre a novidade, ao que ele respondeu com descaso, pois não via mal algum em a moça procurar preencher o seu tempo cooperando com o bispo.

Joseph, agora também domiciliado em Canosa, para intermediar o negócio com as cerâmicas, uma vez que, após a morte da filha, o senhor Emiliano e Francesca voltaram para a França, olhava as investidas de Florence a Martim como um grande jogo que ele não perderia por nada. Chegou a apostar com a moça que jamais conseguiria conquistar o apaixonado Martim. Desde que o intento de Florence tomou esse rumo, Joseph, por puro divertimento, tentava conciliar as idas de Martim ao porto com a presença de Florence. Auxiliava a moça na invenção de novas mentiras sobre seu coincidente aparecimento no cais, justamente nas datas que Martim aguardava as embarcações da Espanha.

A demora na espera das embarcações concorria a favor de Florence, que mudara a oferta de chá para vinho e os trajes comportados de outrora, por vestidos insinuantes, de decotes acentuados que não passavam despercebidos aos olhos do jovem Martim.

Os cabelos ruivos presos no alto da cabeça com presilhas douradas acentuavam-lhe a linha dos ombros à mostra, causando certo desconforto ao jovem.

As insistentes investidas de Florence, contudo, não atingiam o coração de Martim, que se sentia fortemente vinculado a Valentina.

Ao aproximar-se de Valentina, sondando-lhe as fraquezas, Florence pôde perceber que a maior fraqueza era a de Martim, que sentia um ciúme doentio da esposa e, desta forma, resolveu mudar sua estratégia e provocar desconfianças sutis no rapaz. Não perdia uma única chance de observar Valentina e procurar algo que pudesse figurar como pomo de discórdia entre ela e Martim.

Naquela fria manhã de inverno, com o grupo de crianças reunidas para o ensaio, Valentina comunica ao bispo que uma das crianças ainda não chegou e resolve aguardar mais algum tempo. Como a criança não chegara, a doce professora conduz o grupo a acordes angelicais, entoando hinos que ultrapassam a abóbada da basílica, indo ecoar em territórios mais sutis e longínquos.

Os dias passam e o pequeno Lorenzo não comparece aos ensaios. Filho de uma humilde família dos arredores de Canosa, já desde muito pequeno demonstrou o gosto pelo canto. Perceben-

do os poucos recursos da família, Valentina acolheu Lorenzo para junto de seu coração e em todos os ensaios preparava uma cesta de provisões para o pequeno levar para casa. Valentina, olhando a cesta que tem aos pés, parece ouvir a melodiosa voz do pequeno:
– Deus abençoe a senhora e a sua família, professora!

A astuta Florence, observando a tristeza nos olhos de Valentina, põe novo plano em ação:
– Querida, não fique tão triste com a ausência de Lorenzo. Eu cuido de Lia por algumas horas e você vai até a casa do menino. Leve as provisões que trouxe e obtenha notícias dele. O que acha? A casa da família fica próxima daqui, qualquer cocheiro a levará em minutos.
– Não sei se devo, pois Martim está no porto e temo demorar mais do que o esperado.
– Fique tranquila, fico com Lia aqui na igreja, sob os olhos de águia do bispo. Certamente seu marido não verá nisso mal algum. Você diz que a caridade é que nos dá a salvação, não é mesmo? Pois, então, vá angariar louros para sua salvação.

Valentina acha graça da declaração de Florence e retruca:
– Ah! Florence, você interpreta as grandes lições evangélicas com tanto descaso. Seja mais respeitosa quando comentar as lições divinas...
– Grata pela bronca, minha amiga, mas se você não se apressar, não terá notícias do Lorenzo.

Valentina pede a opinião do bispo a respeito de seu intento, ao que ele responde com uma opinião favorável:
– Vá, minha filha! Há três semanas não temos notícias de Lorenzo e o pai também não tem comparecido à missa. Como sabe, Lorenzo perdeu a mãe acometida por uma febre fatal e o pai perambula por aí, muitas vezes alcoolizado. Talvez o menino esteja doente e o pai possa estar necessitado, sem recursos para médico e remédios...

Deixando Lia sob os cuidados de Florence e acolhida pelo bispo, Valentina dirige-se à casa do pequeno Lorenzo.

Há pouco tempo residindo em Canosa, mal podia imaginar que, além das frondosas árvores que ladeavam a cidade e escondida pelas nobres construções barrocas, a vida poderia ser tão miserável e desprovida até mesmo do essencial à sobrevivência. Um comboio de casebres em ruínas desfilava aos olhos marejados de Valentina. Crianças magras e vestidas com farrapos brincavam pelos becos, trazendo a marca da miséria em seus corpos mirrados. Com um papel que lhe fora fornecido pelo bispo, Valentina identifica a casa de Lorenzo.

– Pare, senhor! A casa que visito é aquela caiada, com o número seis na porta.

A carruagem para diante do casebre, que se destacava dos demais por um pequeno jardim de gerânios que trouxera a Valentina fortes lembranças de sua casa na fazenda. Lembrou-se de que Lorenzo certa vez comentara que ele cuidava com muito esmero do jardim, cujas flores haviam sido plantadas pela mãe.

Pedindo ao cocheiro que a aguardasse, Valentina bate fortemente à porta da casa.

Ao ouvir o barulho da carruagem, à porta da construção humilde aparece um homem, de olhar aflito que corre em direção à visitante, como se um anjo do céu lhe tivesse sido enviado naquela tarde para alívio de seus temores. Sôfrego, o pobre homem, reconhecendo a professora, relata a ela todo seu desespero, pois Lorenzo acordara muito mal naquela manhã, respirando com muita dificuldade e trazendo no franzino rosto a cor pálida da morte, como antes vira em sua esposa.

– Deus a mandou, cara senhora, meu bambino está muito mal e, se não for tratado, vai morrer como a mãe. Tudo começou como uma simples tosse e agora ele já nem abre os olhos, queimando em febre!

Tomada por grande aflição, Valentina entra no casebre. No quarto pequeno, as paredes acinzentadas são testemunhas do mal que assolava o corpinho desfalecido do menino. A fragilidade do pequeno, açoitado pelo sofrimento e pelos parcos recursos, traz a Valentina um grande pesar. Segurando um copo com água nas mãos, eleva a Deus sentida prece, pedindo o socorro necessário ao pequeno Lorenzo. Leva uma das mãos à frente do menino e apela aos benfeitores espirituais em favor de seu restabelecimento:

"Deus, nosso Pai de amor e bondade, que a sua misericórdia recaia sobre este pequenino irmão que luta pela vida para poder cumprir os desígnios que lhe foram traçados pelas bênçãos da reencarnação. Sabe o quanto essa alma tem sido açoitada pelas agruras da vida terrena e mesmo assim tem buscado louvá-lo através da música. Oh! Pai de infinita bondade, retire do seu corpo físico o mal que o assola, porque tem o poder de levantá-lo desse leito de dor e dar-lhe nova oportunidade de caminhada em direção da senda do amor e do bem..."

Na cabeceira da cama de Lorenzo, Valentina podia enxergar uma mulher de olhar profundo e delicada beleza, que a acompanhava em sua prece.

Nem bem Valentina acabara de proferir a prece, o pequeno Lorenzo abriu os olhinhos e reclamou sentir sede. Sem demora, fora-lhe oferecida a água fluidificada que estava ao lado da cama, a qual ele sorveu com voracidade.

Já sentado, Lorenzo alegou estar com fome e Valentina prontamente lhe ofereceu o bolo que havia na cesta preparada para ele.

Um forte abraço pegou Valentina de surpresa. Os bracinhos franzinos cingiam-lhe o pescoço fortemente. A professora correspondeu-lhe o abraço e, beijando sua testa, constatou que a febre já havia cedido.

Valentina, ao se certificar de que o pequeno Lorenzo estava bem, despediu-se, prometendo-lhe retornar no dia seguinte para visitá-lo. Ao sair do quarto, agora mais tranquila, percebeu a situação deprimente em que aquela família vivia. A casa desarrumada, as prateleiras vazias e, certamente, o fogo morto. Pedaços de pão endurecido eram os únicos indícios de alimentação naquele pobre lar...

Retornando à basílica, foi bombardeada por perguntas de Florence a respeito da família de Lorenzo. Valentina, percebendo que a moça não compreenderia a bênção dos céus enviada àquele singelo lar, limitou-se a dizer que o pequeno precisava de cuidados, mas que estava bem. Com Lia nos braços, agradece a gentileza de Florence e dirige-se à sacristia para dar notícias do menino ao bispo, explicando-lhe a necessidade da intervenção para suprimir a miséria daquele lar. O bispo, solícito, diz à Valentina que no dia seguinte a acompanharia até lá. Providenciaria os recursos de que a família estava necessitada.

Sem perda de tempo, Florence sai apressada da igreja em direção ao cais, pois seu intento agora era lançar a desconfiança em Martim.

Em pouco menos de meia hora lá estava ela no porto, à procura de Martim. Para sua satisfação, visualizou o jovem em meio às caixas de madeira repletas de frutas que seriam embarcadas. Fingindo que o encontro era mera casualidade, justificou-se dizendo que o pai havia pedido a ela que viesse receber umas encomendas da Espanha. Martim, sem lhe dar muita atenção, continuou a conversa com um dos agentes portuários. Florence, não se dando por vencida, convidou Martim a tomar uma taça de vinho, pois queria contar-lhe sobre a nobreza de sua esposa, ao ir até a casa de um aluno para visitá-lo.

Satisfeita com o efeito de sua insinuação, teve de Martim a atenção que precisava e procurou dar continuidade à sua investida:

– Onde disse que minha esposa esteve?

– Na casa de um aluno faltoso, cujo pai é viúvo...

– Mas, e Lia, foi com ela?

– Claro que não! Parecia não querer levar a pequena, pois me implorou que cuidasse de Lia para ela...

Martim, visivelmente irritado, deu uma desculpa a Florence e nem tomou a taça se vinho que a moça lhe servira. Despedindo-se dos estivadores, assinou alguns documentos pendentes e rumou para casa, assombrado pela suposição de que Valentina o estava traindo...

Valentina, na cozinha, às voltas com a preparação do jantar e no entretenimento da pequena Lia que exigia sua presença na sala, fora surpreendida pelos gritos de Martim que, nem bem adentrara a casa, já a interpelava sobre a visita que fizera à tarde.

Valentina, assustada com a intempestiva chegada do marido, reage com surpresa:

– Ora essa, Martim, fui visitar o pequeno Lorenzo que está muito doente! Nada além disso!

— Sem querer levar Lia e visitando um homem viúvo, sem esposa em casa, não é mesmo? Isso é atitude para uma mulher honrada? Diga-me, Valentina!

— Meus Deus, quem o envenenou dessa forma? Foi apenas uma visita ao pequeno enfermo, nada mais! Permaneci na casa apenas o tempo de fazer uma prece e dar um pouco de carinho ao órfão convalescente!

— E ao pai solitário, também distribuiu seu carinho?

A essa altura, Martim, de punhos cerrados, esmurrava a mesa, provocando o choro na pequena Lia, que extremamente assustada buscava o colo da mãe.

— Pare com isso, Martim, você está me ofendendo e assustando Lia!

Martim, sem atender aos apelos de Valentina, sai batendo a porta...

O jantar esfria na mesa e Martim não retorna para casa, indo mediar sua fúria no salão de jogos da cidade. A noite fora regada a muito vinho e aos assédios das mulheres vulgares que frequentavam aquele lugar.

Valentina, por sua vez, passara a noite em claro, tentando entender o porquê da atitude de Martim e, sobretudo, de como ele havia tomado conhecimento da visita que fizera. As lágrimas frias foram-lhe companheiras e o úmido travesseiro, o confidente da dor imensa que maculava o seu peito, por ter sido tão aviltada por aquele a quem tanto amava.

Nem bem o sol nascera, Valentina pôde ouvir o barulho na porta da frente. Martim, cambaleante e com a roupa em desalinho, atirou-se na poltrona da sala e caiu em profundo sono. Com profunda tristeza, a jovem encostou-se no batente da porta que ia para a cozinha e chorou baixinho, ao ver a situação deplorável em que estava o marido. Teve certeza de ver de soslaio vultos sombrios a lhe circundarem...

Às primeiras horas da manhã, sem trocar uma única palavra com Valentina, Martim arruma-se e sai novamente. A mesa posta com um farto dejejum fica intocada, causando novamente lágrimas em Valentina.

Após o almoço, Valentina, insegura, lembra-se do combinado com Lorenzo e da fúria infundada de Martim, ponderando sobre os fatos. Prepara uma farta cesta de provisões para levar ao pequeno e resolve consultar o bispo a respeito.

Florence, que chegara antes dela na igreja, em conversa com o bispo, fica sabendo que Valentina retornará à casa de Lorenzo e não perde tempo. Dando uma desculpa qualquer ao bispo e prometendo voltar para o ensaio do coral, sai apressada rumo ao porto. Talvez fosse seu dia de sorte e pudesse encontrar Martim lá.

Desconfiada sobre quem contara a Martim sobre sua visita a Lorenzo, Valentina resolve que levará Lia à casa do doente e ruma para a basílica. Lá chegando, relata todo o ocorrido ao bispo que se dispõe a acompanhá-la, para evitar novos arrufos de ciúmes de Martim. Valentina ensaia o coral sem a ajuda de Florence que, embora prometesse ao bispo que retornaria, ausenta-se por toda a tarde.

No porto, acompanhada por um séquito de entidades malfazejas, Florence visualiza Martim numa das mesas, acompanhado por várias garrafas vazias e não perde tempo para semear mais uma porção de discórdia.

– Desculpe-me, Martim, mas sou sua amiga e não permitirei que aquela desavergonhada de sua esposa o coloque numa situação humilhante novamente!

– Surpreso com a chegada abrupta de Florence, Martim levanta-se, ao ouvir insinuações sobre Valentina e a segura firmemente pelo braço.

– Você está me machucando, ingrato! Vim abrir-lhe os olhos sobre a conduta duvidosa de sua queridinha esposa e é assim que me recebe?

– Não admito insinuações sobre o caráter de Valentina!

– Vá pessoalmente lá para ver. Ela irá visitar o homem hoje novamente! Não é a santa que todos imaginam...

Retira do decote um pequeno pedaço de papel e entrega a Martim.

– Eis aqui o endereço do homem com quem sua esposa tem passado as tardes!

Cego pelo ciúme, Martim empurra a intrusa e sai como louco, em busca da verdade.

Sem que pudesse perceber, era acompanhado por um grupo de espíritos maléficos que o circundavam, assoprando-lhe aos ouvidos as mais torpes afirmações sobre a conduta da esposa. Eram entidades infelizes, tão comuns, que se compraziam em incentivar a discórdia, a desunião, levando trevas onde havia luz, a exigir dos que querem se manter em paz a vigilância dos sentimentos e a coduta alinhada sempre no bem. Projetavam-lhe imagens promíscuas, fazendo-o ganir como fera à caça de sua presa. Os olhos a saltar-lhe das órbitas e o cabelo desgrenhado davam-lhe aparência grotesca e assustadora, que em nada lembrava o jovem marido apaixonado...

Florence, acompanhada por um jovem que também conhecera no porto, resolve comemorar sua incontestável vitória, sorvendo várias taças de vinho.

– Sem aquela 'santinha' em meu caminho, será fácil conquistar Martim.

Quando Martim chega à basílica, é informado pelo coroinha que a senhora Valentina partiu em visita a um aluno doente. Sem nem ouvir o final da informação, ele abre o papel que lhe fora dado por Florence e entra no primeiro coche disponível que encontra, orientando o condutor a levá-lo no endereço indicado.

A estrada poeirenta ladeada de miseráveis casebres remete o rapaz à sua vida pregressa, repleta de privações e de necessidades, e Valentina aparece em seus pensamentos trajada com um belo vestido azul, trazendo nas mãos uma rosa amarela... A lembrança daquele momento, que lhe fora inspirado por Isabel, que o acompanha naquele instante, acalma o coração e a fúria do rapaz. Porém, quando a carruagem para em frente à casa com o pequeno jardim de gerânios, é tomado novamente por sentimentos de ódio e vingança. A visão de uma carruagem parada à porta da casa, esperando alguém, faz seu cérebro fervilhar e de punhos cerrados esmurra a porta, intentando fazer justiça com as próprias mãos.

Para sua surpresa, é o bispo Miguel de Jesus quem abre a porta e o recebe. Na sala, Lia corre ao seu encontro, abraçando-o fervorosamente.

– Mamãe está rezando pelo meu amigo Lorenzo!

Sem palavras, chega ao pequeno e singelo quarto e vê sua amada Valentina ao lado da cama de um menino franzino e visivelmente doente. Um homem sofrido, com as roupas em farrapos e com as visíveis marcas da miséria, debruçado sobre o corpinho magro da criança tenta acompanhar a prece proferida. Envergonhado, Martim também se coloca ao lado da esposa, unindo-se às suas súplicas em favor da criança.

O modesto aposento estava todo envolvido em luz, que espargia pequenas gotas translúcidas em direção ao leito do pequeno Lorenzo, indo desfazer-se ao toque de seu corpinho enfraquecido. A mãe desencarnada do pequeno era visualizada por Valentina na cabeceira da cama, fluidificando a água que Valentina cuidadosamente colocara ao lado.

Encerrada a prece, Valentina abre os olhos e se assusta, ao ver Martim a seu lado.

– O que faz aqui, meu amor? Não estava no porto? O que houve? Não entendo como chegou até aqui!

– Florence me avisou do menino convalescente e eu resolvi juntar-me a você nesse ato de caridade, afinal também passei por situações idênticas e pude contar com a bondade de sua família.

Ao ouvir o nome Florence, o bispo e Valentina entreolham-se, compreendendo quem estava semeando a discórdia entre o casal, porém nada comentam, para não constranger mais ainda Martim.

Martim beija ternamente a esposa e a filha, prometendo chegar mais cedo em casa naquela tarde, e ruma para o porto para finalizar os expedientes do dia.

O bispo, Valentina e Lia retornam para a igreja, onde a astuta Florence já os espera, como se nada tivesse acontecido. Ao ver Valentina, corre para abraçá-la, desculpando-se pelo atraso. Sem grandes cerimônias, o bispo Miguel convoca Florence para um diálogo, incentivando-a a lhe contar toda a verdade sobre suas últimas atitudes. Revoltada, a moça nega-se a atender ao pedido do bispo e, contrafeita, trata de sair o quanto antes dali.

Furiosa, e tomada por sentimentos de baixo teor vibratório, grita ofensas e pensa num novo modo de eliminar Valentina. Lembra-se de ter ouvido de uma das criadas da mansão onde trabalhava que nos arredores da cidade residia um poderoso feiticeiro de nome Arache. Segundo especulações dessa serviçal, Arache vivia recluso nas matas que circundavam Canosa para fugir dos olhos da igreja, mas era eficaz em suas poções e feitiçarias...

Dando uma desculpa à velha patroa, que pela idade avançada não mais conseguia concatenar os pensamentos de forma lúcida, abrindo a gaveta de um armário torneado que lhe completava a mobília do quarto, Florence pega um pequeno saco de couro repleto de moedas e o oculta em seu decote.

– Esse será o preço da minha felicidade. Não posso mais viver como uma serviçal. Sou mulher fina que nasceu para mandar e ser obedecida. Não vou deixar aquela lavradora usufruir da fortuna de Martim! Em breve eu serei a dona de tudo.

A deformidade de caráter e a cobiça de Florence faziam-na presa fácil para o suposto feiticeiro, que de ideais tão insanos quanto os dela, vivia à custa da ingenuidade dos que o procuravam para satisfazerem seus desejos.

A carruagem deixou a moça à beira da estrada, pois a casa de Arache ficava dentro da mata fechada, na encosta de um morro e o caminho era impenetrável. Meio a contragosto, a moça antecipa o pagamento ao cocheiro para garantir que ele a esperasse. Depois de caminhar pela mata por alguns minutos, avista a habitação: um casebre construído em madeira, coberto com longas folhas, recolhidas ali mesmo na mata. A aparência do lugar era funesta. Velas enormes com chamas bruxuleantes contornavam a habitação; um enorme pentagrama riscado no chão desnudo recepcionava os visitantes à porta da cabana. À entrada, várias ânforas enfileiradas com vegetais atípicos balançavam ao vento. Nada tinham de ornamentais, com folhas retorcidas e espinheiros visíveis. Em estacas enfileiradas até a porta de entrada, jaziam esqueletos de cabeças de animais, que completavam a sensação de morte daquele lugar.

Nada impressionou a determinada jovem que, colocando-se à entrada da cabana, gritou o nome de Arache.

Um velho taciturno, com vestes negras e desalinhadas, colocou-se à porta da casa como um espectro e, sem emitir uma única palavra, apenas com um gesto convidou a moça a entrar.

Florence o seguiu, sem medo, mas apenas focada em seu intento.

– O que a moça quer que o velho faça?

– Quero um veneno para tirar uma mulher de meu caminho!

– O velho não faz veneno. Faz reza forte e os espíritos se encarregam do resto.

– Não quero só reza, quero algo que resolva meu problema em curto prazo e pago muito bem!

Ao ver a bolsa com as moedas, balbuciando palavras ininteligíveis, como se a evocar entidades do mal, o velho sai da cabana e volta com algumas ramas e raízes de plantas desconhecidas.

– Ferva isso e deixe curtir por uma semana. Dê o chá para a pessoa em pequenas doses e, certamente, adoecerá em breve.

– Só isso, um simples chá?

– Essas raízes e folhas são venenosas e, se a pessoa tomar durante algum tempo, não terá a mínima chance de sobrevivência...

Acreditando na afirmação do feiticeiro, Florence deixa sobre a velha mesa o saco repleto de moedas e sai da cabana, já imaginando uma maneira de aproximar-se novamente de Valentina. Entre as mãos, o frasco fosco envolto num trapo a faz sorrir de satisfação.

No retorno à cidade, faz conjecturas sobre a vida farta que a espera ao lado do bem-sucedido Martim.

– Ela morre e eu o consolo. Agrado a menina e entro na vida dele, sem mesmo que perceba. De amiga devotada à esposa é um curto caminho. Não mais terei que suportar aquela velha asquerosa dando-me ordens. Eu serei a patroa, como sempre fui antes de meu pai perder tudo. Só preciso me fingir de arrependida e ir beijar as mãos do bispo Miguel, ajoelhando-me a seus pés e pedindo-lhe perdão! Ele é um homem de Deus, como sempre diz, e certamente tem como obrigação me dar seu perdão! Quanto à ingênua Valentina, invento uma boa desculpa e ela acaba acreditando...

Encontros Marcados

Nos arredores de Canosa, após tomar conhecimento da morte de Clara, Alicia decide pôr um fim no tratado de tantos anos com Gilbert e vai à cidade à procura de emprego. Conforme informações trazidas por Caterine, Nino estava doente e certamente precisaria de uma pianista no salão.

As portas, como sempre abertas, da enorme construção ao lado da praça, convidavam Alicia a entrar. O salão, agora bem mais requintado, expunha uma fileira de mesas cobertas com alvas toalhas de linho e bem adornadas com castiçais reluzentes e vasos floridos. O magnífico piano, imponente em lugar de destaque no salão, fez com que Alicia dedilhasse acordes invisíveis no ar. Um velhinho taciturno adentra o recinto e de braços abertos dirige-se a Alicia, estreitando-a num carinhoso abraço.

— Quanto tempo, minha menina! Não me diga que veio só para ver a decadência desse velho amigo!

— Na verdade, vim pedir-lhe meu posto de pianista de volta. Preciso trabalhar para criar Bianca. Não quero mais depender das esmolas de ninguém.

Demonstrando extrema felicidade diante do pedido da moça e olhando em direção ao piano, Nino continua:

— Já não tenho mais os dedos ágeis como antigamente e os

meus clientes merecem uma boa música novamente. Pode começar hoje, se quiser!
— Grata, meu velho amigo! Estarei aqui às dezenove horas, como nos velhos tempos.

Participando à filha e à amiga Caterine que não mais permaneceriam no anonimato, Alicia diz que na manhã seguinte irá até a Basílica de São Sabino, oferecer os préstimos da filha como exímia pianista, para acompanhar o coral infantil em suas apresentações, uma vez que Caterine trouxera notícias de que o piano estava intacto e esquecido na sacristia, por falta de quem o tocasse.

Caterine, extremamente feliz com a decisão de Alicia, diz a ela que na manhã seguinte também tem uma nobre missão: ir até a antigo empório do D'Angelo para ajeitar a casa há tempos abandonada, pois em breve fariam dela o lar da família!

A noite no salão traz a Alicia doces recordações de sua mãe, mas também amargas lembranças do encontro com Gilbert . A música de boa qualidade ecoa no salão, devolvendo ao lugar o glamour dos tempos passados...

Nem bem o sol despontara no horizonte, Caterine dirige-se com Bianca à velha casa de sua mãe e Alicia, como prometera, vai até a igreja falar com o bispo.

As paredes caiadas da basílica e a imponente construção dão a Alicia a sensação de estar sendo levada a iniciar uma nova fase de sua vida.

Ao ser recebida cordialmente pelo bispo Miguel, Alicia sente-se acolhida e, depois de relatar toda sua história de vida, combina com o bispo que virá mais tarde em companhia de Bianca para falar com a maestrina responsável pelo coral.

Bianca, entusiasmada com a notícia, escolhe seu melhor vestido para o encontro com a professora e passa o resto da manhã dedilhando o piano que ganhara de Gilbert .

Tentando esquecer o inconveniente ocorrido na tarde anterior, Valentina relata ao padre que tudo ficou bem entre ela e o esposo e que, arrependido por ter desconfiado de sua índole, Martim não sabia o que fazer para agradá-la.

— Deus sabe de todas as coisas, minha filha, e sempre resolve

tudo da melhor forma possível. Antes que me esqueça, receberá hoje uma jovem pianista que está disposta a tirar a poeira de nosso velho piano!
— Deus seja louvado, precisamos muito dos acordes de um piano para enriquecer as apresentações de nossos pequeninos!
— Antes que eu me esqueça, o senhor Enrico esteve aqui pela manhã e avisou que o pequeno Lorenzo já está recuperado e que retorna aos ensaios amanhã mesmo!
— Deus seja novamente louvado! Certamente foi sua misericórdia e sua bondade que salvaram a vida do pequeno...

Com o coral reunido, a maestrina inicia o ensaio. De costas para a porta não percebe a entrada de uma jovem senhora sobriamente trajada, trazendo pela mão uma bela moça, beirando os dezessete anos. Ambas sentadas a um banco no fundo da igreja para não chamar a atenção das crianças, permanecem caladas, tocadas pela sutil harmonia que aos poucos inunda o recinto.

Encerrado o ensaio, não resistem ao espetáculo a que acabaram de assistir e batem frenéticas palmas, direcionadas aos pequenos cantores e à talentosa professora. Valentina volta-se e percebe tratar-se da visita anunciada pelo bispo.

Com um gesto, Valentina convida as visitas a se aproximarem e percebe que a mãe da jovem tem uma pequena deformidade em uma das pernas, lembrando-se imediatamente de Alicia.

Conforme a jovem senhora se aproxima, o coração de Valentina transborda de alegria e, correndo ao encontro das mulheres, sem controlar o pranto que a emoção daquele momento lhe impõe, estreita a visitante fortemente em um longo abraço:
— Alicia, Alicia! Não acredito! É você mesma? Quantas saudades de você, minha amiga! Procurei-a durante anos, sem conseguir uma só notícia de seu paradeiro!

Alicia, sufocada por convulsivo pranto, apenas olha para o rosto delicado de Valentina, sem conseguir proferir uma única palavra...

As amigas mantêm-se abraçadas por longo tempo, sob os olhares inquisidores de Bianca, que a tudo observa, recordando-se das histórias que cresceu ouvindo sobre a melhor amiga de sua mãe que ficara em Cerignola.

Passada a emoção daquele feliz reencontro, Bianca foi apresentada a Valentina, assim como Lia, que já estava no colo de Bianca, a Alicia.

Sentadas uma ao lado da outra, Valentina ouve um resumido relato sobre a amargurada vida que tivera a amiga, desde a sua partida para Canosa. O nome de Gilbert Vilaneuve protagonizou a narração, fazendo com que Valentina contasse à amiga que o seu malfeitor e pai de Bianca era sócio de Martim em seus negócios com as exportações de frutos e alcachofras... Para surpresa de Alicia, que nunca tinha ligado o nome de Gilbert ao usurpador das terras de seus pais e o único culpado pela falência e morte de seu pai. Só agora Alicia conseguia entender porque sua querida mãe fora acometida por um derrame na noite que reconheceu Gilbert no salão. Agora tudo fazia sentido para ela.

– Meu Deus, Gilbert é realmente um ser abominável. Ele sabia quem nós éramos e mesmo assim quis nos tirar até a dignidade que nos havia restado...

– Pobre Alicia! Agora não está mais sozinha. Tem a nós, seus amigos de outrora. Não deixaremos que ninguém faça mal a vocês de novo.

Em poucos dias, Alicia, Bianca e Caterine estavam morando na propriedade dos D'Angelo que, com a ajuda de Valentina e de Martim, tornou-se em pouco tempo uma moradia aconchegante, apesar da simplicidade.

Bianca, conforme previsto, tocava magnificamente e enchia a Basílica de São Sabino com magníficas melodias, acompanhando o coro de crianças.

* * *

EM CERIGNOLA, APROVEITANDO que o patrão está sóbrio naquela manhã, Albert o avisa que precisará se ausentar por alguns dias da fazenda, pois a cunhada que cuidava de seu filho, Loran, havia adoecido e ele precisava viajar até lá, para certificar-se de que tudo estava bem.

Sem muitas palavras, Gilbert o autoriza a viajar, alertando-o da necessidade de seu breve retorno, pois em três semanas precisaria ir a Canosa para encontrar-se com o sócio Martim e saber dos negócios.

Albert agradece ao patrão, comprometendo-se a retornar no prazo esperado.

Chegando em Reims, na França, Albert, que há quatro anos não visitava o filho, encontra a bondosa cunhada à beira da morte, acometida pela tuberculose. O médico local já avisara ao jovem Loran que o caso era irreversível e que esperasse pelo pior. Três dias após a chegada de Albert, a moribunda senhora desencarnou, impondo a Albert a necessidade de levar Loran para Cerignola. Temia, contudo, a reação do tempestuoso patrão, ao chegar com o jovem sem um prévio aviso.

Logo após o sepultamento da cunhada, Albert retorna à Itália na companhia de Loran, um jovem alto, forte e de cabelos aloirados como os da mãe. A barba rala lhe dava uma aparência quase adulta. Beirando os vinte anos, o rapaz sempre trabalhou num empório da cidade, para auxiliar nas despesas da casa da amada tia que lhe servira de mãe desde a infância, o que lhe trouxe uma precoce maturidade. Por ser bom nas contas, na certa agradaria ao senhor Gilbert.

Quanto ao retorno de Albert com o rapaz, depois de uma longa inquisição, Gilbert aceitou os seus serviços, passando ele a auxiliar o pai na administração da fazenda.

Conforme programado, Gilbert despede-se de Edmond e da pequena Filipa que brinca no jardim e parte para Canosa para rever sua filha Bianca. Desde a morte de Clara, fora poucas vezes àquela cidade para evitar especulações.

Chega ao início da tarde em Canosa e, depois de passar na pousada, dirige-se para a casa de Alicia.

O jardim mal cuidado e a porta trancada, sem sinal das moradoras, deixam Gilbert furioso. Adivinhando o paradeiro de Alicia e de Bianca, segue imediatamente para o antigo empório dos D'Angelo.

Bate freneticamente na porta de entrada e é Caterine quem o atende, cerrando a porta atrás de si.

– Não é bem-vindo aqui, senhor Gilbert. Já sabemos tudo sobre o senhor...

Retomando a postura grosseira que lhe era peculiar, Gilbert empurra Caterine e entra, surpreendido pela presença de Valentina na sala da casa a conversar com Alicia e com Bianca.

– Que surpresa, senhora Valentina! Vejo que já colocaram toda a conversa em dia, mas isso não me interessa nem um pouco. Só vim ver minha filha Bianca e tratar de negócios com seu marido.

– Martim está no porto agora, senhor!

Gilbert, visivelmente desconcertado diante de Valentina, pois era certo que todas as suas atitudes com os D'Angelo e com Alicia haviam sido reveladas, chama Bianca para uma conversa na varanda.

– Minha filha, vejo que tomaram a atitude certa vindo morar aqui na cidade. Estou viúvo agora e não tenho mais por que escondê-las de ninguém. Quero que vá comigo para Cerignola. Lá terá uma boa vida junto com seus irmãos.

– Mas, papai, não posso abandonar a minha mãe! Sou tudo o que a vida lhe deu...

Percebendo que Bianca também conhecia a verdadeira história sobre ele, tenta remediar a situação:

– Alicia poderá vir também se quiser. Vou propor-lhe casamento. Durante esses anos todos, apesar de me repudiar, afeiçoei-me a ela. De menina assustada transformou-se numa bela e íntegra mulher e eu acabei me apaixonando por ela. Talvez possa me perdoar e aceitar meu amor.

– Não sei, não, papai! Mamãe tem muita mágoa no coração. Sofreu muito desde a infância e a morte de meu avô. Depois que reencontrou Valentina, tudo ficou esclarecido e o senhor novamente apareceu como o grande causador de toda sua dor. Não sou mais uma criança, papai, e entenderei se minha mãe não quiser perdoá-lo.

Gilbert despede-se de Bianca, afirmando que voltaria em outro momento em que Alicia não estivesse com visitas.

Valentina, ao chegar em casa, relata toda a história de Alicia a Martim, que retruca:

– Não é porque temos negócios com o senhor Gilbert que gosto dele! Sei que foi e sempre será um aproveitador! Pobre Alicia, como sofreu por causa dele. Fez tudo de caso pensado e agora quer que acreditemos que é um bom homem... Se levar Bianca, acabará por causar a morte de Alicia. Temos que pensar em algo para ajudá-la.

– Disse ele à filha que proporá casamento a Alicia, mas sabemos de antemão que ela não aceitará o pedido. Temo por saber que é um homem poderoso e que levará Bianca, mesmo sem o consentimento de Alicia.

Valentina estava certa. Alicia nem sequer quis ouvir o pedido de Gilbert, expulsando-o de sua casa. Aviltado em seu brio de homem autoritário e acostumado a ter suas vontades atendidas, Gilbert ameaça que em seu retorno para Canosa a filha irá com ele.

Alicia, em total desespero, pede a interferência de Martim, para dissuadir Gilbert de seu intento. Martim até tenta interceder em favor de Alicia, mas é repudiado por Gilbert, que bruscamente lhe responde:

– Somos sócios nos negócios e não na vida pessoal. Não se meta em minhas questões familiares, meu caro Martim. Não vale a pena pôr nossa sólida sociedade a perder por causa de uma simples amizade do passado.

Reportando a Valentina a negativa de Gilbert, surge-lhe uma ideia.

– Podemos convidar Alicia a morar em nossa casa em Cerignola, afinal seus pais já estão idosos e necessitam de alguém que lhes faça companhia. Alicia ficará, assim, perto da filha e poderá vê-la quando quiser.

– E quanto a Caterine, Martim? Criou a menina e a ama como tal!

– Colocaremos essa condição a Gilbert. Caterine acompanha Bianca como dama de companhia!

– Bem pensado, meu amor! Vamos falar com Alicia.

Empolgada pela ideia de não perder o contato com a amada filha, Alicia aceita a proposta de Martim e, em menos de duas semanas, todos retomam suas vidas de pontos jamais imaginados.

Alicia ao lado dos velhos amigos – Martim Stefano e Angelina – e Bianca, na casa do pai, tendo Caterine a seu lado.

Na manhã que se seguiu ao retorno de Gilbert à fazenda, Carmela fica encantada com a beleza da jovem Bianca, uma vez que em seu último encontro a jovem era ainda uma criança. Edmond não consegue conter a felicidade de ter a irmã por perto, pois sua vida era solitária demais. Filipa, ainda bem pequena, fazia festa para a nova componente da família, convidando-a a brincar no jardim.

À tardezinha, fora convidada pelo irmão a passear pela propriedade e não pôde deixar de notar os olhares insistentes do jovem Loran que, gentilmente, selara os cavalos para o casal de jovens.

– Quem é ele, Edmond?

– É Loran, filho do capataz Albert. É órfão de mãe e há pouco tempo veio da França para trabalhar aqui na fazenda. É um bom amigo! Gosto dele. É educado e divertido e me faz companhia sempre.

Bianca sente, pela primeira vez que está crescendo, pois o belo rapaz de olhos claros e cabelos cor do sol causaram-lhe uma sensação jamais experimentada antes...

O passeio foi agradabilíssimo e os jovens retornaram já com o sol se pondo por detrás da montanha. Loran, solícito, os aguardava ansioso, certamente, para rever a bela jovem que havia lhe causado tão boa impressão. Estendendo a mão, ajudou Bianca a desmontar, e o toque de sua pele fez com que Bianca corasse, causando um sorriso irônico no irmão.

Os dias se passaram e Bianca, sempre que o pai lhe permitia, ia a cavalo com Edmond visitar a mãe na propriedade vizinha.

Em Canosa, aquela manhã parecia não trazer nenhuma novidade a Valentina. Porém, ao chegar na igreja, trazendo Lia pela mão, ficou estática, ao perceber a presença de uma mulher que lhe causou arrepios...

A presença do bispo ao lado de Florence fez com que Valentina encontrasse coragem para aproximar-se e foi Miguel quem se pronunciou:

– Cara Valentina, Florence veio confessar-se e lhe pedir perdão pelo mal-entendido de tempos atrás. Não teve a intenção de provocar qualquer discórdia entre você e seu marido. Apenas temia pela sua segurança, quando resolveu alertar Martim sobre o senhor Enrico que, como todos sabem, nunca está em seu juízo perfeito, devido à bebedeira que lhe é rotineira.

Florence, num ato fingido de humilhação, ajoelha-se à frente de Valentina, beijando-lhe as mãos e implorando seu perdão.

Valentina, que já tinha presentes em seu coração os preceitos do bem e da grandeza de espírito, ergueu Florence e beijou-lhe as mãos.

– Está perdoada, Florence! Isso é o que Jesus nos ensinou, não é mesmo?

– Obrigada, Valentina! Abençoada seja para sempre!

Continua o bispo:

– Como está perdoada, Florence voltará a ajudá-la com as crianças do coral. São tantas e fazem tamanha algazarra que é necessário mais alguém para acalmá-las. Assim, fica resolvido que amanhã Florence já poderá vir no horário de sempre!

No dia seguinte, ao encontro com Florence no ensaio, Valentina sente uma vibração extremamente negativa, como dardos envenenados a lhe atingirem. Imediatamente falta-lhe o ar e sua cabeça dói. O ensaio demorou menos tempo que o costumeiro e Valentina, alegando ao bispo que não se sentia bem, voltou para casa mais cedo.

Ao comentar o fato com Martim, ele não deu muita importância, dizendo à esposa que desse uma nova chance à moça.

Florence, para ganhar novamente a confiança de Valentina, evitou ir ao porto e reencontrar Martim, porém muito solícita oferecia regularmente uma xícara de chá à maestrina, antes dos ensaios. Neutralizado pelos amigos espirituais de Valentina, o conteúdo do chá oferecido por Arache não lhe causava mal algum, despertando a ira de Florence, que se certificava de que, mesmo sendo envenenada, Valentina não adoecia...

Enfurecida por imaginar que fora enganada pelo feiticeiro, Florence engendra novo plano para aproximar-se de Martim e pediu a Joseph que intermediasse a situação.

Na manhã seguinte, lá estava no porto a aventureira Florence à espera de Martim. Desta vez, numa mesa afastada dos olhares curiosos dos estivadores. Trajada com um belíssimo vestido azul, que lhe deixava à mostra os ombros torneados, e com um acentuado decote, sabia da impressão que causaria a Martim. Os cabelos avermelhados, presos com um belo arranjo de minúsculas pérolas e o rosto excessivamente maquiado davam-lhe um aspecto sensual, embora vulgar, lembrando o perfil das mulheres frequentadoras dos salões noturnos da cidade.

Martim, ao ser avisado por Joseph que alguém o esperava na parte mais deserta do cais, estranha, mas dirige-se para lá. Surpreso, visualiza a silhueta de alguém que já lhe era conhecida...

A vulgaridade dos trajes de Florence o incomoda e, antes mesmo que a cumprimentasse, a moça se levanta, enlaça-o pelo pescoço e o beija freneticamente.

Martim, num gesto de asco, empurra a atrevida jovem e a alerta para que jamais repita tal gesto, por ser um homem casado e apaixonado pela esposa. Ofende-a com palavras duras, dizendo que fosse procurar aventuras nos salões noturnos da cidade, nos quais mulheres de sua estirpe eram fiéis frequentadoras.

Repudiada e vendo sua única chance de ascensão desaparecer, enfurecida, retruca palavras de baixo calão a Martim e sai do porto, disposta a procurar Arache para reclamar a ineficiência do veneno que lhe vendera.

"Quero algo mais forte, que mate aquela beata em dias, em horas! Quem esse fulano almofadinha pensa que é, para recusar os favores de uma bela mulher como eu? Vai me pagar caro por isso!" – planeja Florence.

Esquecendo-se por completo do compromisso com Valentina, entra numa carruagem e pede ao cocheiro que a leve até a estrada que ladeia a cabana do feiticeiro. Em menos de uma hora, vê-se novamente diante daquela paisagem grotesca. Grita o nome do feiticeiro com extremada ira. As mãos tremendo e o peito arfando denunciam o descontrole em que se encontra.

Arache aparece na porta da cabana e convida a moça a entrar.

– Seu mentiroso, vigarista! Ficou com meu dinheiro e a beata não morreu. Estou lhe dando o chá há cerca de dois meses e nada até agora! Devolva meu dinheiro ou vou direto às autoridades de Canosa denunciá-lo, ou melhor, à Igreja, entregá-lo como feiticeiro e ter o prazer de ver seu mísero esqueleto tilintar no fogo!

Ameaçado pela Inquisição, fugira para a mata e mantinha-se lá recluso há anos. Muito embora o efeito de seus feitiços e poções fosse questionável, Arache recebia pessoas importantes de Canosa, que lhe pagavam muito bem pela intercessão em questões políticas, amorosas e financeiras em que se envolviam. Não deixaria que uma jovem, sem família, prejudicasse seus negócios...

Fingindo estar em transe, pede à jovem que o siga para o interior da mata, alegando ser a vontade dos espíritos e que lá, em cerimônia especial, providenciaria a morte de Valentina. Florence, sem questionar, acompanha o feiticeiro que, sem que ela pudesse se defender, a atinge na cabeça com o cajado que lhe serve de apoio. A moça cai já sem sentidos e ele, para certificar-se de que não mais lhe causará qualquer incômodo, desfere uma sequência de outros golpes, que lhe são fatais.

Sem perder tempo, o velho assassino cava um enorme buraco ao pé de frondosa árvore e lá enterra o corpo da jovem infeliz. Florence cerra os olhos para a vida física, ficando à mercê de espíritos que se identificavam com ela, principalmente pelo padrão de comportamento que adotara. Muitos, vítimas do passado, vinham lhe cobrar acerto de contas. A cada programação para uma nova vida na Terra, ela se comprometia com a sua mudança de anseios, mas uma vez mais retornava em triste condição para o plano espiritual.

Na pequena estrada, o cocheiro preocupa-se com a demora da jovem e procura as autoridades da cidade para informá-las da ocorrência. Em diligência, as autoridades dirigem-se ao local, orientadas por uma matilha de cães farejadores, que não demoram muito para encontrar a cova rasa. Arache é imediatamente preso e entregue às autoridades. Sua funesta cabana é incendiada, juntamente com todos os símbolos e apetrechos com os quais enganava os frequentadores de seu casebre.

A notícia da morte de Florence abala Canosa, pois não era comum que alguém fosse assassinado nas condições em que ela fora.

Descobriu-se então sua verdadeira história de vida. Valentina teve pena. Pediu a Martim que juntos fizessem uma prece por ela e também agradecessem a proteção que tiveram, imaginando quantas uniões não eram desfeitas por interferências de pessoas como ela.

PERDA E SOFRIMENTO

NUMA CERTA MANHÃ, Martim e Valentina são surpreendidos por fortes batidas na porta. A imagem esbaforida de um mensageiro deixa-os preocupados. E Martim o interpela:

— Diga logo, homem. A que veio?

— Venho de Cerignola, senhor, e a notícia é terrível. Seus pais, a caminho da cidade sofreram um grave acidente. Numa das curvas, a roda da carroça soltou-se e o transporte caiu numa ribanceira. O senhor Gilbert cuidou pessoalmente do resgate, mas infelizmente eles não resistiram à queda. Estão mortos, senhor!

A notícia soou aos ouvidos de Martim como um estampido. Desabou em profundo choro nos braços da esposa. Os gritos de desespero do rapaz chamaram a atenção dos vizinhos, que se aglomeraram à porta da casa para consolar o casal nesse momento de extrema dor. Entre soluços e gemidos, Martim gritava inconsolável:

— Sofreram tanto na vida e agora que podiam usufruir um pouco de conforto, perdem a vida dessa forma! Se eu estivesse lá, isso poderia ter sido evitado! Não é justo, meu Deus, não é justo!

Passada a comoção causada pela notícia, o jovem casal, acompanhado por Lia, dirige-se a Cerignola para o último adeus a Betina e Guilhermo que, escoltados por amigos espirituais, já estavam sendo acolhidos numa cidade espiritual para prosseguirem na senda evolutiva do bem.

Em retorno a Canosa, Martim parece ter perdido o chão com a morte dos pais tão queridos, mas sabe que precisa de forças para seguir em frente. De Valentina, recebe todo apoio e nobres explanações sobre a continuidade da vida, do caminho de todos nós rumo à evolução.

Bianca, cada vez mais ligada a Loran por fortes laços afetivos, resolve contar ao pai que o jovem a pedira em casamento e que sua resposta só dependeria de sua autorização.

A princípio Gilbert esbravejou, alegando que o rapaz não estava à altura de sua posição social, porém, já mais amadurecido, por tantas experiências por que passara na vida, além de inspirado uma vez mais por sua mãe, Isabel, resolveu que ouviria o pretendente.

Um almoço foi preparado por Carmela, para que o pedido pudesse ser feito, com a importância que o momento exigia. Os convidados Alicia, Martim e Valentina, bem como os vizinhos Angelina e Salvatore, Caterine, que depois da morte dos pais de Martim voltou a morar com Alicia, chegaram à propriedade todos juntos, próximo da hora em que o almoço seria servido. Albert vestiu seu melhor traje e Loran, não contendo a felicidade que lhe explodia no coração, procurou também trajar-se a caráter para a ocasião. Auxiliada pela devotada Carmela, Bianca vestiu-se com um belo vestido rosa, com delicados bordados brancos, acentuando-lhe a delicadeza dos traços ainda pueris. No alto da cabeça um delicado buquê de violetas, que contrastava com seus grandes e belos olhos negros. Tudo perfeito para aquele momento, almejado há tempos pelo seu coração apaixonado...

A mesa da sala de jantar havia sido suntuosamente decorada para aquele momento e Carmela recordou-se com saudades da boa senhora Clara, que com esmero adornava as ânforas nas ocasiões especiais. Olhou com certa tristeza para a pequena Filipa, que crescia rebelde, sem a atenção do pai e a presença da mãe.

Afastando os pensamentos melancólicos, acomoda os visitantes em seus lugares à mesa. Albert, visivelmente incomodado por sentar-se à mesa do patrão, mantém-se calado ao lado de Loran, que ao contrário do pai, parece bem à vontade ao lado da bela jovem com a qual pretende dividir seus sonhos e projetos de vida.

A entrada de Gilbert na sala provoca silêncio nos presentes. Surpresos, ouvem as palavras inesperadas do anfitrião:

– Caros amigos, por anos dei extrema importância à riqueza e ao poder, perdendo as coisas que realmente valem a pena em nossa vida tão passageira. Cresci aprendendo com meus tios que o valor de um homem estava no montante de riqueza que conseguisse acumular e hoje vejo que tal engano me fez perder verdadeiros tesouros que um homem pode almejar em sua vida. Perdi minha esposa, transformei meu fiel capataz D'Santis num fora da lei, perdi as fases mais importantes do crescimento de meus filhos, destruí a vida de Alicia e provoquei a desgraça de muitos que passaram pelo meu caminho. Tenham a certeza de que há pouco tempo essa reunião não aconteceria, pois jamais aceitaria o pedido de Loran para casar-se com Bianca. Mas confesso que os repetidos sonhos que tenho tido com minha mãe, Isabel, têm mudado meus pensamentos e o meu coração. Aceito seu pedido, rapaz, até antes de fazê-lo, pois é um homem íntegro e trabalhador, como seu pai, que me ensinou como conduzir meus empregados com respeito e gratidão. Desde que Albert aqui chegou, observei minha fazenda prosperar, sem ter que utilizar de qualquer coação ou violência com qualquer um daqueles que me prestam serviços. Certamente não me transformei no homem bom que minha querida mãe almejava, mas já consigo ter uma nova visão sobre a vida e sobre as relações que temos com aqueles que nos cercam. Já que o pedido está aceito, vamos comemorar com um bom vinho e com a deliciosa comida preparada por Carmela.

Os jovens, extremamente felizes, pela mudança de conduta de Gilbert, aproveitam a tarde para caminhar por entre as ramas do jardim florido, sentindo as vibrações positivas de Isabel abençoando aquele futuro enlace.

Na manhã seguinte, Martim convidou Valentina a ir com ele até a propriedade dos pais, pois desde o desencarne de ambos, não conseguia ter forças para ir até lá novamente. Seguro de que a plantação estava em boas mãos, pois Albert e o filho haviam recebido ordens de Gilbert para estender os seus cuidados às suas terras também, ficara mais tranquilo, ainda que a sua intervenção fosse necessária para avaliar a qualidade dos produtos da próxima colheita a ser exportada.

Já dentro da propriedade dos pais, entre as roseiras cobertas por viçosos botões amarelos, o casal recorda seus encontros ainda na tenra idade. Martim adianta-se em colher uma rosa e a oferece a Valentina:

– Para você, minha amada, a mais bela rosa desse jardim, como prova de meu eterno amor!

– Obrigada, meu querido! Vou guardá-la dentro do meu coração para sempre!

Sentados sob as ramas floridas, Martim toma as mãos de Valentina e começa um discurso que a preocupa:

– Quis trazê-la aqui, minha querida, para pedir que me perdoe pelos arrufos de ciúmes que tenho protagonizado durante todos esses anos de união. Quero que me perdoe se a magoei e se duvidei de você. Sempre digo que sei que você está nessa terra para me conduzir, para evitar que eu cometa erros e que me desvie do caminho do bem... Não sei se seria o homem que me tornei, se você não estivesse ao meu lado. Amo-a mais que a minha vida e só a suposição de poder perdê-la me enlouquece.

– Martim, não há o que perdoar. Somos o que somos e eu já o conheci assim! Amo você com seus defeitos e qualidades. Tenha a certeza de que me trouxe mais momentos de felicidade do que desilusões.

– Meu pequeno rouxinol! Lembra-se de nossos encontros no lago? Que saudades. Assim que terminar minhas obrigações aqui, quero ir até lá com você para abraçar nosso velho chorão! Temo que a vida se acabe de repente para mim, como ocorreu com meus pais, e que eu não tenha tempo de provar-lhe o quanto a amo!

Um pressentimento ruim tomou conta de Valentina, que abruptamente levantou-se e convidou Martim a entrar na casa. A noite não tardou a chegar e o casal, após deixar a propriedade em ordem, rumou para a casa dos pais de Valentina, onde Lia os esperava.

A carruagem vagarosa percorre o caminho enfeitado por pequenos vagalumes que bailam em torno do transporte, como olhos curiosos a sondar os corações do casal apaixonado.

Na manhã seguinte, com os primeiros raios do dia a tocar-lhes as faces, Martim e Valentina caminham de mãos dadas rumo ao lago.

Ao longo do caminho, como na infância, Martim colhe pequenos buquês coloridos e os entrega a Valentina. O canto dos pássaros, cumprimentando a aurora, enche o ambiente de angelical melodia.

Martim solta da mão de sua amada ao avistar o velho chorão, com os conhecidos ramos a bailarem sobre as águas. Valentina o acompanha e ambos abraçam a velha árvore como a um querido amigo. As palavras de Martim, porém, têm certa melancolia, como se aquele momento fosse uma despedida:

– Aqui estou, amigo, para talvez despedir-me de você! Canosa é longe e meu tempo muito curto. Grato, meu velho, por ter sido testemunha viva do meu amor por Valentina e por ter nos presenteado com sua beleza majestosa em todas as vezes que estivemos aqui!

– Pare com isso, Martim! Voltaremos aqui quantas vezes forem necessárias, afinal meus pais, a Alicia e a Caterine ainda moram aqui!

Sem dar atenção às palavras de Valentina, Martim continua:

– Meus pais também não esperavam a morte e ela chegou sem avisar!

– Deixe de maus pensamentos. Venha, sente-se aqui na relva e mergulhe seus pés na água!

Martim atende ao pedido de Valentina, porém com o olhar fixo no vazio, parece não ouvi-la e, como se tocado por um sentimento que estava longe de reconhecer, seca uma grossa lágrima que lhe escapa dos olhos...

Retornam a Canosa na manhã seguinte, aceitando o convite para apadrinhar o casamento de Bianca e Loran.

Passados alguns meses, estão eles no altar da catedral de Cerignola, escolhida para a celebração do casamento. As lembranças despertadas no casal do dia em que ambos juraram amor eterno naquele mesmo altar trazem-lhes fortes emoções. Martim sussurra baixinho ao ouvido de Valentina:

– Tantas boas lembranças, pena que a vida é tão curta!

Novamente Valentina sente uma melancolia inexplicável tomar conta de seu coração...

Após a comemoração na mansão de Gilbert, o casal permanecera ainda alguns dias em Cerignola para que Lia pudesse ter a oportunidade de uma maior convivência com os avós. Como Martim viajaria em breve, Valentina convida Alicia e Caterine para passarem um tempo em sua casa, assim lhe fariam companhia e poderiam cuidar de Lia, enquanto ela estivesse acompanhando o padre em suas visitas aos necessitados. Na ausência de Martim, as transações no porto foram deixadas a cargo de Joseph, que há dias vinha observando um dos estivadores com atitudes suspeitas, principalmente ocultando-se atrás das caixas, quando ele tentava se aproximar. Seu jeito rude e desajeitado eram-lhe familiares, porém o rapaz não se lembrava de onde conhecia aquele estranho homem. Diferentemente dele, o taciturno homem o conhecia muito bem e nutria por ele um ódio gratuito arraigado há anos em seu duro coração...

A permanência de Martim em Cerignola obrigou Joseph a acompanhar as exportações por vários dias e, sem ter planejado, encontra o esquisito estivador frente a frente entre as caixas de alcachofras e o reconhece instantaneamente:

– Sabia que já o conhecia, seu maldito assassino! É Jácomo D'Santis, que tentou assassinar o próprio patrão!

Segurando o assustado homem pelo colarinho, ameaça-o veementemente:

– Vou gritar para as autoridades do porto que encontrei um assassino fugitivo entre as caixas de alcachofras e, certamente, você apodrecerá nos calabouços fétidos da Itália, seu cão desprezível.

Extremamente assustado e temendo ser preso, D'Santis em segundos enterra a velha faca enferrujada no peito de Joseph, causando-lhe morte instantânea, sem contudo imaginar que conquistara ali um inimigo que o perseguiria por muito tempo, vindo a lhe cobrar acertos séculos depois, no tombadilho de um navio. Foge por entre as mercadorias enfileiradas no porto e, como um fantasma, desaparece sem ser notado.

Horas mais tarde, o inerte corpo de Joseph é encontrado por um dos trabalhadores do cais. As autoridades são informadas imediatamente do ocorrido, atribuindo o fato a um possível crime passional, pois o rapaz era famoso pelo seu envolvimento com as senhoras casadas de Cerignola.

Sem desconfiar da triste notícia que os esperava em Canosa, Martim e Valentina despedem-se de todos e retornam para casa, pois Martim estava programando uma longa viagem para a Espanha nas próximas semanas e precisava deixar os negócios em ordem antes de partir. Chegam ao final da tarde e encontram a cidade em polvorosa com a ocorrência no porto. Questionando os transeuntes que se aglomeravam nas ruas, Martim recebe a trágica notícia de que o homem assassinado era Joseph! Imediatamente envia um mensageiro a Cerignola para levar a triste notícia da morte do amigo a Gilbert .

Em função da ocorrência, Martim adia sua viagem à Espanha e solicita a Gilbert que temporariamente deixe Loran cuidando dos serviços do porto.

A morte do amigo trouxe a Gilbert grande pesar, pois conhecia Joseph desde a infância. A faca enferrujada que fora retirada do cadáver, não lhe deixava dúvidas, era a faca de Jácomo D'Santis! Por inúmeras vezes viu a faca com o capataz e as iniciais incrustadas de forma irregular em seu cabo "J. S.", não lhe deixavam nenhuma dúvida! Fora Jácomo D'Santis que arrebatara a vida de Joseph!

A segurança fora redobrada no porto, pois o depoimento convincente de Gilbert convenceu as autoridades de que D'Santis estava por perto e de que era um perigoso assassino.

Joseph, em espírito, não conseguia compreender que não fazia mais parte do mundo físico e, sem sucesso, tentava contato com todos os estivadores do porto, bem como com Martim, quando o via adentrar o cais, e questionava os presentes sobre um crime lá ocorrido.

Perambulou por dias naquele lugar, até localizar seu assassino, num casebre em ruínas não muito longe dali. Ao lembrar do momento do crime em que fora atingido pela faca, Joseph sentia novamente as dores lancinantes e o sangue a lhe escorrer pelo corpo. Atraídos pelos fortes sentimentos que os uniram desde o triste acontecimento, os dois, Joseph e D'Santis, seguirão muito tempo ligados. Com desejo de justiça, Joseph perseguirá D'Santis, levando-o quase à loucura, pelo processo da obsessão.

Durante a noite, além das investidas de Joseph, que lhe causavam pesadelos horríveis, D'Santis era assediado por uma legião de entidades que há muito o acompanhavam e o influenciavam, sugerindo que ele desse fim ao seu verdadeiro inimigo, Gilbert. Com o suor a lhe gotejar nas têmporas, D'Santis via a imagem de Clara sendo agredida por Gilbert e isso aumentava sua sede de vingança.

Ainda com a noite escura, o assassino, esgueirando-se pela vegetação que contornava a praia, desapareceu sem deixar vestígios.

Com Loran à frente das exportações, Martim despede-se da esposa e da filha e parte para a Espanha. A viagem demoraria por volta de um mês e Valentina, na ausência do marido, por contar com o auxílio de Alicia e de Caterine, além da regência do coral infantil, acompanha o bispo em suas peregrinações no auxílio aos necessitados de Canosa.

Gilbert, com a dor da perda de seu único amigo, passa horas na companhia de suas garrafas de vinho e já não se atenta tanto aos cuidados com a fazenda e com a lavoura, deixando toda a responsabilidade a cargo de Albert.

Certa manhã, Gilbert avisa o capataz que irá para Canosa, sem dia para voltar. Com a carruagem à espera do patrão, Albert observa a decadência daquele homem imponente que o recebera anos atrás em suas terras...

O salão de jogos é o endereço que Gilbert parece ter como definitivo em Canosa. A constante embriaguez o faz menos atento ao jogo e as perdas de volumosas quantias em dinheiro são constantes. Não é novidade para os frequentadores do salão terem que levá-lo até a pousada, por não conseguir caminhar sem amparo. Nem mesmo as visitas em desdobramento que faz à bondosa mãe conseguem dissuadi-lo de tão comprometedora viciação. Isabel fica impotente, obedecendo o direito soberano de cada um fazer as suas escolhas, conquanto, como mãe, ela o tenha alertado Gilbert de todas as formas ao longo de muito tempo sobre as consequências do que estava plantando em sua vida.

À espera de Martim

Na casa de Valentina, há muita preocupação com a embarcação que deveria trazer Martim para casa. O atraso já era de três dias e ela, em fervoroso pranto, implorava aos céus proteção para seu amado. Havia rumores no porto sobre a grande tempestade que assolava o Mediterrâneo há dias, porém sem confirmação se a embarcação já estava ao mar quando a tormenta começou.

A jovem Lia, ao lado da mãe, a acompanhava nas preces, arrancando lágrimas de Valentina:

"Meu Papai do Céu, traga meu paizinho de volta. Eu e mamãe ainda precisamos muito dele aqui. Não deixe que o mar o leve de nós. Tenho muito que dizer ao papai ainda. Quero que ele me veja crescer e que possa ficar ao lado de mamãe, ajudando os pobrezinhos que não têm o que comer. Precisamos que papai se torne um homem mais caridoso e, se o levar agora, ele não terá tempo de melhorar. Amém!"

Com o coração angustiado, Valentina encerra sua prece também e dirige-se ao porto, muito aflita, em busca de notícias.

A aglomeração de pessoas no cais era imensa, todos buscando notícias de seus entes queridos ou de amigos que poderiam ter sido vitimados pela tormenta.

As horas de espera sem notícias eram longas e amargas e Valentina tinha seu compromisso na igreja. Voltando seus pensamentos aos céus, implorava a Deus e a seus mentores que intercedessem em favor de todos que estavam naquela embarcação e que seu amado Martim retornasse são e salvo para casa.

Chegando à igreja, o bispo Miguel a convidou para acompanhá-lo até a prisão, pois um dos detentos queria se confessar e estava prestes a ser executado. Sem entender o convite, Valentina acompanha o religioso, no desejo de se colocar sempre disposta a servir.

A prisão de Canosa fora instalada numa antiga construção nos arredores da cidade; o prédio medieval mantinha inúmeros calabouços em seu porão, que mais se assemelhavam a túmulos escuros habitados por espectros maltrapilhos e de pavorosa aparência.

Acompanhados pelo carcereiro, o bispo e Valentina viram-se diante de um cubículo úmido e escuro, no qual se podia ver um homem de aparência macabra que insistia em conversar com alguém que não se podia ver, ou melhor, que o bispo e o carcereiro não podiam ver. Valentina, dedilhando fervorosamente o crucifixo que trazia nas mãos, implorava aos céus para que as entidades ali presentes naquela cela deixassem aquele homem em paz e seguissem o caminho da luz. A presença de Valentina causou certo incômodo no preso que, sob o comando das entidades que o obsedavam, começou a proferir palavras de baixo calão direcionadas ao bispo e a ela. Atribuindo o descontrole do preso ao seu nítido estado de demência, o clérigo começou a acalmá-lo com conselhos tão comuns em seus sermões. Ao perceber o incômodo causado pelo preso aos visitantes, o carcereiro interferiu:

– Esse homem esquisito é Arache, o feiticeiro que matou a moça na mata! Foi condenado à morte e dentro de poucas semanas a sentença será executada.

Ao ouvir o relato do jovem que os acompanhava, um calafrio percorreu o corpo de Valentina, pois, muito embora não houvesse iluminação naquele repulsivo lugar, pôde decifrar a silhueta de uma mulher entre os obsessores. Não tinha dúvidas, era Florence, que acompanhava o seu algoz!

Penalizada com o quadro que vislumbrara, Valentina sugeriu que fizessem uma prece juntos para todos os que ali estavam. E com o olhar direcionado ao alto, iniciou um pedido de socorro, do fundo do coração, para todos aqueles, verdadeiros escravos de si mesmos, presos a culpas, perdidos nos caminhos dos enganos e nas tormentas da obsessão.

Em segundos, a presença de entidades que vieram prestar o socorro trouxe luz a todo o recinto, fazendo com que ,um a um, os espíritos perturbados deixassem o cubículo escuro, permitindo ao suposto feiticeiro aproximar-se da grade e a examinar o rosto de sua benfeitora.

– Senhora, quem és? Por Deus! Durante meses me sinto sufocar, com tantas acusações à minha volta. Tua presença, como num passe de mágica, me fez sentir muito melhor.

Sob os olhares inquisidores do bispo, que atribuía aquela fala ao seu estado de demência do condenado, Valentina limitou-se a dizer:

– Fique em paz, meu irmão. Acredite na misericórdia de Deus, para com todos os seus filhos. Ele há de ajudá-lo sempre. Busque nele as forças para seguir, onde estiver, sempre o caminho do bem.

Terminada a visita e levando consigo as fortes impressões do socorro que presenciara junto a tantos infelizes no calabouço, Valentina se despede, dizendo que precisa se dirigir ao porto.

A agitação era geral entre as caixas que se amontoavam no cais. Pessoas gesticulavam e, já em extremo desespero, buscavam notícias de seus esposos, seus filhos, seus amigos. Procurando um dos vigilantes do porto para obter melhores informações sobre o atraso da embarcação, Valentina ficou ainda mais preocupada.

– Senhora, as últimas notícias não são boas, os galeões provindos da Espanha foram surpreendidos em alto-mar por uma forte tempestade. Muitos navios não suportaram a fúria do vento e das águas. Infelizmente não sabemos se o Santa Maria Del Puerto saiu ileso...

Valentina retorna para sua casa com o coração em pedaços! O que faria sem seu amado Martim? Pensamentos confusos lhe permeavam a mente, ora pela preocupação com Martim, ora pelo ocorrido na cela daquele estranha criatura reclusa. Não tinha dúvidas, era Florence o espírito que vira! E por que apenas ela frequentemente conseguia ver os espíritos? Um arrepio lhe percorre todo o corpo e o crucifixo volta-lhe às mãos. Os lábios trêmulos iniciam uma súplica intermitente, não só pedindo proteção à tripulação do galeão espanhol, como também paz àquele homem que estava prestes a perder sua vida...

Alicia, Caterine e Lia esperavam Valentina em visível preocupação, que chegando em casa, meneando a cabeça e secando as lágrimas deu a entender que talvez Martim não retornasse mais. Visivelmente abatida, Valentina ainda tem forças, ao se recolher em seu quarto, para fazer suas fervorosas súplicas aos céus, com palavras carregadas de fé e de esperança:

"Senhor, novamente tens-me aqui a teus pés suplicando tua interseção misericordiosa na proteção daquela nau onde está meu amado Martim. Peço-te por todos que lá, em angústia, suplicam por tua presença. Tu, que acalmaste a furiosa tempestade que açoitava o barco que o conduzia no mar da Galileia, semeando fé entre teus discípulos; que ordenaste às águas furiosas que se tornassem brandas, rogo-te, em total desespero, que aplaques aquela tormenta que insiste em arrebatar indefesos filhos teus, que não têm como vencer as forças da natureza. Basta um sopro teu para que o vento se aquiete e aqueles irmãos possam voltar a seus lares sãos e salvos. Sabemos que nada acontece ao acaso. Se for de tua vontade, preserva a vida daqueles que ainda não estão prontos para empreenderem a nova jornada em busca de tua luz. Nós depositamos em tuas mãos todas as nossas esperanças de podermos abraçar novamente nossos entes queridos. Perdoa nossas fraquezas e egoísmo, se somos ainda pequeninos para compreender a tua vontade. Rogamos que alimentes nossa fé, para que possamos ter a força necessária para aceitar com resignação teus ditames e tua vontade..."

Em pleno mar Mediterrâneo, um galeão indefeso era chicoteado por línguas incandescentes que desciam do céu, fazendo a embarcação dançar à deriva entre lufadas de ventos tempestuosos. O Santa Maria Del Puerto zarpara das costas espanholas há onze dias em total segurança. Os experientes tripulantes conheciam muito bem a embarcação, tinham total domínio das manobras e chegar às costas italianas era muito fácil para todos, pois tinham todos os recursos humanos para fazê-lo com segurança. Em alto-mar, porém, foram literalmente engolidos por um repentino redemoinho de fortíssima e implacável magnitude. Os tripulantes, homens treinados, estavam sem entender o que acontecia. Entre os passageiros estava Martim, que a princípio mostrava-se bem confiante de que a tormenta seria vencida com facilidade, afinal há anos não se tinha notícias de naufrágios naquele ponto do mar.

O pensamento em Valentina e na pequena Lia o angustiava muito, pois sabia que a não chegada da embarcação ao porto na data prevista resultaria em muita aflição para toda a família. A embarcação, inundada por uma avalanche de água gelada, já denunciava as poucas chances de vida de todos que ali estavam. Aos gritos, tripulantes orientavam todos a permanecerem calmos e a se segurarem nas grossas cordas que ladeavam toda a extensão da embarcação. Sob os olhos amedrontados de Martim, vários passageiros haviam sido arremessados pela força ao mar, desaparecendo imediatamente nas ondas raivosas que circundavam a embarcação. Pela primeira vez na vida, temeu a morte. As mãos congeladas pelas lufadas de vento frio e pelos açoites da água já tremiam, presas freneticamente à corda grossa e visivelmente puída que representava naquele momento de desespero a única chance de sobrevivência. O rapaz, temendo o pior, enfiou o braço no pequeno espaço entre a corda e a dura madeira do casco, tentando garantir sua segurança. Envolto no caos que tomara conta de todos os presentes, Martim lembrou-se do Criador e suplicou-lhe compaixão e misericórdia. Num solavanco inesperado, uma das pesadas caixas de madeira que cobriam parte do convés é arremessada para o alto, vindo a atingir Martim na cabeça. Preso fortemente pelo braço na corda, ele perde os sentidos, tendo seus cabelos molhados imediatamente tingidos por um grosso fio escarlate e quente a lhe cobrir parte do rosto. O corpo inerte de Martim balança como um retalho de vela, amainada e abandonada no caos daquele convés...

Em estado de choque, Martim vê-se em outro lugar, caminhando por um magnífico jardim ladeado por frondosas árvores, cujas copas proporcionam sombra reconfortante; buquês multicolores salpicam o vasto tapete de relva aveludada. O gorjeio de pequenas aves lépidas que bailavam sobre as flores, trazia àquele paraíso um toque de profundo encantamento. A luz solar penetrava por entre as ramagens, indo depositar seu beijo quente no caminho, minuciosamente adornado por perfeitas pedras brancas e arredondadas, que se estendia aos pés do visitante. Esquecidos da água gelada de há pouco, os pés de Martim reconfortavam-se com o agradável calor que inundava aquele lugar, um calor que aos poucos envolveu todo o seu corpo. Ao longe, divisou um casal, que em embaixo de frondosa árvore, parecia recepcioná-lo. Emocionado, reconheceu os seus pais, Betina e Guilhermo, que o enlaçaram num forte abraço, causando-lhe um pranto incontrolável, apenas dizendo:

– Que saudades...

Abraçado aos pais, Martim, em total desespero, chora convulsivamente...

As mãos de Betina espalmadas sobre a cabeça do filho fazem com que ele retome o equilíbrio.

– Filho, estamos aqui em seu socorro, para lembrá-lo de que é preciso que confie na Providência divina. Lembre-se de que todas as experiências para nós são lições que nos ajudam a lapidar o nosso espírito. Nossa vida terrena é passageira, mas é nela que galgamos o nosso verdadeiro aprendizado. Aproveite a oportunidade que lhe foi dada para rever suas maiores dificuldades, trazidas de tempos longínquos. Não perca cada oportunidade de se melhorar, como se ela fosse sempre a sua última chance.

Sentindo fortes dores na cabeça, Martim abre os olhos e vê o rosto assustado de um dos marinheiros:

– Última chance! Teve a última chance de sobrevivência, senhor, pois seu braço ficou preso na corda e isso salvou sua vida! Muitos que apenas seguraram na corda não tiveram essa sorte e foram arremessados ao mar...

O cenário em que Martim estava inserido era desolador. O convés repleto de caixotes irregularmente enfileirados jazia sobre gemidos e gritos daqueles que recebiam a atenção dos tripulantes, massageando-lhes o peito para expelirem a água engolida ou cuidando de seus ferimentos.

Desprendendo o braço da corda e refeito dos últimos acontecimentos, Martim, num relance, recordou-se do sonho que tivera com os pais, tendo apenas na lembrança as palavras repetidas pelo marinheiro: "última chance!". Sem saber o porquê, lembrou-se de todas as injúrias que direcionara à amada Valentina durante todo o tempo em que conviveram... Até mesmo as discussões da adolescência desfilavam em sua mente, sinalizando detalhadamente todas as afrontas proferidas por ele àquela doce criatura, que, calada, suportara todos os seus arrufos incontroláveis. Um aperto em seu coração denunciava-lhe que só o perdão de sua amada poderia redimir todos os seus erros e transformá-lo num novo homem que estivesse à altura daquela que lhe tinha sido enviada como companheira nessa vida.

Reunidos no convés, pelo capitão, todos foram informados das baixas que tiveram, de que o mar já estava calmo e que iriam continuar a viagem. Todos se empenharam em auxiliar na organização da embarcação. As escassas provisões armazenadas no porão foram racionadas pelo capitão.

A maioria das bagagens havia sido perdida em alto-mar e as roupas que restavam estavam ensopadas; o vento gelado e a escassez de alimentos foram condições basilares para que muitos sobreviventes adoecessem. Podiam-se ouvir entre gemidos e lamentos intermitentes, tosses e delírios durante os longos quatro dias que separavam o galeão das costas italianas.

Ao amanhecer aquela terça-feira, os grupos sonolentos que se mantinham há dias em vigília no porto foram tomados de forte alarido, ao divisarem no horizonte quatro mastros que apontavam para o céu cinzento. Aos gritos, os controladores do porto começaram a anunciar a chegada do Santa Maria Del Puerto são e salvo!

Ancorando no porto, a imagem desoladora da embarcação tomou os presentes de extrema aflição: um dos mastros partido ao meio, adornado com os farrapos a que fora reduzida a vela, barris e caixotes amontoados num canto do convés e utensílios espalhados. Menos sobreviventes do que se esperava, numa fila funérea começaram a desembarcar. Feridas abertas, roupas esfarrapadas e semblantes cadavéricos pela escassez de alimentos davam àquelas pessoas uma aparência deprimente. Entre abraços e gritos de desespero, Martim desembarca cambaleante...

Valentina, acompanhada por Gilbert, corre ao encontro do marido. Emocionada, acolhe-o num abraço, cujo silêncio diz muito de sua dor, ante a possibilidade de sua perda. As lágrimas dos dois correm pelo rosto, mas são interrompidas com a aproximação de Gilbert:

— É, meu amigo, que bom que está de volta. Deus ainda não o quis lá por perto. Poucos retornaram.

Apertando a mão de Gilbert, vagamente Martim recordou-se do sonho que tivera com os pais...

— É, senhor Gilbert! Ganhei mais uma chance para ser um homem melhor.

Sentindo as mãos de Gilbert sobre seu ombro dolorido e segurando a delicada mão de Valentina entre as suas, Martim agradece a Deus em pensamento pela nova oportunidade de vida e os três deixam o porto, sem imaginarem que novas tempestades povoariam ainda as suas estadas no orbe terrestre.

O casal foi recebido com muita alegria por Alicia, Caterine e Lia, que correu para os braços do pai, assim que adentrou a sala:

— Papai, papai, pedi ao Papai do Céu que o salvasse e Ele me atendeu e o trouxe de volta. Nunca mais vá viajar! Eu não deixo!

Martim sorri com a pureza de Lia e, atendendo aos pedidos da esposa, toma um reconfortante banho preparado por Alicia.

A refeição é servida imediatamente, pois é nítida a debilidade física de Martim. O suor lhe escorre da fronte ao sorver o fumegante caldo que Alicia preparara com tanto carinho para o velho amigo. Os nacos de pão eram devorados por ele, como se lhe trouxessem o vigor que necessitaria para vencer a tormenta que se apoderaria dele em tempos próximos. Depois de relatar epicamente detalhes de toda a viagem, entremeado pelos ais de espanto das três mulheres e acompanhado pelos olhinhos faiscantes de Lia, Martim, exausto, semicerra os olhos, desconsiderando os apelos efusivos da filha, para que contasse mais...

A noite cai abrupta ao final daquele conturbado dia e Martim dorme mal, assombrado pelos horrores que vivenciara durante os dias pregressos.

Depois de um dia de merecido descanso, Martim despede-se de Gilbert que naquela manhã retornaria a Cerignola, alegando que a velha Carmela não dava conta sozinha de controlar a rebeldia da filha Filipa.

A vida de Martim e Valentina retoma o curso rotineiro. As idas de Valentina à igreja e às visitas costumeiras, acompanhando o bispo Miguel em suas peregrinações pelos arredores de Canosa, não mais desencadeavam as polêmicas discussões entre o casal que, sempre protagonizadas pelos ciúmes de Martim, magoavam-na profundamente. Valentina percebera a diferença de comportamento do marido e a atribuíra aos traumas concebidos durante a tumultuada viagem.

Naquela manhã, Valentina fora avisada pelo bispo que visitariam o presídio, pois há dias o condenado que haviam visitado pedia a intercessão dos guardas para receber novamente a visita da senhora que havia orado por ele junto com o clérigo.

As vibrações negativas e as entidades perversas que habitavam aqueles porões de pedras incomodavam Valentina que, ligando-se em pensamento a Deus, mantinha-se equilibrada, caminhando ao lado do bispo e vislumbrando por entre os gradis enferrujados farrapos humanos, que gemiam e ladravam sua cólera a quem os pudesse ouvir. O bispo para diante de uma cela e convida Valentina a se aproximar.

– Deus seja louvado! – murmura o homem, que sai das sombras e encosta seu rosto na grade.

– Senhora, que bom que veio! Preciso de mais uma oração sua, pois estou ouvindo as vozes novamente... Sei que não sou digno de pedir que ore por mim, pois passei a vida toda em contato com seres do mal que me atendiam em todos os meus apelos. Enganei as pessoas e tirei a vida de tantas. Agora, às portas da morte, não sei como me livrar de suas acusações de perjúrio. Às vezes, penso que estou enlouquecendo. Por favor, ajude-me!

Interferindo, o bispo retomou as explanações sobre o mandamento divino sobre as consequências de se matar alguém. Num canto mais escuro da cela, uma entidade feminina parecia ouvir atentamente a pregação do bispo. Valentina, com os olhos cerrados, sussurrava aos céus fervorosas súplicas para que aquelas entidades desequilibradas ali presentes, envolvidas em perversos projetos de vingança, pudessem encontrar o caminho da luz. Valentina não conseguia compreender o fenômeno que ali se desdobrava diante de seus olhos e apenas seguia suas intuições, valendo-se da prece como recurso primordial para amenizar a cena que se apresentava dentro daquela cela...

Ao final da pregação do bispo, o detento demonstrava no semblante calmo que estava livre, pelo menos momentaneamente, de seus algozes.

– Respeitado bispo e santa senhora, quero que saibam que me sinto arrependido de todos os males que causei durante o tempo em que vivi sem conhecer Deus, iludido de que poderia ter algum controle sobre as forças do mal. Peço que me abençoe, eminência, e que me dê sua bênção, para que eu possa morrer em paz.

Acompanhando o bispo com fervorosa prece, Valentina suplica misericórdia àquele ser em pleno arrependimento dos seus erros e pede amparo ao plano espiritual para que encontre a luz após livrar-se da escuridão da sepultura que em breve receberá seu corpo físico...

Encerrada a visita, Valentina caminha em silêncio ao lado do bispo, pedindo aos céus esclarecimentos sobre os fenômenos que vinha presenciando ao longo de sua vida.

Após os afazeres do dia, Valentina recolhe-se e, ao observar o sono tranquilo de Martim depois de várias noites conturbadas, entrega-se também a um profundo sono. Vê-se imediatamente ocupando uma das cadeiras de madeira torneada ao redor de uma mesa ovalada, inserida num espaçoso salão iluminado de forma peculiar por um enorme holofote ao centro da cúpula do recinto. Os raios multicolores banhavam todo o local com delicados fachos que se dividem em milhares de gotas resplandecentes ao contato com a mesa.

Como se seus olhos perdessem a névoa que os encobria, reconhece Istóteles e os demais amigos espirituais que haviam afiançado sua tarefa junto a Martim. E é Istóteles que toma a palavra:

– Temos acompanhado de perto a sua dedicação junto ao irmão Martim e estamos muito felizes com os progressos alcançados. Pelas limitações da vida física e necessário esquecimento do passado, nem sempre conseguimos valorizar e compreender a dádiva de cada reencarnação para o nosso aprimoramento. Em breve, outros irmãos serão colocados em seu caminho, para que os auxilie pelas bênçãos de sua mediunidade. Você bem sabe que o Pai misericordioso conta sempre com nossa dedicação aos mais necessitados, como bálsamo para os que ainda se demoram no erro. Importante trabalhar pelo nosso irmão Martim, mas sabemos que tantos outros nos aguardam, aqueles que não conseguem encontrar o caminho da luz.

Valentina acorda sobressaltada, recordando-se de fragmentos das orientações de Istóteles.

Duas semanas depois do retorno de Martim ao seio familiar, tudo parecia rotineiro, exceto pelo fato de que Valentina preocupava-se com uma febre repentina que tinha acometido o marido durante a madrugada. Atribuindo o sintoma a uma gripe, a dedicada Valentina preparou um chá reconfortante para Martim, que atribuía o sintoma apenas a um mal passageiro.

O dia no porto fora desgastante para Martim que não se sentia bem. Tonturas repentinas e suores intermitentes denunciavam que havia algo errado com ele.

Ao final da tarde, retornou para casa fatigado e, ao relatar seus sintomas a Valentina, acrescentou que não participaria do jantar, por total falta de apetite. Preferia apenas um chá.

Ao amanhecer, Valentina fica alarmada, pois percebe que Martim está ardendo em febre. Imediatamente, pede ao marido que não vá ao porto, mas ao consultório médico. Com o apoio de Alicia e Caterine, Martim não tem escapatória e resolve ouvir a opinião de um especialista.

O consultório ainda está vazio e o atendimento é realizado imediatamente. Após o relato de Martim sobre os perigos a que foi exposto durante os dias em que passou no mar, pensativo, o médico auscultou seus batimentos cardíacos e o ritmo respiratório. Coçando a cabeça e franzindo a testa, o doutor ousou um diagnóstico prematuro:

– A febre pode ser apenas uma gripe encubada. Mas não podemos descartar a possibilidade de alguma doença infecciosa que o senhor adquiriu durante a estada no galeão, nas difíceis condições de higiene que me relatou. Temos que aguardar e ficar atentos ao desenvolvimento dos sintomas.

O casal sai do consultório cabisbaixo, sentindo que a tormenta a que Martim fora exposto não havia terminado, com o galeão atracado no velho porto de Canosa...

Por vários dias, os sintomas de Martim desapareceram, figurando-se para a preocupada esposa apenas como um mal passageiro.

A convite do bispo Miguel de Jesus, Valentina o acompanha ao patíbulo da prisão, onde Arache seria enforcado. Relutante, ela caminha ao lado do clérigo, sentindo em seu coração que precisa respaldar os momentos de dor de irmãos necessitados. Sua fervorosa prece desanuvia o ambiente, repleto de espíritos infelizes que rodeavam o patíbulo, aguardando ansiosos o momento de dominarem o algoz de tanto tempo, para quem emanavam vibrações de ódio e de anseios de justiça.

No retorno para casa, Valentina tem o coração tranquilo por ter amenizado o sofrimento daquele espírito arrependido com fervorosas preces, que certamente ecoariam nos planos mais altos da espiritualidade.

Sinais dos céus

Alguns meses se passam desde o retorno de Martim e uma tosse intermitente vem preocupando-o, pois os chás e xaropes preparados pela dedicada Caterine já não fazem mais efeito, tendo também os tremores se apossado dele em momentos inesperados.

Aflita, Valentina o acompanha novamente ao consultório médico e o diagnóstico é preocupante:

— Trata-se de uma infecção que progride lentamente. Não temos muitos recursos aqui em Canosa; o ideal é procurar um médico na França. A Faculdade de Paris é o lugar indicado para obter um diagnóstico seguro.

— Seja claro, doutor! Não me aconselharia um diagnóstico na França se não desconfiasse de algo grave. Sou forte o bastante para ouvi-lo.

— Olhando para a delicada mulher, que mantinha os olhos baixos, o médico respirou fundo antes de seu duro prognóstico ao casal.

— A suspeita é de tísica pulmonar! O senhor esteve recluso por dias num porão escuro, sem nenhuma ventilação e certamente em péssimas condições higiênicas, num navio em vias de naufrágio e pode ter tido contato com alguém infectado.

Ainda sob o efeito de que as duras palavras do médico lhe causaram, Martim se recorda que um considerável número de passageiros fora sim mantido no porão do navio para ficarem a salvo das lufadas de vento e da varredura das altas ondas que assolavam o convés. Lembra-se de uma cena que por semanas tinha sido excluída de suas lembranças. Uma pobre mulher moribunda, para a qual cedeu seu casaco, tentando minimizar seus tremores, tossia ininterruptamente a um canto do porão, sem forças para caminhar. Ao percebê-la sedenta e faminta, serviu-lhe água fresca e algumas migalhas de pão. Antes mesmo que a borrasca se intensificasse, ela morreu e foi atirada ao mar...

Com as mãos sobre as de Valentina, Martim narra ao médico a cena que há pouco relembrara e o homem, mais uma vez assumindo uma postura de extrema preocupação, ratifica ao casal a necessidade de um diagnóstico rápido e eficiente.

Com o apoio da família e dos amigos, Martim parte com Valentina para a França, acompanhados pelo doutor Domênico.

Depois de instalados, buscam o temeroso diagnóstico na Universidade de Paris. Valentina, no fundo, guarda a sensação de que o tempo de seu amado nessa vida está se expirando, mas procura manter a confiança para não antecipar a dor e o sofrimento que ainda viriam.

Após três dias em Paris, são recebidos por um afável médico, amigo de muito tempo do doutor Domênico. Depois dos relatos feitos por Martim e expostas pelo doutor Domênico as suspeitas de seu colega em Canosa, Martim é submetido a uma série de exames, acompanhado por uma equipe de clínicos de notável carreira na França.

As horas seguintes foram infindáveis para Valentina, que agarrada ao seu crucifixo, rogava pela saúde de seu amado.

Ao ser convidada para entrar no consultório, onde era aguardada por Martim e pelo doutor Domênico, suas pernas estavam trêmulas. Nenhuma palavra ainda tinha sido proferida, porém as lágrimas que rolavam ininterruptas dos olhos de Martim confirmavam as suspeitas de que algo grave acontecia.

– Senhora, não temos dúvidas! Trata-se de tísica pulmonar! A doença está apenas no início e temos vários exemplos de cura. O senhor Martim necessitará de cuidados especiais na alimentação e no ambiente. Farei uma descrição detalhada dos procedimentos.

Valentina não consegue ouvir as últimas palavras do eloquente médico e se escora para não se desequilibrar:

– Acalme-se, meu amor! Onde está sua fervorosa fé? Vou me curar! Sou forte e determinado! – Martim conforta Valentina.

Abraçando Martim, Valentina resgata sua força interior e complementa:

– Venceremos esse mal juntos, meu amor.

* * *

A VIDA DA família muda em Canosa. Alicia retorna para a fazenda, levando Lia, para evitar o contágio. Caterine e Valentina cobrem Martim de cuidados.

Gilbert deixa as terras sob o cuidado de Albert e do genro Loran e se instala em Canosa temporariamente, até que Martim se restabeleça para cuidar dos negócios.

Com a ausência de Gilbert, já beirando os catorze anos, Filipa dá trabalho para a velha Carmela. Sem o auxílio de Edmond, que estava morando na França com os avós, assumindo os negócios com as exportações de cerâmicas desde a morte de Joseph, Carmela não tinha controle algum sobre a jovem. Envolvendo-se em constantes confusões com as famílias dos empregados e subornando alguns dos trabalhadores para levá-la até a cidade várias vezes durante a semana, Filipa era dona de seus atos, na maioria das vezes inconsequentes. Apesar da pouca idade, já tinha a silhueta de uma mulher e bem sabia que herdara a beleza da mãe. O cabelo acobreado lhe caía em cascata sobre os ombros e os grandes e vívidos olhos verdes certamente não passavam despercebidos aos jovens casadoiros de Cerignola.

Já há cerca de um mês sem ir para a fazenda, Gilbert despede-se de Martim, ordenando que se cuidasse, pois não podia ficar sem seu braço direito.

Ao chegar em casa, é recepcionado pelos gritos de Carmela a anunciar que Filipa não havia dormido em casa naquela noite. Partira na manhã anterior para a cidade e não retornara. Sem desatrelar os cavalos do coche, Gilbert parte em direção à cidade. Cansado dos comportamentos inadequados da jovem, mantém os punhos cerrados, intentando dar-lhe um belo corretivo, afinal era apenas uma menina!

A carruagem para na praça e Gilbert questiona os conhecidos sobre a inconsequente Filipa. Ninguém havia visto a moça. Preocupado, Gilbert adentra ao salão de Nino para questioná-lo e é bombardeado por uma revelação aterradora:

– A moça esteve aqui por algumas vezes. Confesso que achei muito estranho e, ao questioná-la, alegou de forma incisiva que tinha a permissão do amigo. Não participava de nenhuma das atividades do salão, fique tranquilo, pois eu pessoalmente a vigiava, porém ficou muito claro para todos que estava de romance com o pianista francês que contratei há alguns meses. Trata-se de um homem maduro, muito mais velho que a mocinha. Sua filha ficava horas ao lado do piano. Ontem, assim que encerramos o expediente, a menina saiu acompanhada pelo jovem senhor, que certamente está hospedado na pousada que o amigo bem conhece.

Sem ouvir as últimas palavras do velho amigo, Gilbert sai em direção à pousada.

Aos gritos, questiona o atendente da pousada sobre a jovem Filipa e o pianista do salão, e ouve o rapaz que nervosamente lhe responde:

– Não sei de sua filha, senhor! Não a conheço!

– E o pianista, onde está?

– O senhor Adam encerrou a conta às primeiras horas do dia e partiu para a França com a irmã que o acompanhava.

– Meu Deus, essa víbora levou a minha filha para a França. Vou denunciá-lo agora mesmo!

Gilbert sai em fúria em direção ao posto da guarda local e, aos gritos, exige providências das autoridades.

As autoridades locais imediatamente dirigiram-se ao salão de Nino, mas, como o cavalheiro em questão era muito reservado, poucas informações receberam, a não ser que, segundo ele, residia em Nice, porém não tinham como confirmar o fato. Um dos garçons comentou com as autoridades que o homem era um "bon vivant" e que havia se gabado inúmeras vezes da influência que exercia sobre a menina mais rica de Cerignola.

Furioso com a informação, Gilbert esbraveja e oferece grande soma em dinheiro para quem localizar Filipa.

Carmela, atônita, recebe a notícia de que a menina fugiu para a França e implora ao patrão para ir procurá-la. Pelos conhecimentos que tem naquele país, certamente não será difícil encontrá-la.

Depois de uma noite de insônia na casa grande, Gilbert, de malas prontas, parte rumo ao porto de Canosa...

Chegando à França, visita seu filho Edmond na casa dos avós e, sem esperar, recebe também más notícias...

O senhor Emiliano, chamando Gilbert para o escritório da casa, faz um relato estarrecedor. O rapaz vinha negligenciando com as responsabilidades comerciais que assumira junto à família e passava noites e noites nos cabarés, divertindo-se e jogando com um grupo de jovens fanfarrões que, sem projetos, gastavam as fortunas de seus pais.

Desolado, Gilbert afirma que será duro com o rapaz e que, quanto à filha, decidira que será encaminhada à reclusão em um convento.

Os avós tentam acalmá-lo, alegando que o menino cresceu sem mãe e que ainda não é um homem feito, precisando apenas de orientação.

Gilbert, atordoado com os caminhos trilhados pelos filhos, sofre por saber que a culpa lhe pertence em sua totalidade.

Deixando o caso com Edmond para depois, vai às autoridades locais relatar o sumiço da filha e mobiliza grande parte da guarda francesa, que se dirige a Nice. Dias e dias de busca em nada resultam; o casal parecia ter desaparecido das vistas de todos. Nenhuma informação e nenhum alento para o pai desesperado. Após várias semanas de busca, Gilbert retorna à Itália derrotado e com sua mente povoada por sentimentos de culpa e sua consciência o acusando pelas decisões dos dois filhos que, sem dúvida, tinham escolhido os caminhos do infortúnio e da decadência...

Aflita, assim que o senhor chega à mansão, Carmela trata de lhe apresentar a caixa de joias de Clara completamente vazia. A menina roubara as joias da mãe antes de fugir.

Com arrufos de raiva e esbravejando blasfemas, os gritos de Gilbert são ouvidos ao longe pelos empregados:
– Maldita, roubou a própria mãe morta. As joias valiam uma fortuna! Não é mais minha filha! Eu a deserdarei e, se ela aparecer aqui, será escorraçada como um animal! Ela está proibida de pisar em minha propriedade! Entenderam todos vocês?

Carmela chora baixinho para não despertar mais ira no patrão e sussurra um "Pai nosso", suplicando proteção para a menina, onde quer que ela esteja.

Os meses passam e Filipa não dá sinal de vida. Em Nice, depois de vender as joias roubadas por Filipa, o oportunista Adam deixa a jovem sem recursos, na pensão onde estavam vivendo, prometendo buscá-la assim que arrumasse trabalho nos cabarés parisienses. Os dias se vão e com eles o dinheiro. Para poder pagar a estada, Filipa aceita ajudar na cozinha, lavando pratos e assessorando a velha cozinheira no preparo da comida. Adam não mais retorna, conforme havia prometido.

Rebelde e aventureira, a moça não consegue ficar aprisionada na cozinha de uma pensão. Observando que o homem de meia-idade que se hospedara lá há alguns dias não tirava os olhos dela, sentindo-se lisonjeada, resolveu dar a sua investida. Ao servir o atraente senhor, fez com que a taça de vinho entornasse-lhe repentinamente na roupa. Desculpando-se pelo ocorrido, é solícita ao tentar limpar a manga do sobretudo de linho. Percebendo o olhar insinuante da jovem, o homem segura sua mão e lhe sussurra algumas palavras:

– O que uma bela jovem como você faz numa espelunca como essa? Seu lugar é nos grandes salões de Paris. Terá os homens a seus pés e, consequentemente, uma vida de riqueza, luxo e fartura.

– Desculpe-me, senhor, sou casada e meu marido chega a qualquer momento.

O astuto homem sorri ironicamente e entrega a Filipa um papel com seu endereço.

– Esse é meu endereço em Paris, caso mude de ideia ou seu marido não voltar, a proposta estará de pé!

O trabalho na pousada é exaustivo e Filipa, conhecendo bem o seu pai, sabe que, se voltar para a Itália, poderá perder sua vida. O pedaço de papel com o nome "Chermont, Rue Sant Dominique" a incentiva a buscar uma nova perspectiva para seu futuro. Vai para o quarto e retira do fundo de uma das gavetas um volume enrolado num pedaço de pano puído. Era um colar de Clara, cravejado de esmeraldas. A joia havia sido escondida por ela, quando percebeu as verdadeiras intenções de Adam. Poderia vendê-la e, com o dinheiro, ir a Paris, à procura do senhor Chermont. E assim o fez.

O dinheiro conseguido com a venda do colar era suficiente para a viagem e, sem demora, colocou seu plano em ação. A carruagem a deixou no endereço indicado. Um luxuoso salão trazia o nome de Chermont na porta de entrada. Filipa, sem o saber, ao adentrar aquele recinto havia ingressado num caminho sem volta: da promiscuidade e da decadência moral.

Uma linha tênue

Em Cerignola, o estado de saúde de Martim já despertava muita preocupação em Valentina. As noites maldormidas pelos acessos de tosse e os tremores tinham se tornado rotineiros. As idas ao porto tinham ficado a cargo de Loran. Martim sentia-se muito fraco e, sem apetite, mal experimentava os caldos quentes que Valentina preparava com tanto carinho para o amado esposo. A saudade de Lia, que há meses não via, tornava seus dias mais amargos e depressivos.

Dedicada às obras de caridade e ao coral infantil, Valentina desdobra-se para que pudesse passar mais tempo junto de Martim. O quarto do doente, quase sempre escuro, pois a luz o incomodava, trazia-lhe um aspecto cadavérico, escondendo-lhe as belas feições de outrora. No âmago de seu coração, sentia que estava próxima a hora de abandonar o corpo físico e, sonolento, parecia ouvir o sussurrar de vozes que quebravam o silêncio, insinuando-lhe novamente ideias torpes a respeito de Valentina. De punhos cerrados, o pensamento tomado pelo ciúme doentio que lhe maculava a alma como uma ferida incurável o fazia blasfemar e proferir insultos contra a esposa. Caterine, à porta do quarto, sofria ao ver o estado deplorável de Martim e repetidas vezes buscou a prece como alento para aquela alma atormentada.

O efeito das inspirações negativas vinha à tona, assim que percebia a aproximação de Valentina, e ironicamente a acusava:

— Com quem esteve até agora? Visitando algum aluno doente

outra vez ou quem sabe algum ébrio necessitado? Não vê que preciso de seus cuidados? Troca meu amor por um punhado de desgraçados que não são de sua responsabilidade, e sim da igreja!
– Acalme-se, meu amor! Estou aqui, não estou? Sua febre voltou e não é conveniente que se agite...
– Não me venha com falsos cuidados agora, depois de me deixar sozinho quase o dia todo!
Valentina, percebendo que retrucar só pioraria o estado de Martim, limitava-se a beijar-lhe a testa e pedir em pensamento que ele se acalmasse.
"Senhor Deus, pai dos aflitos, eu imploro tua misericórdia em favor de nosso irmão enfermo. Só tu, Pai bendito, podes arrancar de suas entranhas esse mal que lhe definha a vida. Só a ti é dado o poder sobre a vida e a morte e, humildemente, te imploro que dês a esse irmão a dádiva de continuar trilhando o caminho da evolução e resgatando suas dívidas do passado. Pai, minha alma está aflita com a realidade que dia a dia fere meus olhos com a debilidade de Martim, por isso preciso de tua intercessão. Sabes que o mal que o assola encontrou a porta de entrada em seu corpo no momento em que ele se compadeceu de uma irmã e cumpriu um de seus mandamentos, voltado à caridade. Se for de tua vontade, Pai, acrescenta esse bônus à sua trajetória e deixa que veja sua filhinha crescer..."
Com os olhos cerrados, Martim é acometido por uma forte crise de choro, ao ouvir a referência feita por Valentina à pequena e adorada filha. Abraçando a esposa, implorou-lhe para que trouxesse a pequena, apenas para que pudesse vê-la através das janelas do quarto.
Na manhã seguinte, Martim é visitado pelo doutor Domênico, que habitualmente vem ver o seu estado e tomar providências para tentar conter a progressão da doença. Banhos com ervas aromáticas, chás e suadores são prescritos pelo médico e imediatamente ministrados pela esposa e pela bondosa Caterine que, pelo convívio com o casal, já o tem na mais alta estima.
As prescrições do doutor parecem fazer muito bem ao doente que, após três dias de tratamento, surpreende Valentina com uma repentina melhora.

As crises de tosse tornaram-se mais escassas e a resistência aos alimentos também. Por sentir-se bem, Martim avisa a esposa que no dia seguinte irá até o porto para ver como andam os negócios. Sob os protestos de Valentina, Martim levanta-se bem cedo e dirige-se até lá.

O ar frio daquela manhã lhe traz fortes dores ao peito, com visível dificuldade respiratória. Com o peito arfando, adentra o cais, indo sentar-se em um dos bancos que desorganizadamente estão dispostos num espaço restrito entre pilhas de caixotes. O vento a esvoaçar-lhe os cabelos traz adormecidas lembranças da brisa do lago de outrora. Fecha os olhos e imagina as ondulações da água embaladas pelo toque das ramagens do velho chorão. O delicado perfume das flores e o gorjeio uníssono dos pássaros delineiam em sua memória a presença da menina, que desde a tenra idade havia-se revelado o seu grande amor. Lembrou-se arrependido das injúrias que dirigira à esposa, ferindo-a profundamente. A cabeça recostada na parede embolorada pendia, como se ele, em extrema sonolência, fosse arrancado da vida física...

A alameda florida que já lhe era peculiar distendeu-se à sua frente como um jardim convidativo. A passos largos, dirigiu-se ao encontro do casal que o esperava ao longo do caminho...

— Filho querido — diziam-lhe os pais, todos cheios de afeto —, precisa fortalecer o seu coração para compreender as verdades divinas. Precisamos valorizar a dávida de cada dia junto àqueles que amamos. Faça a diferença na vida de sua filhinha querida e de sua amada esposa! Aproveite o tempo para fortalecer em você a fé e a resignação.

Um toque em seu braço fez com que ele despertasse.

— Quem é vivo sempre aparece! Que bom vê-lo, caro Martim!

O efusivo Loran o abraça e começa uma narrativa sobre as últimas exportações. Martim tenta prestar atenção, porém, muito embora não se recordasse das palavras dos pais, tinha uma melancolia que lhe dilacerava a alma. Em algum recanto de seu ser surgia a ideia de que seu retorno para o plano espiritual estava próximo.

Martim ficou pouco tempo no porto, despediu-se de Loran e voltou para casa. A melancolia de sua alma fora substituída por um arrufo de raiva, ao ser informado por Caterine que a doce senhora havia saído, para atender a um pedido do bispo. Tomado por uma fúria incontrolável, resolve ir até a igreja para surpreender Valentina, talvez envolvida em alguma situação que pudesse justificar as constantes crises de ciúmes.

Sob os ditames das entidades que desejavam prejudicar Martim, por questões do pretérito, imagens e cenas ilusórias delineavam-se em sua mente, mostrando Valentina em situações degradantes, fazendo acender em Martim um desejo quase incontido de aviltá-la.

Os flocos brancos e gelados que caíam ininterruptos do céu acinzentado causavam um cansaço excessivo ao convalescente, fazendo-o parar inúmeras vezes e recostar-se nas paredes para respirar. Confundidos com o gemido do vento, os sussurros de Martim perdiam-se ao longo do branco tapete de gelidez implacável. A silhueta marcada pela doença dava-lhe a imagem de um espectro a arrastar-se pelas calçadas de Canosa. A cruz da abóbada da basílica de São Sabino, ao longe, apontando para o céu, indicava ao desequilibrado Martim que seu enredo de vida na Terra já caminhava para o epílogo.

Ao entrar pela porta aberta da basílica, Martim desfalece, tomado por um profundo cansaço. O bispo que, em pé, ao lado do altar, conversava com Valentina sobre os necessitados que visitariam naquele dia, corre ao encontro do corpo desfalecido, acompanhado pela jovem, extremamente abalada, por perceber que se tratava de Martim. A boca semiaberta denunciava um fio escarlate que, sem nenhum cuidado, maculava a gola alva da camisa.

Sentindo-se envolta por extrema paz e equilíbrio, Valentina reanima o amado, ajoelhando-se e aninhando sua cabeça em seu colo e, delicadamente, retirando um a um os cristais brancos que se aninhavam entre as madeixas desgrenhadas do rapaz, como pequenos pontos de luz a denunciar que naquele momento não estavam sós, tampouco esquecidos das leis misericordiosas do Pai, a nos beneficiarem com a oportunidade de nos renovar em sentimentos e nos aprimorar em cada experiência.

Os dias que se seguiram foram marcados por profundo pesar para o debilitado Martim, que saboreava o amargor da dor e do sofrimento. Evitando abrir os olhos pelo incômodo que a luz lhe causava, experimentava profunda escuridão por longos meses. Os murmúrios dos visitantes pareciam-lhe gemidos distantes que lhe açoitam os ouvidos, como lamúrias indecifráveis que lhe emolduravam o sofrimento. A fraqueza, a falta de ar e os acessos de tosse o mergulham cada vez mais num labirinto sem saída. As visitas do doutor Domênico tornaram-se mais constantes, muito embora os tratamentos orientados por ele já não demonstrassem a eficiência de outrora.

Ao final de uma tarde acinzentada, Loran vem visitar Martim e, muito entristecido com a cena que presencia, avisa Valentina que na manhã seguinte voltará para a fazenda em Cerignola. Antevendo um epílogo próximo para a vida de seu amado, ela solicita ao rapaz que traga Lia para ver o pai.

A criança, assustada, chega a Canosa, acompanhada por Alicia, Bianca e Loran. Arredia, a menina, confusa com aquela situação, é colocada pelos cuidadosos avós no jardim, em frente à janela do quarto que encerra o corpo cadavérico do pai. Martim, com auxílio de Valentina e de Caterine, acomoda-se numa poltrona à frente da janela. Os olhos de Martim, acostumados com a escuridão do aposento, demoram em se adaptar ao tapete branco e gelado que sepultava os viçosos gerânios que tanto perfumavam aquele lar. A imagem de Lia, com uma estatura bem maior do que Martim se lembrava, parece-lhe um bálsamo momentâneo. As mãozinhas trêmulas estendidas em direção à janela prendem entre os dedos franzinos um botão de rosa amarela.

– Papai, é do jardim da vovó! Trouxe para você!

Visivelmente emocionado, o pai amoroso estica a mão pálida em direção à pequena, mas não alcança a flor. Tocada por aquela vibração angelical, Martim se emociona ainda mais, quando a pequena começa a entoar um hino, cujos acordes ultrapassam os limites daquele jardim indo aninhar-se além das nuvens cinzentas daquela manhã. Um repentino acesso de tosse faz tremer o corpo do moribundo e o borrifo escarlate que tinge o lenço que leva à boca denuncia que Martim está no limiar dos dois planos, material e espiritual, aguardando apenas o momento de sua partida. Ainda com os olhos fixos em Lia, cujas lágrimas insistiam em fugir-lhe dos olhinhos ariscos, Martim observa a entrada no aposento de Angelina e de Salvatore, que, aproximando-se do genro querido, acariciam-lhe a face pálida e o enlaçam num quente e forte abraço. Valentina desespera-se ao perceber que Martim não mais equilibrava a cabeça olhando a filha; seus olhos vagueavam no nada; suas mãos perderam o apoio do braço da cadeira, tocando o chão frio do quarto...

Com as mãozinhas estendidas, ainda oferecendo o botão de rosa amarelo ao pai, Lia presencia o momento exato em que ele se despede da vida física. Num *staccato*, apenas diz:

– Papai, por favor, pegue a flor que eu trouxe para você...

Abraçada por Alicia, Lia é recolhida na sala da casa.

O corpo sem vida de Martim é colocado sobre a cama e, em meio ao desespero pelo qual todos foram tomados, amigos espirituais se desdobram na assistência, inspirando a todos a confiança nas leis do Pai e a importante sustentação de vibrações de amor, para o apoio a Martim naquele momento de transição. Valentina vê emergir como se uma nuvem densa, que se eleva acima do corpo inerte de Martim, tomando rapidamente a forma humana e sendo acolhida pelos amigos espirituais.

Abraçada à filha, Valentina recolhe o botão de rosa amarela e apertando-o contra o peito, liga-se a seu amado em pensamento, encaminhando a ele o mais puro desejo de que ele confiasse, pois fariam todo o esforço de superação para conviver com a sua falta junto a todos os que o amavam.

Nas horas que se seguiram, os amigos vieram dar o último adeus a Martim. Alicia, a um canto da sala, evitava o olhar incisivo que Gilbert Vilaneuve lhe direcionava, apertando as mãos da filha Bianca entre as suas.

Inevitáveis desfechos

O SOL COM seus raios atrevidos penetrava pelas frestas da janela delicadamente adornada por uma floreira de gerânios perfumados. O toque da brisa naquela morna manhã nas gotas de orvalho, que ainda adormecidas aguardavam o momento de se desfazerem em delicadas cascatas reluzentes, dava um ar de magia àquele recanto de sutil beleza. Pequenas gotas cristalinas escorriam das pétalas coloridas, como se a prantearem a ausência de um querido amigo que não mais habitava o orbe terrestre... Sob os olhares inquisidores das estrelas que enfeitavam a abóbada celeste naquela noite, mais uma alma fora resgatada rumo à sua pátria de origem.

Como de costume, Angelina acordara bem cedo, indo alimentar as brasas do fogão, ainda incandescentes desde a noite anterior. O leite a borbulhar na velha caneca de ágata e a mesa posta exibindo uma cesta de pães e outra de frutas denunciam a falta de Salvatore, que rotineiramente acompanhava a esposa naquele ritual matutino. Recordando-se que o marido havia se queixado de dores no peito na noite anterior, Angelina resolvera não incomodá-lo tão cedo. Sentada à mesa, acaricia os minúsculos buquês escarlates que pendem de um jarro sobre a alva toalha e uma doce melancolia toma conta de seu coração. As lembranças do passado fazem-na recordar os momentos de felicidade que essa vida lhe dera ao lado do adorado esposo e da doce filha Valentina...

Uma delicada brisa perfumada a desperta de suas recordações, afagando-lhe os cabelos que já traziam a mácula das mãos do tempo e, como se alertada por uma sutil intuição, dirige-se ao quarto, sem intentar no entanto para o amargo golpe que aquela vigorosa manhã lhe reservava. Pela porta entreaberta alarma-se com a visão do rosto extremamente pálido de Salvatore, agora iluminado pela imperiosa manhã que se apossara do aposento. Temendo o pior, adiantou-se em direção à silhueta imóvel do esposo e, ao tocar-lhe as mãos, pôde sentir a gelidez da morte e, aos gritos, chamou por Alicia, que já fazia suas orações matinais à frente do velho oratório.

Na manhã seguinte, após o emocionado discurso do bispo Miguel de Jesus, o corpo do velho Salvatore desce ao sepulcro, encerrando assim sua laboriosa e frutífera jornada no plano terrestre.

Angelina, visivelmente debilitada pela dor que dilacera o coração, é amparada por Alicia e por Valentina que, tão abaladas quanto ela, não continham as lágrimas que lhe marejavam a face. Gilbert, em silêncio, despedia-se do sócio, sem contudo tirar os olhos de Alicia.

Valentina, com os olhos fixos nos últimos raios de sol que dançavam sobre a lápide fria, tocando com sua branda luz o buquê de pequenas flores campestres ali depositadas, caminha em direção ao túmulo de seu amado Martim e sobre ele deposita uma belíssima rosa amarela. Há quatro anos perdera seu amado, porém tinha dentro de si a certeza de que, além daquelas alvas nuvens, bordadas de dourado pelo crepúsculo que se anunciava, havia outras insondáveis moradas, nas quais os espíritos, livres da couraça material, empreendiam novas jornadas em direção ao Pai.

Por entre os ciprestes, Lia, de mãos dadas com um jovem de longos cabelos cacheados e olhos ariscos, protegia-se dos olhares dos presentes. A jovem observa a mãe ao longe e duas grossas lágrimas escorrem-lhe pelo alvo rosto. A ferida causada pela desencarnação do pai ainda não estava cicatrizada e a jovem sentia novamente seu coração em pedaços pela perda repentina do querido avô. Matteo, percebendo a dor da jovem, apontou para as primeiras estrelas que se anunciavam, reverenciadas pelos últimos raios de sol e sabiamente a confortou:

– Lia, querida, veja aquelas estrelas, certamente não brilhariam com tanto fulgor se esse momento fosse de morte. Veja, cintilam como vagalumes, para iluminarem o caminho que seu querido avô tomou rumo à outra dimensão. Acredite que tanto ele como seu pai continuam vivos e direcionando todo o seu amor àqueles que amaram na Terra.

Um terno sorriso iluminou o rosto da jovem.

– Querido Matteo, você falou agora como a mamãe. Ela também acredita que a morte não existe e que papai também está vivo em algum lugar do infinito.

Encarando a jovem, Matteo se pronuncia resoluto:

– Essa é uma filosofia reconfortante e sábia, pois se o amor que sentimos por nossos entes queridos após sua partida continua latente em nossos corações é porque em algum lugar ele nos é correspondido.

Os dias seguem tristes para a recém-viúva, que passa horas à janela que dava para a plantação de alcachofras. Já não tinha mais a jovialidade de outrora e seu refúgio era o velho oratório. Muito embora Valentina insistisse com a mãe para que viesse morar com ela em Canosa, ela resistia, pois não queria abandonar as lembranças pregressas incrustadas na fazenda.

Alicia enchia-lhe os dias com devotado carinho, para que a ausência do esposo fosse mais amena. Apesar da distância, Valentina visitava a mãe nos finais de semana, acompanhada por Lia e pela devotada amiga Caterine.

Naquela manhã de domingo, Angelina sentada em frente à costumeira janela, levanta-se e apoia os braços entre os coloridos gerânios, ao perceber a aproximação da carruagem com os visitantes tão esperados. Não era uma visita rotineira, mas sim planejada por Lia, para apresentar oficialmente à avó e a Alicia o rapaz que já havia formalizado o pedido de sua mão a Valentina.

Ao contemplar o casal de jovens caminhando de mãos dadas em direção a casa, Angelina sentiu saudades dos tempos de outrora, época em que Martim e Valentina tinham sido também protagonistas de uma história como aquela.

Os melancólicos olhos de Valentina a observar os jovens à sua frente deram a Angelina a certeza de que não fora a única a recordar-se do passado.

Matteo, um belo rapaz alto e esguio, exibia uma vasta cabeleira dourada que lhe emoldurava o rosto maculado por uma barba rala que denunciava sua pouca idade. Com um efusivo abraço, o rapaz correspondeu ao cumprimento da senhora Angelina, depositando em suas mãos um delicado buquê de rosas que lhe despertou um largo sorriso. Alicia, desconcertada, também recebeu um acolhedor abraço. Ao sentir os braços do rapaz ao redor do pescoço, correspondeu ao cumprimento, como se reencontrasse um caro amigo de outros tempos. A simpatia do jovem era contagiante e sua envolvente narração tornou aquele dia muito especial para aquele pequeno grupo que, certamente abençoado por esferas superiores, reencontravam um querido amigo de jornada.

Nos meses que se seguiram, as tristezas que habitavam ainda o coração de Valentina e de sua querida mãe deram lugar à felicidade, pelos preparativos do enlace entre Matteo e Lia. A alegria contagiante do jovem casal transbordava, indo tocar aqueles cujas pelejas e perdas impostas pela vida insistiam em ofuscar a luz de cada alvorada.

A melancolia pela perda do amado esposo encerrara Angelina em sua casa. Passava horas ajoelhada à frente do velho oratório em longos monólogos com o crucifixo de mogno que, para ela, representava um portal de entrada para o céu. Alicia, ocupada com os afazeres da casa e da fazenda, não tinha muito tempo para consolar a velha amiga.

O dourado do sol fora substituído pelo tom acinzentado que acompanhava a chegada do outono. A verdejante paisagem compartilhava agora da dor de sua senhora, salpicada aqui e ali por árvores desnudas que davam àquele recanto bucólico um ar de profundo pesar.

Sem que Alicia percebesse, Angelina resolvera visitar o lago naquela manhã, talvez para recordar-se de fragmentos de sua história tão bem vivida ao lado do bondoso Salvatore. O vento frio soprava sorrateiro por entre as árvores, fazendo seu corpo tremer, compartilhando um frio que também habitava sua alma.

A passos lentos, observava ao longo do caminho, aqui e ali, insistentes buquês de pequenas flores multicoloridas que pareciam reverenciar a bondosa senhora com sua sutil beleza. O estridente alarido de cigarras soava aos seus ouvidos como cânticos perturbadores que ousavam macular a paz daquele lugar. Ofegante, avistou o inconfundível brilho das águas do lago que tantas provisões ofertara à sua família e aos saudosos amigos Helena e Stefano D'Angelo.

Lá estava o velho chorão à sua espera, com seus longos galhos dançando sobre a água cristalina. Uma réstia tímida de sol desesperadamente tentava rasgar o acinzentado céu daquela manhã para aninhar-se sobre o colo da bondosa senhora. De olhos fechados, Angelina procurava receber aquela luz, fazendo brotar em seu coração uma sentida prece:

"Jesus, venho pedir-te para que não esqueças desta tua irmã que, desde a partida do querido Salvatore, não suporta mais a solidão. Já estou velha e cansada, pelas labutas do caminho, e não vejo em que mais posso ser útil nessa vida. Se a morte não existe, como diz Valentina, se estamos aqui apenas de passagem, deixa-me que eu vá, para que eu possa encontrar com meu Salvatore e com todos que já se foram..."

Na bucólica paisagem, luzes azulinas pendiam das copas das árvores indo desfazer-se ao tocar a água do lago, envolvendo Angelina numa nova sintonia de vibrações, em resposta às suas súplicas de socorro, que lhe chegavam através do poderoso recurso da prece.

Por volta das dez horas, Alicia retorna à casa, depois de acompanhar Loran na orientação aos agricultores da propriedade. Seu coração se aflige ao perceber que Angelina não estava à janela como de costume. Sem demora, adianta-se porta adentro e, depois de procurar a senhora por todos os cômodos, pede ajuda a Loran, que imediatamente percorre o jardim e o pomar. Caminhando em direção a um grupo de agricultores que passavam pelo caminho, carregando cestos de frutos, ele interpela sobre Angelina e é informado de que ela havia sido vista bem cedo, caminhando em direção ao lago. Temendo o pior, Loran e Alicia, como se a adivinharem suas cismas, põem-se a passos largos na trilha em direção ao lago. Ofegantes pela caminhada, visualizam a silhueta de Angelina, sentada ao lado do velho chorão, com os pés tamborilando na gélida água, cujas ondulações pareciam acompanhar-lhe o ritmo dos movimentos. Pouco agasalhada e exposta ao vento frio daquela manhã, um leve tremor tomava conta de seu corpo. Sem perceber a aproximação do casal, Angelina continuou imóvel, com os olhos perdidos no nada, como se a vislumbrar uma dimensão desconhecida pelos recém-chegados.

– Graças a Deus a encontramos – diz Alicia. – Vamos, querida, a manhã está muito fria. Está tremendo...

Angelina, demonstrando surpresa com a interferência, retruca:

– Acalme-se, Alicia! Estou bem! Desculpe-me sair sem avisar; resolvi vir até aqui para espairar, conversar um pouco com Jesus.

– Mas, cara amiga, já não tem feito isso à frente do oratório?

– Sim, mas queria que ele recebesse um pedido meu. E qual lugar melhor para contatar Jesus senão num santuário como este?

Ambas se abraçam e Loran gentilmente cobriu os ombros trêmulos da senhora com seu capote.

A proeza de Angelina infelizmente custou-lhe vários dias acamada com uma forte gripe, que se manifestava por acessos de tosse e febre alta.

Valentina foi avisada sobre o estado de saúde da mãe, fazendo com que viesse à fazenda acompanhada por Lia e Matteo. A intenção imediata de Valentina era de censurar a mãe pela imprudência. Porém, ao adentrar seu aposento, percebe que está adormecida e aproveita o momento para pedir por ela, empreendendo uma fervorosa prece. Lia e Matteo cerram os olhos e acompanham-na naquela súplica, pedindo forças para que Angelina se fortalecesse, fisicamente e também ante a falta que sentia do marido. Que ela confortasse o seu coração com a certeza de que a separação daqueles que partiram antes para o além era apenas momentânea.

Percebendo que Angelina abre os olhos, Valentina abraça ternamente a mãe, oferecendo-lhe água fluidificada que reluzia num jarro de cristal ao lado da cama.

— Valentina, minha querida! Está aqui! Que saudade!
— Lia, Matteo, não vão dar um abraço na velha avó?
Depois dos efusivos cumprimentos, Valentina adverte Angelina:
— Está com febre alta, mamãe; Alicia também me informou que também não tem se alimentado bem nos últimos dias.
— Fiquem tranquilos, que em breve estarei bem de novo.
— Vovó, por que não vai para Canosa conosco? Lá ficaríamos bem perto da senhora, até que fique bem novamente.
— Nada disso, Lia. Meu lugar é aqui, ao lado de minhas lembranças que me trazem seu amado avô para junto do meu coração. Já disse, esse é um mal passageiro. Não se preocupem.
As palavras de Angelina não se adequavam à sua aparência debilitada. O rosto pálido e as profundas olheiras denunciavam que seu estado de saúde era realmente preocupante. Contínuos acessos de tosse faziam seu corpo tremer e sua respiração ofegante preocupava ainda mais os visitantes.
Após despedirem-se de Angelina, ficou combinado que Caterine viria para a fazenda para cuidar da doente, enquanto Alicia estivesse ocupada com os afazeres rotineiros da propriedade. E assim foi feito. Na manhã seguinte, Loran retornava à fazenda, acompanhado da solícita senhora.
Valentina, já em Canosa, despede-se do genro e da filha e, sem a presença da companheira Caterine, dedica-se ainda mais aos necessitados, na companhia do bondoso bispo Miguel de Jesus.
De retorno, já em casa, Valentina não se esquecia de buscar conforto e sabedoria através da prece, pedindo sempre pelos sofredores que encontrava no decorrer do dia, e também por Martim. Com a certeza que levava dentro de si sobre a vida após a morte, e ao lembrar dos arroubos de ciúmes do amado, pedia para que ele conseguisse, onde estivesse, entender a abrangência do verdadeiro amor, tão bem ensinado por Jesus.
Ao recolher-se naquela noite, o sono lhe veio pesado e em poucos minutos o solitário aposento deu lugar a uma esplêndida alameda que, de imediato, trouxe a Valentina um conforto ímpar.
Um caminho delicadamente ladrilhado com reluzentes pe-

dras brancas geometricamente entalhadas resplandecia a luz morna e reconfortante do sol. Ao longo desse alvo tapete, frondosas árvores eretas pareciam reverenciar aquele espírito iluminado que acabara de chegar. Aqui e ali, pequenos buquês com flores de rara beleza aninhavam delicadas borboletas que insistiam num bailado cadenciado, num frenesi de contagiante alegria. Ao longe, Valentina pôde divisar uma imponente construção de tijolos acobreados que reluziam ao toque dos raios solares. Uma sequência de janelas simetricamente dispostas e uma abóbada ladeada por entalhes florais, apontando soberana para o céu de azul intenso, refletiam a sublime paz que imperava naquele magnífico lugar. Ao dirigir-se para a porta principal daquela colossal edificação, Valentina percebe a concentração de um grupo de espíritos bem familiares. Istóteles adianta-se em recebê-la, com efusiva alegria:

– Tranquilize o seu coração, Valentina. Temos acompanhado de perto nosso companheiro Martim. Tudo corre de acordo com nossas expectativas.

Valentina limita-se a acompanhar o grupo, que se adiantou por um claro corredor iluminado por delicados fachos de delicado tom azul, que se projetavam sobre o piso, salpicando-o com delicadas estrelas. Calada, Valentina observa uma sequência de portas que ladeavam o corredor. Istóteles, liderando o grupo, dirige-se a um dos aposentos e adentra o recinto. Valentina, sem ainda compreender o que viera fazer ali, sente seu coração descompassar, ao reconhecer seu amado Martim em profundo sono, sendo assistido por uma dupla de bondosos espíritos. Ao aproximar-se do leito, é orientada para manter-se em prece, pois Martim estava ainda em processo de restabelecimento.

O rosto revigorado do amado Martim em nada se parecia com a última lembrança que Valentina trazia na mente. Não pôde deixar de notar que na cabeceira do leito havia um pequeno vaso de cristal no qual uma magnífica rosa amarela projetava delicados fachos de luz que cingiam a fronte do convalescente. Percebendo sua emoção ao contemplar aquela flor, o bondoso Istóteles segura suas delicadas mãos e sussurra-lhe:

– Cara irmã, hoje, enquanto orava na Terra, esta flor resplandecia em luz, cujos raios vigorosos ajudam no equilíbrio do nosso irmão...

Sonolenta, Valentina abre os olhos, parecendo ainda ouvir a branda voz de seu benfeitor. Muito embora não conseguisse recordar na íntegra o suposto sonho que tivera, uma imensa paz tomou-lhe conta. A lembrança de seu amado esposo era a única recordação nítida de que Martim tinha protagonizado seus sonhos.

Com o coração transformado e as forças renovadas, Valentina abre a janela, sentindo o beijo frio da brisa daquela manhã a tocar-lhe a face. Ao passar os olhos pelo florido jardim, sorri emocionada ao ver um discreto botão amarelo despontando entre as ramagens da velha roseira. Novamente uma sutil melancolia intenta em macular sua alma, Alicerçada pelas saudades que Valentina sentia das pessoas tão amadas que já não mais compartilhavam com ela a vida terrena. Como um sopro angelical, a brisa da manhã, movimentando aquele jovem botão sobre a haste ainda desnuda de espinhos, delineia na mente da jovem médium a lembrança da radiosa rosa amarela que velava pelo seu amado Martim no plano espiritual.

A preocupação com o estado de saúde da mãe arranca Valentina de seus devaneios, porém agora com certo conforto espiritual, que lhe fora inspirado pela equipe de espíritos elevados que a acompanharam durante o desdobramento.

Mesmo envolvida com os ensaios do coral na igreja e com as visitas aos necessitados, Valentina visitava Angelina regularmente e, a cada visita, percebia que a jornada de sua amada mãe estava chegando ao fim. Mesmo com os cuidados do doutor Domênico, Angelina definhava dia após dia. A febre alta e a insistente tosse a debilitavam muito e apenas as preces de Valentina pareciam revigorar suas forças.

As semanas passaram rapidamente, como se o tempo impusesse a alguns dos personagens desse enredo o marco final de suas jornadas na vida terrena. E, numa fria manhã de julho, Angelina despede-se da vida física, nos braços de Valentina, rumando para sua pátria de origem, envolvida pela paz que emanava das entidades espirituais que coordenaram seu desligamento.

Colheita obrigatória

A LUXUOSA MANSÃO de Gilbert já não tinha mais a ostentação de outrora, muito embora Carmela se desdobrasse no zelo pela casa. As garrafas vazias, tombadas sobre as mesas, maculando as alvas toalhas de linho, e a presença do patrão, sempre com trajes desalinhados a ressonar a um canto da sala de estar, davam um aspecto desolador àquele requintado ambiente que já tivera seus dias de glória. A perda da esposa, a morte do melhor amigo, os descaminhos dos filhos e o repúdio de Alicia trouxeram àquele homem amargos frutos que ele era obrigado a colher. Tentando reanimar o pai, Bianca o visitava rotineiramente, porém nem mesmo a presença da filha o fazia reagir.

À procura de notícias, Bianca inquiria Carmela e os relatos da boa serviçal não eram nem um pouco animadores:

— Seu pai está entregue à bebedeira a ao vício do jogo. Passa dias em Canosa às voltas com a jogatina. Pelo que o ouço esbravejar, está perdendo grandes somas em dinheiro e, segundo Albert, está se descuidando dos negócios da fazenda. Como sabe, o moço Loran faz o que pode para não atrasar a entrega das frutas no porto de Canosa, mas Albert tem dito que a qualidade das frutas tem caído muito, devido aos poucos cuidados com a terra. Nem adubo o seu pai tem comprado... Loran disse que vários compradores já cancelaram as compras e que são as pequenas propriedades dos sócios que estão mantendo essa casa em pé.

— Meu Deus, Loran evita comentários sobre o meu pai para

não preocupar-me, mas eu vejo com meus olhos que está cada vez pior.

Carmela, abaixando o tom de voz, para não acordar o patrão, sussurra para Bianca:

— Na semana passada, um homem esteve aqui para cobrar uma dívida de jogo e seu Gilbert o expulsou apontando uma arma para ele! O homem foi embora gritando que iria voltar para cobrar-lhe o que devia e que viria acompanhado de um arcabuz! Qualquer rumor na estrada é motivo para ficarmos alarmados, pois tememos pela vida de seu pai.

Nesse instante, Gilbert, cambaleante, entra na cozinha e abraça Bianca:

— Meu anjo, você é a única coisa boa que Deus me deu nessa vida! Deus a abençoe e a mantenha sempre perto de mim.

— Ora, papai, você sempre poderá contar com meu amor! A propósito, tem notícias de meus irmãos?

Gilbert, visivelmente irritado, retruca:

— Estão mortos e sepultados! Não quero saber desses ingratos que me apunhalaram pelas costas, depois de tudo que lhes dei nessa vida!

Carmela, secando uma lágrima, trata de cuidar dos preparativos para o almoço, pois sabe bem que não fora ingratidão de Edmond e Filipa com o pai, mas sim seu total abandono e negligência no encaminhamento dos filhos.

Bianca almoça com o pai e depois acompanha Loran até a fazenda, relatando ao marido toda a sua preocupação com o pai.

Nem bem o sol apontara por detrás do morro verdejante, Gilbert já estava na estrada, rumo a Canosa. Queria chegar bem cedo à cidade, pois a noite lhe reservava um evento singular. Haveria um jogo entre os maiores fazendeiros da região e grandes somas em dinheiro estariam expostas na mesa, aguçando a cobiça de todos e a total ruína de alguns.

O salão estava repleto e Nino ao piano dedilhava algumas das canções que lhe foram ensinadas por Alicia. Os acordes familiares trouxeram a Gilbert certa amargura, ao lembrar-se de que, muito embora tivesse conquistado tudo o quanto desejara em sua vida, não tinha o amor de Alicia. Parado à porta de entrada, encenava em sua mente ver a doce e meiga menina ao piano e lamentou a forma com que se aproximara da jovem e a falta de caráter que tivera com ela.

Ao vê-lo entrar, um grupo de companheiros de jogo logo o levaram para a mesa central, na qual a disputa seria realizada. Várias garrafas vazias indicavam que o grupo chegara cedo e que certamente o efeito do vinho já corria solto. Gargalhadas estridentes e comportamentos pouco polidos acompanhavam o círculo de homens ao redor da mesa. Gilbert, como bom observador, resolve beber pouco naquela noite, pois não intenta pôr em risco qualquer quinhão que seja de sua fortuna.

Os olhares se dirigem à porta principal e os risos se calam, quando percebem a presença de um homem já conhecido por todos dali. Acompanhado por quatro outros homens sisudos e, como todos sabiam, sempre armados para proteger seu senhor, ele adentra o recinto e dirige-se à mesa:

— Boa noite, senhores! Sou Carlo Luchezi, de Palermo! Quero um lugar nessa mesa!

De soslaio, Gilbert observa o homem. Impecavelmente vestido e repousando a mão sobre o cabo de uma bengala, ricamente entalhado com rubis que cintilam seus raios escarlates ao contato com a iluminação do salão: mais parece um nobre. Certo despeito maculou o coração daquele que, até então, mantinha a alcunha do homem mais rico e mais astuto da região. Em seu íntimo, vencê-lo no jogo daquela noite era questão de honra. Corria o boato entre os jogadores inveterados daquele salão que o sinistro cavalheiro jamais perdera um jogo.

O jogo foi iniciado e a expectativa de todos os participantes era sobre o montante da aposta que aquele rico homem proporia aos demais e, como a sondar-lhe os pensamentos, a proposta foi lançada:

— Não jogo por dinheiro, mas sim por terras! Alguém dessa mesa é bom no jogo o suficiente para me desafiar?

Todos os presentes imediatamente dirigem seus olhares a Gilbert que, não querendo se sentir inferiorizado diante do prepotente cavalheiro, retrucou:

– Eu aceito o desafio e aposto um terço de minhas terras!
– Feito, senhor...
– Gilbert Vilaneuve!
– Já ouvi falar muito do senhor e de suas incríveis alcachofras... Terei muito gosto em me apoderar de uma parte dessa produção!
Gilbert, sentindo-se afrontado, retrucou:
– Não conte com isso, caro senhor, sou muito bom no carteado também!

Sob a tensão de todos, o jogo foi iniciado e, num golpe de sorte, o dia já amanhecia, quando Gilbert deitou sobre a mesa as cartas que lhe garantiram a vitória. Ao invés dos costumeiros arrufos dos parceiros de jogo, houve um silêncio geral, pois todos também conheciam a fama do misterioso cavalheiro, que jamais se dava por vencido, preferindo livrar-se daqueles que seriam seus cobradores...

Como regra do salão, Nino tratou de providenciar os papéis para que ambos os jogadores firmassem seu compromisso de jogo um com o outro e, sob os olhares intimidadores do grupo que acompanhava o perdedor, as assinaturas são registradas no documento.

Com a retirada do grupo, Gilbert pediu mais uma rodada de vinho para todos que ainda insistiam em permanecer no local, muito embora o sol já anunciasse seus primeiros raios por entre as altas janelas do salão.

Cambaleante, Gilbert dirige-se à pensão, sentindo o prazer de ter vencido aquele arrogante jogador e, além de tudo, por ser proprietário agora de mais uma propriedade. Segundo o combinado, naquela mesma semana, ele iria conhecer as terras que ganhara e tudo seria formalmente regularizado.

Mal chegou à pousada, atirou-se exausto sobre a cama e dormiu pesadamente até o início da tarde. Durante o sono, em desdobramento, foi ao encontro da doce Isabel, que novamente o alertou sobre sua conduta reprovável:

"Filho querido, cuidado com seus desmandos. Sua vida corre perigo! A proteção do Alto nunca nos falta e Deus nos concede a oportunidade de nossas conquistas por nosso mérito e escolhas.

Todos somos livres para plantar o que quisermos, mas é de sua lei não colhermos frutos onde plantamos ervas daninhas!"

Gilbert desperta com fortes dores de cabeça em consequência do excesso de vinho da noite anterior e, apesar da vaga lembrança do sonho que tivera com a mãe, sorri ao recordar-se de que sua fortuna havia aumentado...

Conforme combinado, nos dias que se seguiram, Gilbert recebe a visita de um dos acompanhantes de Carlo, marcando um encontro com seu senhor nas proximidades da cidade, para que pudessem formalizar a posse das terras conquistadas por Gilbert na mesa de jogo.

A fama de Carlo não era desconhecida pelos jogadores de Canosa. Não se dobrava a ninguém que o tivesse vencido no jogo e, certamente, Gilbert teria ainda muitos transtornos, até receber o que lhe cabia. Fora alertado até mesmo por Nino, que o aconselhou a esquecer a peleja, pois corriam boatos que os poucos que venceram o elegante cavalheiro não viveram muito para usufruir do bem conquistado. Gilbert dava de ombros e, entre estridentes gargalhadas, afirmava que nunca tivera medo de ninguém e que não seria dessa vez que se submeteria à fama do arrogante perdedor.

O encontro foi marcado numa velha casa que ficava a dois quilômetros da cidade. A distância era pequena e, por isso, em vez de um coche, Gilbert pagou por um cavalo. Depois de cuidadosamente selado, o negro animal de pelos reluzentes recebeu em seu dorso o imponente senhor Gilbert.

O caminho ladeado por frondosas árvores, cujos ramos retorcidos e desnudos pelo inverno apontavam para o céu cinzento, como espectros, causava arrepios no imponente cavaleiro. O trote lento do cavalo a tamborilar sobre o chão esbranquiçado e o vento frio que soprava insistentemente ecoavam na mata como um gemido surdo, despertando aqui e ali um voo lépido de uma ave retardatária que por descuido não acompanhara seu bando migratório.

As faces avermelhadas pelas lufadas frias que lhe açoitavam o rosto, em pouco lembravam o belo cavalheiro de outrora. Gilbert, com o olhar perdido naquela melancólica paisagem, lembrou-se de sua amada mãe, de sua doce esposa e dos filhos que, por sua negligência, haviam se perdido dos caminhos retos da vida. A imagem da inocente Alicia no vigor de sua adolescência fere-lhe as lembranças, como se num momento inquisitório ele estivesse sendo julgado pelos seus insanos atos de uma vida inteira.

Por entre as árvores, vê o local do encontro. Uma velha casa, com claros sinais que há muito não era habitada. Imaginando ter sido enganado, fica furioso e dá uma volta ao redor da propriedade, intentando vingar-se de Carlo na cidade; no entanto, percebe que alguns cavalos selados estão a pouca distância da habitação. Desce do cavalo e dirige-se à porta da frente da velha construção, chamando por Carlo. Sem que tivesse tempo de reagir, recebe um forte golpe na cabeça, que o faz cambalear e, desequilibrando-se, cai de joelhos. Um fio escarlate lhe tinge as têmporas e, sem conseguir enxergar seu agressor, recebe o golpe fatal de um punhal que lhe é violentamente cravado nas costas, atingindo diretamente seu coração. Dois cavaleiros saem a trote rápido do local do crime, desaparecendo por entre as ramas ressequidas da mata.

No salão de jogos, a preocupação dos colegas de jogo de Gilbert era muito grande. Há dois dias não comparecia ao salão e, ao ser procurado na pousada, foram informados de que o hóspede estava ausente há exatos dois dias. Aconselhados por Nino, denunciaram às autoridades locais o desaparecimento do amigo, acrescentando informações sobre o encontro marcado com Carlo, para tomar posse das terras ganhas no jogo. Imediatamente as autoridades se empenharam na procura do cavalheiro desaparecido e não precisaram demandar muito tempo e esforço para isso, pois o condutor de um coche que passava pelo caminho visualizou um cavalo negro impaciente amarrado ao tronco de uma árvore e, por saber que aquela casa estava há muito tempo desabitada, resolveu observar mais de perto, deparando-se com o corpo inerte de Gilbert, debruçado sobre uma ressequida poça de sangue que lhe maculava as feições. O punhal cravado em suas costas cintilava ao toque dos tímidos raios de sol daquela manhã, como o anúncio de um veredicto de que aquele espírito errante ainda teria que conviver com seus algozes e inúmeras vítimas que fizera na Terra, antes de encontrar a tão esperada luz e a paz a que todos almejamos em nossa partida para a pátria espiritual.

Após o reconhecimento do corpo pelos amigos presentes, Loran, que está no porto, é imediatamente avisado do ocorrido. O corpo é trasladado para Cerignola e velado em sua fazenda. A suntuosa sala de estar, que fora palco de tantas histórias, estava agora banhada por um cenário funéreo, habitado por todos aqueles que tiveram suas vidas entrelaçadas com a de Gilbert ... Carmela, inconsolável, chorava ao lado do desencarnado, pois Edmond e Filipa não foram encontrados para receberem a aterradora notícia sobre a morte do pai. Alicia, a um canto da sala, limitava-se a elevar suas preces aos céus, pedindo que Gilbert, onde estivesse, encontrasse paz. Bianca, visivelmente debilitada pela perda do pai, mantinha-se ao lado de Carmela com as mãos sobre o rosário que havia prendido nas mãos do pai.

Valentina, visivelmente comovida, deslumbrava parte da realidade espiritual que se desenrolava ao redor do corpo inerte de Gilbert. Isabel e outras entidades iluminadas circundavam o esquife mortuário, como se a proteger o irmão das investidas de outras entidades menos felizes, que vinham cobrar as dívidas angariadas por ele em vida, num caminho tortuoso e vil, onde uma vez mais resistira a ouvir os inúmeros chamamentos que recebera para o bem e que retumbara em sua consciência.

A notícia da morte do nobre senhor de terras espalhou-se imediatamente por toda a província e chegou a um mísero casebre construído na encosta de um morro coberto por plantas espinhosas que dificultavam o acesso de qualquer pessoa. Sobre uma cama desalinhada e com degradante aspecto, deitava-se um homem visivelmente demente. As roupas em farrapos, os cabelos e as barbas brancas crescidas até a altura do peito davam-lhe um ar aterrador. Os móveis eram escassos e os poucos utensílios, desorganizadamente espalhados, por entre garrafas vazias e restos de comida, davam àquele lugar um aspecto lúgubre. Roedores transitavam lépidos no imundo chão, indo beliscar freneticamente os nacos de pão endurecidos e embolorados que salpicavam o piso sujo. Com os olhos perdidos numa realidade insondável para os encarnados, Jácomo D'Santis blasfemava como um animal, em urros ininteligíveis, como se a responder a afrontas que seres invisíveis direcionavam a ele. Entre gargalhadas intermitentes, demonstrava toda sua satisfação pela morte de Gilbert . Freneticamente agarrado a um calhamaço de papel amarelado e puído pelo tempo, no qual podia se ver tortuosa e quase apagada inscrição "Clara", proferia palavras torpes ao recém-desencarnado vilão, acompanhado pelo coro uníssono de um grupo de entidades perversas que eram sua única companhia nos últimos tempos. O arcabuz e a faca enferrujada ainda lhe eram fiéis companheiros e, com certo pesar, olhou-os, lamentando não terem sido a causa da morte do infeliz patrão, cuja influência maléfica o fizera cair tão fundo na solidão e desolação em que se encontrava. Um resto de bebida fermentada que havia numa velha garrafa sobre a mesa foi sorvido por ele em grandes goles, trazendo-lhe imediatamente um desequilíbrio de consciência, prazerosamente aproveitado pelo grupo de entidades que lhe cercavam o leito, sussurrando-lhe aos ouvidos planos funestos de suicídio...

Proferindo palavras entrecortadas e de pouca significação, parecia dialogar consigo, confuso e atormentado:

– Agora a senhora Clara está vingada e eu posso descansar em paz! Mas que sentido tem minha vida agora? Suportei essa vida miserável, com o único intuito de matar o maldito Gilbert e, agora que está morto, para que preciso continuar vivendo?

Os pensamentos de D'Santis eram incentivados por uma das entidades que liderava o grupo presente, sob os arrufos das demais, que insanamente movimentavam-se ao redor daquele homem em irremediável decadência.

– Se eu morrer, poderei encontrar com a senhora Clara... Sim, é isso! Por que não pensei nisso antes?

Acariciando a enferrujada faca, leva sua lâmina ao peito, intentando consumar seu intento, porém falta-lhe a coragem necessária.

Os momentos que se seguem são pontuados por conjecturas

que lhe são assopradas aos ouvidos, num alarido perturbador. Avalia a questão de se atirar do penhasco; de se afogar nas águas gélidas dos ribeirões que serpenteiam naquelas matas, num turbilhão de ideias confusas que lhe maculam cada vez mais o espírito, encaminhando-o para um portal sem volta.

A noite já ia alta, quando D'Santis, tomado por uma força incompreensível, sai da velha casa rumo à ressequida mata. À mão, um velho pedaço de corda grossa que lhe fora herança do cais, após matar Joseph, certamente iria lhe servir para consumação do funesto intento. O tilintar dos galhos secos quebrando sob suas botas, traziam àquele crucial momento a lembrança de um fogo desolador a explodir em brasas dançantes, anunciando que um espírito errante estava prestes a fazer como sua morada um vale de profunda tristeza e pesar...

Um grupo de espectros arrastava-se sobre o musgo enegrecido pela noite sem luar, a gargalhar e a comemorar sua vitória sobre a fraqueza daquele que, desrespeitando a lei divina, tira a própria vida, perdendo a rica oportunidade de evolução que lhe fora concedida.

O corpo inerte do esfarrapado homem, a balançar como pêndulo preso a uma árvore, é encontrado dias depois. Sem nenhuma identificação, trazendo no bolso puído apenas um papel cuidadosamente dobrado no qual se lia, com dificuldade, o nome de uma mulher, fora sepultado numa cova rasa, ali mesmo, no cenário desolador a que lhe tinha dado guarida nos últimos momentos de sua vida. Despedira-se da Terra da forma mais agressiva para si, pelas consequências que haveriam de ecoar em seu espírito, num despertar que estaria muito longe da felicidade imediata com que sonhara, ao lado de Clara.

Missão de amor e caridade

Após o desencarne de Gilbert, Albert e Loran foram encarregados de toda a administração das propriedades, o que lhes custava intensos dias de trabalho. Em uma tomada de decisão conjunta, Bianca, Loran e Alicia passaram a residir na grande mansão da fazenda, fazendo companhia à velha Carmela, que com idade avançada já necessitava de auxílio nos afazeres da casa. Devido aos compromissos com o coral e com as obras de caridade da basílica, Valentina preferira permanecer em Canosa, tendo como dama de companhia a abnegada Caterine, que nutria por ela grande admiração e estima.

A preocupação de todos, naquela manhã, estava depositada em Carmela, que há dias estava acamada com uma forte gripe.

Como era de costume, o doutor Domênico fora chamado, porém quando Loran retorna trazendo o doutor, para surpresa de todos, veem o rapaz ser acompanhado por um jovem de pouca idade, que exibe um largo sorriso ao adentrar a suntuosa sala:

— Bom dia a todos, sou o doutor Olivier, assessor do doutor Domênico.

Dado ao silêncio de todos, o jovem médico complementou:

— Sou recém-formado em medicina pela Universidade de Paris e, sendo meu pai um amigo muito próximo do doutor Domênico,

pediu-lhe que me deixasse clinicar a seu lado, uma vez que a teoria sem a prática não nos torna bons médicos.
Tomados ainda pela surpresa, Alicia adianta-se:
– E por que o doutor Domênico não veio com você? Estamos muito acostumados com ele...
– Infelizmente o caro doutor está acamado há dias. Sente-se fraco e sem apetite. Estou cuidando dele...
Após consultar Carmela, o jovem rapaz já havia conquistado a simpatia de todos da casa. Era falante e muito simpático, fazendo com que Carmela se lembrasse do irreverente Joseph que muita alegria trouxera àquela casa em tempos pregressos...
O diagnóstico, para felicidade de todos, foi uma simples gripe que poderia ser curada com escalda-pés, chás cítricos e um vidro de xarope que o rapaz entregou a Alicia.
Na cidade, o caro doutor Domênico, acomodado pelo jovem Olivier numa confortável cama de lençóis alvos e cuidadosamente alinhados, enquanto aguardava o retorno do jovem aprendiz com notícias de Carmela, buscava no âmago de sua alma doces lembranças de sua infância e da juventude, como se a avaliar sua trajetória na vida terrena...
Por mais de trinta anos prestara com dedicação seus serviços médicos a todos que o procuravam, independentemente de sua posição social ou poder aquisitivo. Muitas crianças trouxera ao mundo e muitos desencarnes acompanhara ao lado de famílias inconsoláveis. Com idade avançada, o bondoso médico já não tinha mais a disposição e a jovialidade de outrora, e até mesmo curtas viagens o deixavam extremamente abatido e cansado. O pedido de um velho amigo francês, para acolher seu filho recém-formado, caiu-lhe de bom grado, pois não conseguia mais atender a todos os chamados para socorrer os doentes e acompanhar as parturientes. O abnegado doutor, filho único de uma humilde família de agricultores, era o orgulho do pai, cujo maior sonho sempre fora ter um filho doutor. Afinal, no vilarejo no qual residiam, pais aflitos, idosos, convalescentes de todas as idades e posições sociais caminhavam léguas, pisando ofegantes o capim orvalhado, a caminho do vilarejo vizinho, em busca da cura de

seus males. Saint Laurent, a poucos quilômetros de distância, tinha orgulho de contar com os préstimos de um velho doutor, o único médico da redondeza e responsável por salvaguardar a saúde daqueles humildes agricultores, que sem descanso enfrentavam diariamente as intempéries da natureza. A enxada era-lhes a companheira diária que, no cadenciar ritmado de seu roçar na terra seca, sorvia-lhes os sonhos no gotejar insistente do suor que, como espessas pérolas, adentravam e agonizavam no enrugado chão. Em prol do antigo sonho, o velho Antoine não mediu esforços, para que Domênico pudesse estudar. Reunindo seus parcos recursos, orgulhoso, vira o filho rumar para a Universidade de Paris, que anos mais tarde o devolveria ao humilde lar com o sonhado título de doutor.

O velho doutor, ainda com os olhos perdidos nas quimeras de outrora, lembrou-se, comovido, da alegria do velho pai, ao fixar na porta da frente da humilde casa uma placa de madeira rústica, com letras irregulares: "Doutor Domênico". Uma lágrima furtiva fugiu-lhe dos enrugados olhos, serpenteando por entre as rugas de seu cansado rosto, como gota de chuva fria, desenhando memórias no vidro da janela de sua alma...

Com a morte prematura do pai, o jovem Domênico teve que enfrentar as agruras da vida no auxílio à mãe que, surpreendida pela viuvez precoce, não tinha forças para manter o pequeno roçado que lhes era a fonte de sustento. Com o sol ainda adormecido nas encostas montanhosas, Domênico apanhava a velha enxada, ainda com as marcas visíveis das calejadas mãos do querido pai e dirigia-se para o campo adornado por videiras, cujos cachos perfumados dançavam ao ritmo do vento tímido de cada manhã. Rotineiramente, o sol já estava a pino quando o jovem doutor despedia-se daquela paisagem bucólica e, a passos largos, rumava para casa. Depois de secar o suor da caminhada que lhe brotava nas têmporas, Domênico punha-se em pé, às portas da humilde casa, a esperar, ansioso, pelos pacientes que, na certa, Deus lhe confiaria.

O velho doutor revive cada fato daquele remoto tempo, procurando acordar em seu coração velhas histórias, com personagens que certamente o haviam transformado num homem melhor. Seu coração saudoso trazia-lhe à mente a imagem da venerada mãe, que, acometida por um mal súbito, não pôde contar com as habilidades do filho médico e desencarnara, deixando Domênico completamente órfão.

O velho doutor contraiu os lábios ao lembrar-se da manhã cinzenta em que, depois de vender o pequeno roçado, partiu para a Itália em busca de uma vida nova. Nunca se casara e fizera de cada um de seus pacientes seus pais, seus filhos, seus irmãos do coração...

Permeando as recordações do doutor, espíritos familiares faziam-se naquele momento presentes e acompanhavam os pensamentos do doutor Domênico, fazendo-o recordar o bom caminho que percorrera na vida terrena, sem contudo concatenar que seria ainda personagem de outras encarnações, nos inúmeros roteiros de vida no orbe terrestre rumo à evolução.

Poucos meses se passaram e o bondoso doutor, deixando para trás sua bagagem material, no limiar da vida espiritual, pôde se sentir abraçado por um enorme grupo de espíritos, cuja gratidão por sua caridade aqui na Terra era infinita...

APENAS UMA TRAVESSIA

O DIA AMANHECERA com nuances especiais, que passaram despercebidas por todos naquela manhã. Entre o céu e a Terra havia uma conexão especial, insondável aos olhos humanos. Na espiritualidade, um grupo de espíritos preparava-se para dirigir-se ao orbe terrestre. Liderados por Istóteles, estavam incumbidos do desligamento do corpo físico de um espírito muito afim, que retornara à Terra na última encarnação para estar ao lado de seu grande amor.

Tocados por uma luz pálida que se estendia ao redor do grupo, os amigos espirituais, que acompanharam bem de perto o enredo protagonizado por Valentina e Martim, dirigem-se à Terra.

Istóteles, a sondar-lhes os pensamentos mais sutis, sem perder a oportunidade de explanar sábios ensinamentos, relembra ao grupo a magnitude do amor, gema rara incrustada no coração dos homens pelo divino Pai.

— Meus caros irmãos, olhem ao seu redor e vejam que todas as ações do bem nas várias moradas do universo são regidas única e exclusivamente pelo amor. O que faz a gota de orvalho beijar as faces aveludadas da flor, senão o amor que embala a natureza? O pássaro frágil e implume, que é alimentado no ninho? Quem direciona a mão que oferece pão ao faminto e bálsamo ao sofredor? Que força é essa, que afiança laços eternos de admiração, de amizade e de estima entre os homens, se não o amor?

O grupo, em silêncio, mantém-se concentrado e alerta a receber as orientações de Istóteles, que continua:

– Na Terra, como encarnados, somos açoitados pelas tormentas e pelas agruras que a vida nos impõe e seríamos eternos náufragos, se não fosse pela extraordinária luz do amor, que, como farol, nos guia em direção segura para o nosso misericordioso Criador.

Percebendo o envolvimento do grupo e tendo a certeza de que todos os momentos são oportunidades para novas aprendizagens e reflexões, Istóteles continuou...

A fria madrugada anunciava-se com insistentes lufadas de fortes ventos, que esbravejavam em contínuos açoites à janela da solitária Valentina. O sono profundo a levara ao encontro do grupo amigo que se aproximava da Terra. A passos lentos, Valentina caminhava por uma trilha iluminada, na qual sutis brumas dificultavam-lhe reconhecer as silhuetas que se aproximavam. A madrugada fria dera lugar a uma brisa agradável e perfumada que enchia seu coração de doce alegria. As vibrações positivas que o grupo emanava transmitiam a Valentina a mensagem da chegada da hora de retornar ao verdadeiro lar, à pátria espiritual... A acolhedora voz de Istóteles soou-lhe aos ouvidos como um bálsamo consolador.

No iluminado aposento, o corpo da nobre Valentina jazia inerte sobre o leito, envolvido em luz. Istóteles acompanhava o trabalho da equipe responsável pelo desenlace de Valentina.

Ao reconhecer Istóteles, Valentina o saudou com efusiva alegria e, vendo-se cercada pelos queridos amigos de Aurora Nova, lembrou-se logo de Martim, perguntando de imediato sobre ele.

Istóteles prontamente lhe informou que ele fora acolhido em um dos postos de socorro de uma das colônias espirituais e que estava em plena recuperação, assistido por espíritos amigos. Tomada de extrema emoção, Valentina agradece ao grupo por todo o auxílio recebido e pensa na possibilidade de ir até Martim, antes de dirigir-se à Aurora Nova.

– Cara irmã, Martim ainda não tem o conhecimento necessário sobre as leis que regem a espiritualidade e, certamente, resistirá ao fato de não poder acompanhá-la. Vamos confiar para que em breve compreenda que os espíritos podem estar em graus diferentes de evolução e que nem sempre compartilham da mesma senda na espiritualidade... Mas, ante as leis do Pai, nunca há de faltar a oportunidade para se seguir na trilha da evolução.

À frente do grupo, um enorme portal iluminado se abre e, feliz pelo retorno, Valentina adentra a cidade espiritual de Aurora Nova, sendo recebida, com acordes de uma canção que lhe é conhecida de há muitos séculos... Parece rever a partitura debruçada no piano da Basílica de São Sabino com iluminuras douradas grafando o título *Súplica*. Os versos tocam-lhe o coração extasiado e ela acompanha o hino, suplicando ao Pai celestial que a revestisse de sabedoria, quando lhe fosse permitido o reencontro com Martim.

* * *

Assim que o dia amanhece, percebendo que Valentina não se levantara, Caterine bate delicadamente à porta do quarto, alertando-a para o avançado da hora. Sem nenhum retorno, ela abre a porta e é dominada por total desespero, ao deparar-se com o corpo pálido e inerte da senhora. Entre os dedos enrijecidos, um velho crucifixo de madeira, que lhe fora o derradeiro companheiro... Atordoada pelo inesperado acontecimento, Caterine abre as janelas do aposento para que os raios matinais do sol pudessem iluminar o rosto de Valentina. Certificando-se de que a senhora partira ao encontro de seu amado Martim, Caterine, aos gritos, alerta os vizinhos e, em curto tempo, o bispo Miguel já está ao lado do corpo da estimada irmã de jornada. Um coche apressado arranca da estrada que serpenteia à sua frente enormes nuvens avermelhadas, rumo ao tapete de alcachofras, levando a triste notícia aos familiares e amigos de Valentina...

Sem titubear, o jovem doutor Olivier diagnosticou:

– A senhora Valentina se foi enquanto dormia... o coração parou de funcionar. Nada poderia ser feito, mesmo que estivéssemos presentes. São os desígnios divinos reservados a cada um de nós.

Depois do sepultamento da querida amiga e irmã, Alicia, envolvida em sentimentos profundos, debruçou-se na janela do aposento que acolhera Valentina em seus momentos finais na vida terrena. Parecia ouvir a doce voz da amiga a lhe afirmar que o afeto não se esvai com a ausência e que o clamor de um coração amigo ecoa do outro lado da vida tocando o coração daquele que partiu... Essa lembrança lhe trouxe um sutil alento. Passou os olhos pelo jardim coberto por flocos brancos e cintilantes, no qual jaziam gerânios, que desmaiados pelos açoites do inverno guardavam suas flores por tempo indeterminado. Resistindo bravamente ao agressivo inverno, Alicia observa um majestoso botão de rosa amarela, esplendidamente belo, que dançava entre as ramagens ressequidas, despertando-lhe belas memórias do passado. A flor parecia intocável, como se protegida por mãos invisíveis que perpetuavam sua vivacidade e infinita beleza.

O delicado símbolo natural que desafiava o rígido inverno era o elo entre duas almas afins que, afiançadas pelas égides superiores, percorreriam ainda insondável tempo entre a vida física e espiritual, buscando a sublimação do amor que os tem mantido unidos num contexto secular que, apesar de maculado por desencontros, fraquezas e sofrimentos, os tem aproximado cada vez mais do amantíssimo Pai celestial...

A noite cai e o pequeno grupo de amigos, reunidos ao redor da mesa da sala de estar, extremamente abatido pelo passamento da mãe, irmã e amiga Valentina, parece querer perpetuar sua presença em suas vidas.

Depois de proferirem preces em favor de Valentina, Alicia relembra as afirmações que a mãe lhe fizera várias vezes, sobre a sequência da vida após a morte; sobre a existência de um lugar de luz e paz, para onde vão os que já partiram.

— Acredite, querida Lia, que esse lugar realmente existe e certamente aqueles que já partiram compartilham agora da felicidade do reencontro. Essa certeza tão defendida por sua mãe é a porção de luz e de amor, que, quando reconhecida, nos leva a querer trilhar sempre o caminho do bem e esse caminho é servir a Deus com fé e amor ao próximo.

Em espírito, Angelina, ao lado da neta, acariciava-lhe os longos cabelos dourados e lhe inspirava as palavras que proferia, acalentando o coração de todos.

– Alicia, minha avó Angelina por várias vezes me relatou fatos sobre minha mãe, dizendo que ela era conhecida como "a menina santinha", pois quando orava por um doente, ele quase sempre curava.

– Sim, Lia, eu mesma testemunhei inúmeras vezes o que se operava junto com Valentina, através de sua fé e sua dedicação.

– Lembro-me do Lorenzo do coral. Ele estava à beira da morte e, quando mamãe orou e deu-lhe para beber a água que ela chamava de abençoada, ele sarou imediatamente.

Aos poucos, as lágrimas foram substituídas pela amena paz que lhes trouxeram as lembranças da vida dedicada de Valentina aos necessitados. Angelina, envolta em uma luz resplandecente, afasta-se do grupo, com a certeza de que o socorro àquelas almas sofredoras e que os exemplos deixados por Valentina trariam inspiração, motivação e fé àqueles corações ainda leigos, no que se referia às verdades consoladoras que apenas começavam a aportar no orbe terrestre...

Aquele sutil encontro com a espiritualidade, além do alento necessário no momento, traria àqueles que ainda tinham seus desafios pela frente na vida terrestre o real desejo de caminharem rumo a um futuro melhor, sem angústias, sem ansiedades ou temores, com que todos sonhavam, futuro construído dia a dia, vivenciando a lei do amor ao próximo, ao respeito a si mesmo e a Deus.

Rumo ao Amor Maior

Os laços afetivos se firmam conforme as afinidades entre as almas, bem como as suas necessidades de evolução. Na espiritualidade, há um cuidadoso planejamento da reencarnação, para que ela represente uma real oportunidade de aprendizagem e desenvolvimento do espírito. Cada espírito que reencarna traz consigo seu legado, sua bagagem evolutiva angariada durante as encarnações. Desta forma, cada um está num nível diferente no que tange à evolução. A rica oportunidade da reencarnação também encerra o nobre objetivo do espírito progredir, ajustando-se ante a lei divina, recompondo sua consciência através de novas ações, tendo em vista enganos oriundos de vivências passadas, o que se dá normalmente no convívio junto a pessoas em comum no desenrolar dessas experiências, que devem ser reconsiderados e perdoados entre vítimas e algozes. Ambos, porém, pelas tendências que maculam seus espíritos ou pelo uso inconsequente do livre-arbítrio que Deus lhes concedeu, muitas vezes persistem em suas mazelas, que os encarceram em seculares calabouços de angustiante penúria e tormento.

O grupo de espíritos reencarnados na Europa e que ora acompanhamos nesse enredo de encontros e desencontros, amor e ciúme, discórdias, injustiças, ambições, mágoas e desequilíbrios está fortemente ligado por laços com origem num passado comprometedor e que ainda estarão protagonizando futuros enredos durante mais alguns séculos... A persistência nos erros cometidos muitas vezes faz com que o resgate não se processe numa única encarnação e os espíritos tenham que retornar à vida física várias vezes para sanar essas dívidas e poderem prosseguir em sua jornada rumo à perfeição.

Tutelada por Istóteles, Valentina recebe autorização para acompanhar de perto o resgate de Martim, que durante séculos tem perdido a oportunidade de se libertar dos enganos do pretérito e de conquistar os verdadeiros tesouros espirituais. Preso aos grilhões do egoísmo e do ciúme doentio e enfraquecido pelos torpes sentimentos que povoam seus pensamentos, facilmente é envolvido por entidades inferiores. Valentina não medirá esforços para que os laços afetivos que os unem possam consolidar-se nos séculos vindouros, num verdadeiro amor, o Amor Maior, tendo como cenário, não mais as quimeras ilusórias da Terra, mas sim os recantos de infinita paz e harmonia da espiritualidade...

Na encarnação presente nesse enredo, Martim, espírito resgatado do umbral, deixa a vida física antes de sua amada e, ao despertar na vida espiritual, ainda cingido pelas tendências trazidas das experiências recém-vividas no mundo físico, necessita de tratamentos contínuos para que consiga o equilíbrio necessário e possa preparar-se para o reencontro com Valentina. É visitado regularmente por Istóteles no intuito de esclarecê-lo que não há possibilidade de conviver ainda com Valentina na espiritualidade, devido ao nível de evolução de cada um. O orientador é interpelado e questionado por Martim incansavelmente:

— Mas e o amor que nos une já há várias encarnações? Ele não nos dá o direito da convivência em qualquer que seja a morada onde aportamos após o desencarne? Se é única e exclusivamente o amor, segundo o que me professa todos os dias, que salva, que une, que aprimora nossa conduta, não entendo o porquê não possa conviver com Valentina.

— Não é assim que as coisas acontecem, caro Martim! Há muito ainda que aprender, melhorar e evoluir para poder comparar-se a Valentina. Outras encarnações serão necessárias para que se livre dos sentimentos negativos que envenenam seu espírito e que o impedem de dar decisivos passos para a evolução.

– Não basta o que já sofri na Terra? O doloroso mal que me consumiu as entranhas e me subtraiu a vida, o abandono de tudo que construí com muito esforço e a dor de deixar minha esposa e minha filha? Não mereço, então, um pouco de felicidade?

– Caro Martim, colhemos o que plantamos ao longo de nossas encarnações e há muito ainda a resgatar... Os títulos, as conquistas materiais, as fortunas e tudo o mais não têm valor aqui; o que conta é a nobreza de nossos atos e o quanto enriquecemos nossa alma por andar nos bons caminhos... Valentina chegará em breve e, sem dúvida, com sua bondade e sabedoria, o fará entender como atua a misericórdia do plano divino na vida de cada uma das criaturas.

– Estou ansioso para reencontrar minha amada Valentina e tenho certeza de que não me deixará aqui; seguirei a seu lado para onde for... O amor pulsa ainda aqui em meu coração. Estou vivo e sou o mesmo homem da Terra, profundamente apaixonado por Valentina e com muitas saudades de Lia...

Istóteles, com um sorriso paternal, abraçou Martim e retirou-se em silenciosas preces, rogando ao Altíssimo que Martim pudesse estar preparado para compreender os seus sábios desígnios reservados a cada um de seus filhos...

Na manhã seguinte, Martim foi surpreendido por Istóteles logo às primeiras horas da manhã, anunciando que o assunto que o trouxera referia-se ao processo de reencarnação.

Martim, a princípio, resistiu ao pronunciamento do elevado espírito, alegando que, antes de conhecer processos de reencarnação, esperava encontrar-se com Valentina. Juntos decidiriam suas vidas futuras. Novamente o sorriso fraternal do instrutor iluminou seu semblante:

– Martim, Martim, uma coisa de cada vez. Precisa conhecer as leis da espiritualidade antes de fazer planos.

– Mas, caro amigo, não me disse que Valentina chegará em breve? Pois duvido que queira voltar à Terra e nem eu o quero! Prefiro estar com ela aqui ao meu lado...

Calmamente, Istóteles iniciou os esclarecimentos, que eram o motivo de sua visita:

– A Terra, caro irmão, é a escola na qual aprendemos a nos melhorar. É através das intempéries que a vida nos oferece que temos a oportunidade de usar nosso livre-arbítrio com sabedoria. É através das relações de amor e caridade com nossos irmãos que angariamos raras joias para nossa melhoria moral. Os laços afetivos que firmamos na vida física não se esvaem com o desencarne e, estruturados no bem, são mantidos e fortalecidos aqui e, se cultivadas as leis do amor ensinadas pelo Cristo, perpetuam-se por toda a eternidade.

– Eu e Valentina, então, seremos obrigados a retornar para a Terra?

– É necessário, meu estimado irmão. Retornarão e novamente estarão ligados por fortes laços de amizade e de amor que os colocarão num caminho de muitas aflições e dolorosas perdas, porém que serão cruciais para que alicercem um convívio futuro, repleto de paz e harmonia. O amor que une almas afins na Terra ecoa pelo infinito de nosso Pai, como canção uníssona, cujos acordes são um tributo ao verdadeiro amor que respalda a lei divina na vitória do bem, o Amor Maior.

Martim, tocado pelas palavras do espírito amigo, observa-o se afastar, trazendo em seu coração uma paz envolvente, que o fez refletir sobre o que acabara de ouvir.

Sussurrando conjecturas, Martim desenvolvia um monólogo como se necessitasse se convencer das verdades explanadas por Istóteles:

– Se morri, como posso sentir-me tão vivo? Sou o mesmo homem da Terra. Os sentimentos são os mesmos, em relação a tudo que me envolvia na vida física. Amo Valentina, amo Lia, estimo meus amigos e sinto falta daqueles que partiram antes de mim... Certamente a morte é apenas uma passagem de um plano para outro o que não nos transforma em novos homens e nem nos coloca no paraíso, como professava o bispo Miguel em seus sermões... A vida continua do lado de cá e também nos apresenta angustiantes impasses. As incertezas povoam minha alma agora, mas o amor que sinto latente dentro de mim certamente me fortalecerá e me servirá de guia para conquistar o direito de estar para sempre ao lado de Valentina...

Na manhã seguinte, Martim é convidado por dois espíritos amigos, que haviam acompanhado seu restabelecimento após o desencarne, a participar de um pronunciamento no salão principal.

A alameda coberta por uma vegetação rasteira, como um aveludado tapete, era delicadamente adornada por flores de incondicional beleza. Gerânios de todas as cores espalhavam um delicado e familiar aroma no ar, que trazia a Martim doces recordações; buquês de hortênsias rosadas e alvas margaridas salpicavam de singela beleza aquele magnífico recanto da natureza. As árvores frondosas apontavam para o céu, em direção ao magnífico Sol daquela manhã, como a reverenciar aquela fonte de vida. Os pássaros voavam lépidos entre as ramagens pontilhadas por flores e pequeninos frutos. Um bando de borboletas a bater suas asas brancas e cintilantes, num frenesi vicioso, circundava uma bela roseira, num bailado cadenciado, como pequenos anjos a denunciar uma beleza especial.

Ao perceber o interesse de Martim pela radiosa rosa amarela, beijada ainda pelas reluzentes gotas de orvalho daquela manhã, um dos espíritos amigos que o acompanhava, aludiu:

– É a preferida de Valentina. Ela mesma cuidou de seu plantio...

Com uma lágrima nos olhos, Martim, reconhecendo o símbolo do amor que o ligara a Valentina na Terra, teve vários de seus questionamentos respondidos, por aquela magnífica visão, trazendo-lhe a certeza de que tudo que ocorre na Terra está validado e concretizado no céu.

Ao adentrar o enorme salão, admirou-se com o grande número de espíritos reunidos ali. À frente, um púlpito decorado com magníficas ânforas brancas das quais pendiam cachos de pequenas flores azuis e lilases davam ao ambiente uma beleza incondicional, conjugando a paz daquele recinto. Da cúpula entalhada do salão dirigiam-se aos presentes múltiplos raios iluminados que contagiavam a todos com uma alegria ímpar. Martim acomodou-se entre os dois amigos espirituais num dos bancos geometricamente dispostos no salão, observando e imitando cada um de seus gestos, pois o recém-desencarnado não queria despertar a atenção de ninguém por comportar-se de forma diferenciada naquele recinto.

Um envolvente acorde fez com que todos se calassem e voltassem sua atenção à cristalina tribuna que emanava delicada luz azulada entre as ânforas. Um grupo de espíritos iluminados, liderados por Istóteles, colocou-se em semicírculo ao redor do orador. Uma fervorosa prece, proferida pelo elevado espírito, envolveu todos os presentes, trazendo a tão esperada paz aos seus corações ainda aflitos pelas marcas da trajetória no mundo físico.

"Pai de extrema misericórdia e bondade, estamos hoje aqui reunidos em vossa magnífica presença para mais uma vez suplicar-vos a intervenção no processo de esclarecimento em que ainda estão envolvidos a maioria dos nossos irmãos aqui presentes. Vós conheceis os caminhos que percorreram na Terra e, agora, livres do corpo físico, anseiam pelos vossos ensinamentos que os conduzirão ao caminho do bem e da evolução. Muitos ainda, nos hospitais espirituais, necessitam de vossa bondosa interferência para se equilibrarem e aceitarem vossas verdades incontestáveis que lhes chegaram abruptamente com o desencarne. A humanidade ainda perambula sem destino pelo orbe terrestre, agrilhoada aos dogmas religiosos, aos títulos, aos bens materiais e às ofertas ilusórias da carne, por desconhecer ainda a verdade consoladora que nos aguarda após a desencarnação. Muitos vivem como cegos à deriva, perdidos num emaranhado de expiações e provas, esperando que a escuridão em que estão mergulhados seja diluída por sua luz reveladora.

Permiti-nos, Pai, encaminhá-los com sabedoria, para que em reencarnações futuras possam progredir, reparando seus enganos, despojando-se dos sentimentos corrosivos da inveja, da maledicência, do ciúme, da cobiça e dos desregramentos morais, recordando e aprendendo com o exemplo de humildade do Cristo, vosso amado filho.

Muitos ainda resistem aos vossos desígnios, Pai, porém rogo-vos, tirai a trave de seus olhos e estendei à frente de cada um, através de revelação consoladora, todas as verdades encobertas pela limitação do corpo físico..."

Com os olhos semicerrados para poder ver e compreender minuciosamente essa nova realidade, Martim, extasiado, presenciava um fenômeno ímpar. Do teto do salão, pérolas translúcidas desciam vagarosamente, como pequenos vagalumes que delicadamente tocavam as frontes dos presentes, desmanchando-se em magníficas cascatas de luz. Seu olhar curioso buscou a cúpula do recinto e pôde vislumbrar num visível encantamento que as pequenas gemas de luz também cingiam sua cabeça. Num convulsivo pranto, agradeceu à bondade divina por privilegiá-lo com aquela oportunidade de abraçar as verdades descortinadas por aquele momento de elevação de seu espírito. Seu âmago desprovido de qualquer dúvida ou contestação estava agora preparado para rever Valentina e para aceitar a dor da separação que também coroaria aquele breve reencontro...

No retorno ao hospital espiritual, Martim, renascido de suas antigas prisões terrestres, acaricia a delicada rosa amarela que o acompanhara durante seu restabelecimento e, sorrindo para os amigos espirituais que estavam envolvidos com outros irmãos convalescentes, declara:

– O amor me fortificou, mostrando-me a incontestável verdade consoladora e é ele que me prepara agora para um recomeço através da reencarnação. O velho homem jaz em mim, dando lugar a um novo ser, preparado para aceitar os desígnios que me forem reservados por Deus. Abraçado pelos amigos espirituais, Martim teve a certeza de que estava apto a dar mais um passo rumo aos insondáveis planos que certamente lhes seriam revelados futuramente...

Caminhando diariamente pela magnífica alameda que tanta paz lhe trazia, Martim visitava a roseira delicadamente plantada dentro de um círculo de delicadas pedras cristalinas que, tocadas pelo sol, projetavam um delicado arco-íris sobre a planta, coroando-a de matizes indescritíveis jamais vistos por Martim na Terra. Muito embora a planta mantivesse visível vigor, sua haste mantinha apenas uma magnífica rosa amarela, salpicada por gotículas refrescantes de orvalho. Não havia novos botões e, muito embora tocadas pelo sol e pelo vento de várias e sequentes manhãs, suas pétalas mantinham-se intactas, revelando a mesma fascinação do primeiro momento em que Martim admirara sua beleza pela primeira vez. Aquela flor representava os elos que o ligavam a Valentina e aquele pequeno santuário lhe representava um recanto de paz, no qual elevava seus pensamentos a Deus e buscava o merecimento do reencontro com sua alma irmã. A vigília diária à belíssima rosa não era observada apenas por Istóteles, mas também por Valentina, que, já desprovida de seu casulo carnal, acompanhava os progressos de seu bem-amado. A ansiedade pelo reencontro e os projetos de sua nova reencarnação junto a Martim traziam àquele espírito a certeza de que são insondáveis os desígnios divinos em prol de seus filhos e de que mais uma vez abriria mão temporariamente das condições que já desfrutava em seu posto de trabalho na colônia espiritual para acompanhar o eleito de seu coração numa nova etapa de sua evolução.

A imagem de Martim ajoelhado diante da flor causava grande emoção à Valentina que, evitando apresentar-se ao amado, acompanhava seus mínimos gestos, tentando adivinhar seus pensamentos. Por inúmeras vezes, visitou Martim na colônia espiritual, sem que ele pudesse notar sua presença. Queria poder aproximar-se dele e segurar em suas mãos, declarando todo o seu amor. Queria sussurrar-lhe aos ouvidos promessas que se perpetuariam para todo o sempre:

– Estou aqui, meu amor. Nada tema, pois o futuro lhe reserva novas oportunidades de redenção e de consolidação de seus passos no caminho do bem e da caridade...

Uma brisa delicada tocou os cabelos de Martim, fazendo-o recordar dos iluminados momentos que desfrutara com sua amada sob as ramagens dançantes do velho chorão do lago... Por instantes pareceu sentir o calor das mãos de Valentina entre as suas. Um rouxinol, então, delicadamente pousou na roseira e deu início a um envolvente gorjeio, como se um anjo se escondesse entre suas asas para lembrar a Martim que a vida continuava latente e cheia de esperança para aqueles que fundamentam sua jornada no amor, na caridade e principalmente na fé.

Ao avistar ao longe a venerada roseira, Martim pôde divisar um vulto feminino que, atrevidamente, ocupara o seu habitual lugar naquela manhã. Ajoelhada aos pés de sua planta, estava uma silhueta reluzente, como se seu corpo se desdobrasse em luz. Ansioso por aproximar-se daquela que desavisadamente estava maculando seu santuário, apressou o passo, ensaiando o discurso que proferiria àquela intrusa, pois ninguém tinha o direito de apossar-se daquele tesouro que o ligava à sua amada.

Parado a pouca distância da flor, sentiu seu coração pulsar descompassado ao admirar os longos cachos dourados que contornados por bordados de luz, caíam nos ombros daquele espírito ajoelhado à sua frente. As mãos delicadas que acariciavam aquela flor não lhe deixavam dúvidas; eram de sua amada Valentina. Estático, sem forças para proferir uma única palavra, é invadido pelo olhar terno da amada, que se levanta e o abraça ternamente.

– Querido Martim, quanta saudade! Como almejei por esse momento. Glória a Deus nas alturas pela benevolência com que envolve todos os seus filhos.

Martim, ajoelhado aos pés de Valentina, beija-lhe as mãos em convulsivo pranto.

– Meu Deus, Istóteles estava certo. Nada acaba com a morte! Os laços que nos unem aos nossos entes queridos são indestrutíveis. Estamos mais vivos do que nunca! O amor continua, enlaçando nossos corações! Louvado seja Deus nas alturas por essa nova chance que me propicia de fortalecer os elos que unem nossas almas.

Ao redor do casal, um grupo de espíritos iluminados, emocionados testificavam naquele reencontro a consolidação das promessas divinas na vida daqueles que seguem seus preceitos de justiça, de amor e de fé.

Durante o tempo necessário ao aprimoramento de Martim, no que se referia à aprendizagem na espiritualidade, com a permissão de Istóteles, Valentina deixava Aurora Nova e dirigia-se à colônia que abrigava Martim e o acompanhava em todas as palestras tão elucidativas à sua preparação para a reencarnação na Terra. Os momentos que passavam juntos eram breves, porém extremamente enriquecedores, principalmente para Martim que aos poucos pôde perceber que a trave que mantivera em seus olhos durante séculos estava se esvaindo a cada lição recebida e aprendida.

Depois de certo tempo na colônia espiritual, Martim foi informado por Valentina que tudo já estava preparado para que pudessem reencarnar e, nos dias que se seguiram, Valentina e Martim acompanharam junto a Istóteles os projetos para a futura reencarnação.

O sábio orientador fez alusões às necessidades de encarnarem em diferente país da Europa, para poderem conduzir o grupo que lhes tinha respaldado a trajetória na última encarnação. Foram esclarecidos de que, muito embora convivendo com o mesmo grupo, os laços familiares não seriam mantidos, dando a cada um novas oportunidades de superação, de aprendizagem e de evolução.

Num tom mais grave, Istóteles esclareceu ao casal que a Terra estaria passando por momentos decisivos para seu encaminhamento ao processo de regeneração e que já se organizava no orbe a revelação da doutrina consoladora, que nasceria e seria codificada justamente no local de sua nova reencarnação: a França. Dirigindo-se a Valentina, acrescentou:

– Filha, será perseguida e encarcerada, dada a incompreensão que despertará a sua mediunidade, mas jamais perca a sua fé e a sua determinação em auxiliar os irmãos, para que encontrem o caminho da consolação e da luz.

– E você, querido irmão, deve preparar-se para a partida precoce de Valentina, o que fortalecerá em você a humildade, pela aceitação dos desígnios do Pai.

De mãos dadas, o casal ouve atento as orientações de Istóteles, porém que são amainadas pela certeza de que estarão juntos por mais uma passagem pela Terra, eternizando o amor que os une.

No dia estipulado, Valentina acompanha Martim até o Ministério da Reencarnação.

– Meu amado, deve empreender essa viagem antes de mim, mas não poderia deixá-lo partir antes de lhe oferecer o símbolo de nosso amor que florescerá na Terra. Seremos acompanhados pela imagem dessa flor, para que não nos esqueçamos de nosso compromisso de auxílio mútuo. Ela nos acompanhará nos momentos felizes e estará ao seu lado quando eu não mais puder estar. Será a ponte divina que ligará nossos corações. Vá e não tema nada. Em breve estarei com você...

* * *

EM MEADOS DE 1856, nas proximidades da cidade de Reims na França, o bondoso médico, doutor Henrique, é o mensageiro da boa nova ao casal D' Chese, entrando na sala de espera e entregando nas mãos do orgulhoso pai uma criança recém-nascida:
– É um menino saudável e robusto! Parabéns, Felipe! Suas preces foram atendidas...

O homem de feições humildes e marejadas pelas lágrimas que lhe banhavam todo o rosto, tomado por visível e profunda emoção, estende as mãos trêmulas em direção ao médico e, acolhendo o pequeno indefeso menino entre seus braços, beija-o delicadamente na face, selando assim um compromisso com a espiritualidade.

Acompanhando o doutor, Felipe dirige-se ao quarto no qual Constance, de olhos fechados e mãos espalmadas para o Alto, num sublime enlevo de felicidade, agradecia a Deus pela bênção com a qual fora agraciada.

– Recebendo o pequeno, a mãe aninha-o junto ao seu coração e, expressando uma alegria incondicional, parece ouvir os sussurros e as orientações do grupo de cândidos espíritos que ainda mantém-se no aposento, respaldando o espírito que acabara de aportar na Terra.

– Jean Michel será o seu nome! E, tenho certeza, muitas alegrias trará para nossas vidas...

O pequeno Jean crescia rodeado pelo carinho de toda a família que não poupava mimos para atendê-lo nas mínimas vontades. Já com dois anos de idade demonstrava um afeto profundo pela irmã adotiva Marie e, naquela manhã especial, também participava, ao lado dos pais, da felicidade incondicional de acompanhar o pedido da mão da irmã em casamento que o jovem Jacques fizera ao casal D`Chese, como se pudesse entender a programação para sua própria vida, através daquele enlace...

Um ano depois, céus e terra, numa conexão ímpar, respaldavam a reencarnação de mais um espírito iluminado. Marie dava à luz uma menina de claros olhos azuis e cabelos dourados, que seria protagonista de uma bela história de amor. Seu nome: Paulete.

Ao visitar a irmã ainda convalescente, o pequeno Jean, timidamente deposita sobre o berço de Paulete um magnífico botão de rosa amarelo que traz preso entre os dedos da mãozinha suada, como um tesouro de imensurável valor. O esplendor daquela rosa ultrapassava os limites daquele aposento, espalhando-se pelo infinito a testemunhar a todas as criaturas que, nas múltiplas moradas do Pai, o amor brota como cascata cristalina dentro do coração dos homens...

Com uma profunda e inexplicável ligação, as crianças crescem unidas por uma grande afeição, preparando-se para o enfrentamento das amarguras, pesares, perdas e desafios que, como degraus a serem galgados, os levarão à consolidação do verdadeiro Amor.

Um grupo de entidades iluminadas retira-se, rumo à cidade espiritual de Aurora Nova, satisfeitos por tutelarem mais uma etapa daquele enredo que ainda se desdobraria através dos séculos vindouros... A singela flor depositada no leito da pequena criança desdobrava-se em luz, projetando em todo o ambiente pequenos pontos cintilantes, que dançavam como vagalumes. Um resplandecente facho azulino, desenhado rumo ao alto, seguia o grupo num singular cortejo, ligando a Terra ao insondável mundo espiritual. A indescritível cena, que fugia à visão dos encarnados, trazia à tona a verdade incontestável de que Deus jamais se esquecerá dos homens...

FIM

SÚPLICA

Autor/compositor: Michell Paciletti

O, o, o – o, o, o – o, o; o, o, o – o, o, o, o, o
Oh, senhor, divino amor,
Vem a nós, Jesus salvador.
Nós te amamos, celeste amigo,
E almejamos estar contigo.

> Dá-nos tua mão,
> Dá-nos tua luz,
> Dá-nos o saber.
> Oh! Meigo Jesus,
> As trevas se adensam
> Longe do amparo teu.

Tua verdade nos libertará.
Oh! Luz bendita a nos sustentar.
Nosso Pai que espera por nós,
A ele chegaremos, somente por vós.
Dá-nos tuas mãos.

> Amados irmãos,
> Vamos caminhar.
> Com "Jesus" edificar.
> Orando e vigiando,
> Afastando a tentação.

Oh, senhor, divino amor,
Vem a nós, Jesus salvador.
Nós te amamos, celeste amigo,
E almejamos estar contigo.
O, o, o – o, o, o – o, o; o, o, o – o, o, o, o, o
E almejamos estar contigo!

SÚPLICA

Partitura da linha melódica vocal

Esta edição foi impressa nas gráficas da Assahi Gráfica e Editora, de São Bernardo do Campo, SP, sendo tiradas três mil cópias, todas em formato fechado 140x210mm e com mancha de 104x175mm. Os papéis utilizados foram o Holmen Book Cream (Holmen Paper) 60g/m² para o miolo e o cartão Poplar C1S (Chenming International) 250g/m² para a capa. O texto foi composto em Goudy Old Style 11,5/13,7 e o título em Trajan Pro 24/28,8. Célia Mussato da Cunha Bueno, Eliana Haddad e Izabel Vitusso realizaram a revisão do texto. André Stenico elaborou a programação visual da capa e o projeto gráfico do miolo.

Março de 2018